Trumlers Ratgeber
für den Hundefreund

Trumlers Ratgeber für den Hundefreund

1000 Tips
von Eberhard Trumler

R. Piper & Co. Verlag
München Zürich

Zeichnungen: Franzi Fuchs

ISBN 3-492-02259-6

Gesetzt aus der Helvetica
Gesamtherstellung: Kösel, Kempten
Printed in Germany

Inhalt

Hund oder nicht Hund – das ist die Frage!

Einen braven Hund zum Gefährten zu haben ist ein sehr schöner Traum. Aber leider sieht die Wirklichkeit nur selten so aus wie das von uns erträumte Wunschbild.
Wir sehen den tapsigen kleinen Welpen, der sich vertrauensvoll in unsere Arme schmiegt, der vergnügt mit uns spielt und umhertollt und der ganz traurige Falten im Gesicht bekommt, wenn wir ihn alleine lassen. Wir sehen ihn unter unserer Obhut heranwachsen zu einem wunderschönen Hund, der ganz verrückt vor Freude ist, wenn wir wieder nach Hause kommen, der treu an seinem Herrn hängt und in der Not ihn auch beschützt. Wir sehen den guten Blick des Gefährten einsamer Stunden, der es liebt, von uns gekrault zu werden, und voller Glück uns auf den Spazierwegen begleitet...

Der Traumhund und die Wirklichkeit

Aber vieles zeigt uns das Traumbild nicht – vieles, das die Wirklichkeit bringen kann. Die Wirklichkeit beginnt am Tag des Hundekaufes, und damit haben wir etwas in Gang gesetzt, das sich nicht mehr aufhalten läßt. Vielleicht entpuppt sich der Traumhund als ein neurotischer, verhaltensgestörter Schwächling, der vor allem und jedem Angst hat und am Ende aus dieser Angst heraus sogar bissig wird. Oder unser Traumhund bekommt ein Wehwehchen nach dem anderen, und wir müssen unsere ganze Freizeit im Wartezimmer des Tierarztes verbringen. Vielleicht mag unser Nachbar keine Hunde und sammelt mit Eifer Unterschriften, um durchzusetzen, daß wir den Hund nicht halten dürfen. Vielleicht entwikkelt sich unser Traumhund zu einem notorischen Streuner, der eines Tages von einem Auto überfahren oder vom Jäger im Wald erschossen wird. Möglicherweise wird unser Traumhund zu einem wilden Berserker, der wütend jeden anderen Hund bekämpft und uns dadurch viel Ärger und Scherereien beschert. Es kann auch sein, daß uns unser Traumhund eines Tages über den Kopf wächst und sich Rechte herausnimmt, die jedes Zusammenleben zu einer Kette von unangenehmen, ja gefährlichen Auseinandersetzungen werden läßt. Wie oft ist es schon vorgekommen, daß ein Hund Kinder getötet hat, fremde und sogar die der eigenen Familie? Wer denkt bei seinen Wunschvorstellungen daran, daß ein Hund auch Krankheiten auf den Menschen übertragen kann, von denen viele sogar tödlich sind? Gewiß, das kommt selten vor – aber es kann sein.

Die Wirklichkeit kennt keinen Traumhund. Die Wirklichkeit fordert von uns auch, daß wir unseren Vierbeiner täglich füttern müssen (was Arbeit macht und nicht ganz billig ist), daß wir ihn täglich spazieren führen müssen (was bei Schlechtwetter nicht immer sehr vergnüglich ist), daß er uns Schmutz in die Wohnung bringt und daß er nach einem Spaziergang im Regen nicht besonders gut riecht.

Und für alles das, was die Wirklichkeit da so bringen kann, müssen wir schließlich auch noch die gebietsweise sehr hohe Hundesteuer bezahlen!

Jeder Mensch hat das verbriefte Recht auf Urlaub. Und was dann mit dem Hund? Ihn an der Grenze aus dem Wagen werfen, weil man kein Impfzeugnis und keine amtstierärztliche Bescheinigung dabei hat? In eine teure Hundepension abschieben? Dem nächsten Tierheim übergeben? Oder riskieren, daß man gewisse Lokale und Hotels mit dem Vierbeiner nicht betreten darf und in fremden Städten lange umherirren muß, bis man einen hundefreundlichen Betrieb des Gastgewerbes findet?

Viele Bedenken, viele Fragen auf einmal. Es mag scheinen, ich wolle dem Leser den Hund »vermiesen«.

Das will ich wirklich nicht – aber ich kenne die Wirklichkeiten nicht nur aus eigener Erfahrung, sondern auch aus unzähligen Briefen und Erzählungen enttäuschter und bekümmerter, oftmals sogar verzweifelter Mitmenschen. Es hilft eben nichts: man muß zuerst denken und dann handeln.

Richtig nachdenken über die Frage, ob man sich einen Hund anschaffen soll oder nicht, kann man aber erst dann, wenn man über den Hund und die Hundehaltung hinreichend informiert ist. Dann kann man sich selber prüfen, ob man »hundetauglich« ist oder nicht.

Wer die folgenden Seiten dieses Büchleins nur überfliegt, wer meint, das brauche er alles nicht, der sollte sich erst gar keinen Hund anschaffen. Ihm fehlen drei wichtige Grundvoraussetzungen: Aufgeschlossenheit, Geduld und Konsequenz.

I. Welcher Hund soll es sein?

Es gibt Menschen, die auf eine bestimmte Rasse eingeschworen sind, und Menschen, die einfach einen Hund haben wollen.

Zu der ersteren Gruppe gibt es nicht viel zu sagen. Warum es ausgerechnet die und keine andere Rasse sein darf, kann vielerlei Beweggründe haben. Unangenehm für den Hund kann das freilich auch werden, und zwar dann, wenn es allein um das schöne oder elegante Aussehen geht – aber nicht um das Wesentliche: den Hund. Hier müßte man raten, sich doch lieber eine gut gelungene Keramikfigur eines solchen Rassehundes zuzulegen. Sie kostet meist weniger und macht viel weniger Umstände. Man braucht sie nur abzustauben.

Heimhunde

Bei der anderen Gruppe taucht regelmäßig die Frage auf, welche Rasse am geeignetsten wäre. Sehen wir hier einmal von den sogenannten Gebrauchshunden ab – denen das folgende Kapitel gewidmet sein soll – und beschränken wir uns auf jene Rassen, die ich hier einfach unter dem Sammelbegriff Heimhunde erfassen möchte. Hier findet man weitverbreitet die Vorstellung, daß jede Rasse ganz bestimmte, von anderen Rassen verschiedene Eigenschaften aufzuweisen habe.

So sollen Pudel besonders klug, Bernhardiner besonders kinderlieb, Chow-Chows besonders zurückhaltend oder gar abweisend, Windhunde geradezu unbelehrbar und dumm sein. Dackel nennt man gern eigensinnig und unfolgsam. Die australischen Schafzüchter wiederum sind davon überzeugt, daß der Deutsche Schäferhund eine enorme Gefahr für den Fortbestand der Schafherden sei, weswegen die Regierung bis vor kurzem untersagt hatte, solche Hunde einzuführen!

Grundeigenschaften

In Wirklichkeit kann von solchen rassetypischen Wesensmerkmalen nicht die Rede sein. Hund ist Hund, ob es sich um einen zwanzig Zentimeter hohen Chihuahua (sprich: Dschiwawa), einen kurzbeinigen Dackel, einen getupften Dalmatiner, einen Chow-Chow, einen eleganten Greyhound oder einen mächtigen Bernhardiner handelt. Alle haben sie ganz dieselben Grundeigenschaften.

»Typische« Eigenschaften – eine Erziehungsfrage

Windhunde sind keine reinen Augentiere

Geht man den Dingen auf den Grund, so sieht das Bild ganz anders aus. Wenn jemand nämlich meint, daß man einen Windhund nicht wie einen Schäferhund ausbilden kann, dann versucht er es erst gar nicht. Ich habe aber schon Leute kennengelernt, die nichts von Vorurteilen hielten und ihre Windhunde ausbildeten: Die Hunde machten die üblichen Unterordnungsübungen, sie brachten das Apportierholz, sie sprangen gegen den Hetzärmel. Diese Leute haben auch das Märchen widerlegt, daß Windhunde reine Augentiere seien und ihr Riechorgan verkümmert sei. Ich sah mit eigenen Augen, wie schnell ein Sloughi (der Arabische Windhund) die Fährte aufnimmt und seinen im Busch versteckten Herrn findet.

Die »klugen« Pudel

Wenn einer glaubt, daß Pudel besonders klug seien, wird er natürlich von Anfang an prüfen wollen, ob auch der Pudel, den er hat, so klug ist. Also beschäftigt er sich mehr mit dem Hund, versucht, ihm Kunststücke beizubringen – und siehe da, es stimmt! Nun, es muß ja auch stimmen, denn wie wir noch sehen werden, hängt alle Lernfreudigkeit eines Hundes davon ab, auf welche Weise man sich mit ihm im dritten Lebensmonat beschäftigt hat. Ich kenne genügend Pudel, mit denen nichts getan wurde – und die wirken blitzdumm.

Der dritte Lebensmonat ist entscheidend

Die kinderlieben Bernhardiner

Wenn ein junger Bernhardiner von irgendwelchen fehlerzogenen Kinderhorden laufend gequält, mit Stöcken geschlagen oder mit Steinen beworfen wird, dann vergeht ihm – genau wie jedem andersrassigen Hund – die jedem normalen Hund eigene Kinderliebe gründlich.

Der gar nicht so abweisende Chow-Chow

Gewiß, der Chow-Chow hat ein von Natur aus ruhigeres Wesen als ein quirliger Pinscher, aber wenn er in seiner Kindheit so gehalten wird, wie man einen Hund grundsätzlich halten soll, dann ist es mit seinem angeblich so abweisenden Wesen auch nicht weit her. Man muß sich eben von der Vorstellung rechtzeitig lösen, er müsse so werden; denn sonst macht man selber den Fehler, ihn erst recht zum Einzelgänger zu erziehen.

Was übrigbleibt, wenn man diese Vorurteile ausgeräumt hat, sind lebhaftere, temperamentvollere Rassen, ruhigere, behäbige Rassen und, wie unter den Terriern, Rassen, die »schärfer« sind, also etwas mehr zu Aggressionen neigen.

Keine »typischen« Eigenschaften – nur unterschiedliche Temperamente

Hier müssen also unsere Überlegungen einsetzen, wenn es um die Wahl der Rasse geht. Will ich einen ruhigen Hund, der nicht andauernd umherhopst, oder will ich ein lebhafteres Geschöpf, das ständig beschäftigt werden muß, oder vielleicht gar einen schneidigen Teufel, der nicht nur ungebetenen Gästen ans Hosenbein fährt, sondern auch die Ratten im Stall kurzhält? Alles weitere hängt dann letzten Endes doch davon ab, wie ich meinen Hund aufziehe.

Ein guter Rat: Beobachten Sie doch einige Zeit die verschiedenen Hunderassen (und natürlich deren Besitzer), ehe Sie sich entscheiden. Hundeausstellungen bieten da umfassende Möglichkeiten.

Langhaar oder Kurzhaar?

Eine immer wieder gestellte Frage, denn man denkt an die gepflegte Wohnung, die Teppiche und Polstermöbel. Wer mag das schon, wenn der Besuch verlegen nach einer Sitzgelegenheit Ausschau hält, weil die langen, auffallenden Haarflokken des Spaniels überall umherliegen.

Kurzhaarige Hunde

Viele Leute meinen nun, daß kurzhaarige Hunde nicht so stark haaren. Sie tun es aber doch, der Unterschied ist nur – man sieht es nicht so! Dafür aber bohren sich die ausgefallenen kurzen Haare schnell und sicher in die Bezüge der Polstersessel und ebenso hartnäckig in den Teppich, und kein Staubsauger holt sie je wieder hervor. Die Langhaarflocken verstopfen zwar leicht das Staubsaugerrohr, aber sie lassen sich schnell und leicht mit einem feuchten Lappen zusammenwischen.

Unterwolle

Grundsätzlich haaren Hunde, die sehr viel Unterwolle aufweisen, natürlich weit mehr als solche, die wenig oder keine Unterwolle haben. Darauf muß man also achten – und nicht auf die Haarlänge –, wenn man dieser Frage wirklich Bedeutung zumißt. Im übrigen entwickeln Hunde, die viel im Freien gehalten werden, weit mehr Unterwolle als solche, die nur auf den Spaziergängen dem Wetter ausgesetzt sind.

Hund und Wetter

Kälteempfindlichkeit

Da wir schon vom Haarkleid sprechen, soll gleich die Frage beantwortet werden, ob Hunde frieren oder schwitzen, ob sie Regen vertragen, ob sie sich im Schnee wälzen dürfen und was sonst noch alles mit dem Wetter zusammenhängt.

Nun, alles ist auch hier wieder eine Frage der Gewöhnung oder Abhärtung. Ganz schematisch läßt sich zunächst sagen: je größer die Rasse, desto weniger empfindlich ist sie gegen Kälte. Das hängt damit zusammen, daß das Volumen eines kleinen Hundes im Vergleich zur Körperoberfläche viel kleiner ist als bei einem großen Hund. Je größer aber die Oberfläche, um so weniger kann die Körperwärme zusammengehalten werden, um so größer ist daher der Verlust an Eigenwärme. So ist grundsätzlich nicht viel dagegen zu sagen, wenn ein Kleinhund bei Frostwetter für den Spaziergang sein Mäntelchen umgehängt bekommt. Vor allem dann, wenn er keine Gelegenheit hat, sich sommers wie winters täglich viele Stunden in einem Garten auszulaufen, wenn er also verwöhnt ist.

Verwöhnte Hunde sind anfälliger

Verwöhnen kann man natürlich auch einen großen Hund, wenn man ihn ständig in der Wohnung hält und nur bei gutem Wetter mit ihm längere Spaziergänge unternimmt, bei Schlechtwetter aber sich auf den Gang um die Ecke beschränkt. Solche Hunde zeichnen sich dann zwar durch ein wunderschön glattes, leicht zu pflegendes Fell aus, holen sich aber bei nächster Gelegenheit eine Nierenbeckenentzündung oder andere Leiden.

Abhärtung

Umgekehrt ist es erstaunlich, wie widerstandsfähig Hunde gegen Witterungsunbilden sein können, wenn sie von klein auf darauf trainiert und damit angepaßt sind. Wer einen Garten hat, sollte also von allem Anfang an dem Hund die freie Wahl lassen, ob er lieber in seiner Hütte liegen will oder in Regen und Schneegestöber umhertollen mag. Verlassen Sie sich auf Ihren Hund – er weiß es besser.

Man sollte auch nie vergessen: draußen, im Wald, da stehen die Rehe auch bei Wolkenbrüchen und Schneestürmen, bei großen Frösten und bei großer Hochsommerhitze. Niemand schützt sie vor dem Wetter – nur ihr Fell. Denkt man noch an die Wölfe der sibirischen Tundra, der harten Lebensräume

Alaskas, dann sollte man sich um angepaßte Hunde, die noch, wie etwa unsere Schäferhunde, ein einigermaßen natürliches Wolfsfell haben, wirklich keine unnötigen Sorgen machen. Meine Wölfe, Schakale, Dingos, Schlittenhunde liegen zu jeder Jahreszeit und bei jedem Wetter unter freiem Himmel. Sie suchen die Hütten oder Höhlen nur dann auf, wenn der Nachwuchs geboren und gesäugt wird. Sonst verzichten sie auf Deckung, und wenn der Schnee sie ganz zugedeckt hat, heben sie gelangweilt die Nase hoch, um sich ein Luftloch in die weiße Decke zu stoßen.

Schnee

Wohlgemerkt – diese Hunde sind alle von klein auf abgehärtet. Würde man einen »Zimmerhund« solchen Bedingungen aussetzen, dann würde er zumindest schwer erkranken.

Anpassungsfähigkeit

Die Anpassungsfähigkeit des Hundes ist groß. Wenn man über das seidige Fell eines Salukis (Persischer Windhund) streichelt, denkt man, daß das eben ein Hund aus warmen Regionen ist, dem man einen deutschen Winter niemals zumuten könne. Ich habe einen Saluki, den ein deutscher Züchter mir zum Geschenk gemacht hat. Er wurde in der kalten Jahreszeit im Freien geboren und lebt bei mir in einem Freigehege. Noch nie sah ich, daß er sich wegen Schlechtwetters in seine Hütte zurückgezogen hätte. Ihm ist das Wetter ebenso gleichgültig wie meinen Wildhunden. Und dazu noch: er teilt sein Gehege mit zwei gestromten Greyhounds (eine bekannte englische Rennhundrasse); ihre Mutter ist eine verwöhnte Primadonna, die es strikte ablehnt, bei Schlechtwetter spazierengeführt zu werden. Die Kinder aber kamen mit acht Wochen in das Freigehege – und sie kümmern sich heute ebensowenig um das Wetter wie der Saluki. Man sieht: wir sollten unsere Rassehunde wirklich nicht unterschätzen. Es ist doch noch eine ganze Menge »Urhund« in ihnen.

Salukis und Greyhounds im Freigehege

Der Sommer 1976 wird wohl allen Beteiligten noch lange in Erinnerung bleiben. Er war unglaublich heiß und trocken. Da stellt sich naturgemäß die Frage: leiden unsere Hunde unter einer derartigen Hitze?

Hitzeempfindlichkeit

Da erzählte mir vor einiger Zeit tatsächlich jemand, daß sein Hund völlig naßgeschwitzt gewesen sei. Aus Höflichkeit schwieg ich dazu. Erraten, warum? Weil doch jedes Kind weiß, daß ein Hund nur an den Zehenballen schwitzen kann, ansonsten aber seine Kühlung durch das allbekannte Hecheln herbeiführt. Die große, weit heraushängende Zunge und die Schleimhäute des Rachenraumes werden laufend angefeuchtet, der durch schnelles Atmen darüberstreichende Luftstrom schafft die Abkühlung durch Verdunstung des Speichelwassers. Daher braucht der Hund an heißen Tagen oder nach größeren Anstrengungen besonders viel Wasser. In jenem Sommer benötigten unsere Hunde mindestens dreimal soviel Wasser wie gewöhnlich, was wiederum meine Mitarbeiter ins Schwitzen brachte.

Gewiß, die Hunde waren nicht gerade begeistert von der Hitze. Sie lagen den ganzen Tag faul herum, fraßen sehr wenig und warteten darauf, daß es Abend wurde. Die meisten Hunde scharrten sich kleine Gruben in den trockenen Boden, in denen sie tagsüber lagen.

Bei der Gelegenheit tauchte auch die Frage auf: Wie ertragen nordische Hunde ein solches Klima? Antwort: Genau so gut oder schlecht wie alle anderen Hunde.

Das Fell als Wärmeschutz

Man vergesse nicht das Fell. Es sind nicht die Haare selbst, die gegen Kälte schützen, sondern der Luftmantel ist es, der zwischen den Wollhaaren liegt. Luft ist bekanntlich ein schlechter Wärmeleiter. Sie läßt die Körperwärme nicht so leicht entweichen und die Außentemperatur nicht so leicht in den Körper hinein. Gleichgültig, ob diese Außentemperatur 30 Grad unter oder 30 Grad über dem Gefrierpunkt liegt.

Und das besagt wieder, daß Hunde mit dicker Unterwolle doch besser dran sind als Hunde, bei denen man diesen so wertvollen Wärmeschutz weitgehend oder ganz weggezüchtet hat. Damit wieder zum Thema Rassehund-Wahl: Wer seinen Hund in einem Garten halten will, soll dies bedenken und einen wählen, bei dem es mit der Unterwolle noch stimmt; das ist auf jeden Fall besser, selbst wenn, wie das Beispiel meiner Greyhounds zeigt, auch bei unterwollarmen Rassen mit kurzem Deckhaar eine beachtliche Anpassung möglich ist.

Die problematische Individualität

Aber die Anpassung hat auch ihre Grenzen: Es gab da zu den beiden gestromten Greyhounds noch vier Geschwister, und die verschenkte ich so schnell wie möglich an liebenswerte Leute. Sie hatten zwar den Winter auch ganz gut hinter sich gebracht, aber es war doch zu merken, daß sie erheblich kälteempfindlicher waren als die beiden anderen Greys. Ich glaube auch nicht, daß jeder Greyhound für eine derartige Freilandhaltung geeignet ist.

Hier zeigt sich ein echtes Problem: Was nämlich für den einen Hund einer Rasse stimmt, muß für seinen eigenen Bruder bereits nicht mehr gelten. Die Individualität innerhalb einer einzigen Rasse ist derart groß, daß auch von daher Verallgemeinerungen wie »kinderlieb« oder »eigensinnig« unzutreffend sein müssen.

Wohlgemerkt: Ich meine hier nicht jene Individualität, die durch unterschiedliche Umwelteinflüsse entwickelt werden kann, also durch Haltung, Erziehung, Familienstruktur usw. Ich meine vielmehr die angeborenen Eigenschaften oder, wie der Hundefachmann sagt, die »angewölften« Eigenschaften.

Angeborene Eigenschaften

Deren quantitative und qualitative Streuung innerhalb einer Rasse ist außerordentlich groß. So kann es dann passieren, daß einer, der ganz bewußt einen Welpen von einer Rasse kaufen ging, die für ihr großes Temperament bekannt ist, eines Tages verzweifelt, weil genau der, den er ausgesucht hat, ein richtiger »Lahm ...« ist, während alle seine Geschwister übermütige und überlebendige Kerle sind. Es gibt eben keinen Hund mit Garantieschein, der solche Webfehler in den Erbanlagen ausschließen kann.

So verschieden voneinander wie Geschwister es sein können

Jedenfalls komme ich immer in Verlegenheit, wenn ich gefragt werde, wie diese oder jene Rasse sei. Die Rasse ist nicht so oder so, sondern der einzelne Vertreter einer Rasse ist so oder so, je nachdem, was er an Erbanlagen mitbekommen hat. Gewiß, man kann so manchem Züchter Vorwürfe machen, weil er vom Züchten nichts versteht oder auch gar nicht will, weil es ihm nur um den schnöden Mammon geht. Aber man darf nicht vergessen, daß es schwarze Schafe in den besten Familien gibt, und daß eben auch der beste und erfahrenste Züchter mitunter einen Welpen abgibt, der zu seiner eigenen

Hunde mit Mängeln

Überraschung nicht hält, was er versprochen hat. Da sich solche Mängel bereits in kürzester Zeit zeigen, wird ein solcher Züchter auch gern Ersatz bieten, weil ihm ein derartiges Mißgeschick selber peinlich ist.
Nun muß man aber auch folgendes wissen: Mit Ausnahme der Gebrauchshunde werden die einzelnen Hunderassen allein dadurch unter Kontrolle gehalten, daß man auf Zuchtschauen und Ausstellungen aller Art bewertet, ob ein Hund angekört werden kann oder nicht. Mit anderen Worten, ob er genügend positive, dem Rassestandard entsprechende Eigenschaften aufweist, um zur Zucht eingesetzt werden zu können. Hierfür gibt es entsprechend geschulte und erfahrene Richter.

Über das Richten

Der Standard

Ein Richter hat ein klares Bild davon, wie ein Hund dieser oder jener Rasse auszusehen hat, um den Anforderungen des Standards zu entsprechen. Er weiß, wie der Kopf aussehen muß, wie lang der Fang im Vergleich zum übrigen Kopf sein muß, wie weit die Ohren voneinander abstehen müssen, wie sie gestellt, angesetzt und geformt sein sollen, er weiß, wie Schulter und Oberarm gelagert sein dürfen, er kann genau beurteilen, ob der Rücken zu kurz oder zu lang ist, die Winkelung der Hinterhand stimmt oder nicht, er beurteilt, ob die Rute ... na ja, und was es sonst noch so von der Augenfarbe bis zur Rutenhaltung gibt.
Hierzu eine gutgemeinte Zwischenbemerkung. Ich kenne viele Hunde, die auf der einen Ausstellung »Weltsieger« geworden sind, auf einer anderen aber nur ein »gut« bekommen haben. Die Eigentümer solcher Hunde verdanken es dann gewöhnlich nur dem durch viel Leid und Kummer im Umgang mit Menschen weise gewordenen Richter, daß sie nicht vorbestraft sind. Auch wir Menschen sind Individualisten. Das bringt mit sich, daß fast jeder Richter den Standard anders liest und anders auslegt. Über die Frage des Standards werde ich mich an späterer Stelle auslassen. Aber ich gebe zu bedenken, ob nicht gerade die individuelle Standard-Auffassung der einzelnen Richter der letzte Strohhalm ist, an dem sich die Rassen retten können. Denn gerade dadurch bleibt

die Streuung des Erbgutes erhalten. Und je breiter das Band unterschiedlicher Erbanlagen ist, um so größer ist die Chance für eine Rasse zu überleben. Es ist nicht mein Fach, Abhandlungen über Vererbungslehre zu schreiben. Ich weiß nur, daß eine zu weitgehende Einengung von Erbanlagen schlecht ist.

Streuung des Erbguts

Die Natur lehrt uns, daß eine Tierart nur solange lebensfähig ist, solange sie in den Chromosomen – den Trägern der Erbanlagen – zumindest winzige Unterschiede aufweist. Die natürliche Auslese gibt dann einmal jenen, einmal den anderen Erbanlageträgern bessere Chancen im Überleben. Denn Überleben heißt, sich den jeweiligen Umweltbedingungen anpassen zu können.

Die wichtigen kleinen Unterschiede

Ich besitze ein Werk über Hunderassen aus dem vorigen Jahrhundert. Man konnte damals schon fotografieren und verstand es auch, nach Fotos haargenaue Zeichnungen zu machen. Wie anders waren die Hunderassen damals! In den vergangenen 80 Jahren hat sich so viel geändert, daß man es kaum glauben kann. Man stelle sich nur vor – der Bullterrier hatte damals noch keinen »Schafskopf«, also eine konvexe Linie vom Hinterhaupt bis zur Nase, sondern er hatte einen normalen Hundekopf, mit »Stop« zwischen Gehirn- und Gesichtsteil ...

Der Bullterrier mit dem Terrierkopf

Wie ist das möglich? Nun, es war möglich, weil unterschiedliches Erbgut in ausreichender Menge vorhanden war, um einem Modetrend entsprechend umzüchten zu können. Ich kenne die Richterberichte aus jenen Tagen nicht. Ich muß sie auch gar nicht kennen – ich sehe am heutigen Bullterrier, wie es gelaufen ist. Wenn es nach den konservativen Richtern der 90er Jahre gegangen wäre, hätten die Bullterriers heute noch den ursprünglichen Terrierkopf. Die Umzüchtung gelang nicht nur wegen der Vielfältigkeit des Erbguts, sondern auch weil es progressive Richter gegeben haben muß.

Schlußfolgerung: Solange die Erbanlagen einer Rasse nicht auf ein Minimum zusammengeschrumpft sind, solange bleibt die Rasse lebendig und anpassungsfähig. Solange aber ist auch eine breitere Streuung von Individualität gegeben.

Die natürliche Auslese

Professor Murie hat in den Mt. MacKinley Mountains in Kanada als erster erstaunliche Freilandbeobachtungen über das Leben und Verhalten der Wölfe angestellt. Er wie seine Nachfolger auf dem Gebiet der Freilandbeobachtung von Wölfen verzeichneten mit Befriedigung, daß das Beobachten durch einen bemerkenswerten Umstand erleichtert wird: alle Wölfe sehen verschieden aus. Es gibt keine zwei Wölfe, die einander so ähnlich sind wie eineiige Zwillinge! Sie konnten jeden einzelnen Wolf genau identifizieren, weil der eine heller, der andere dunkler, der dritte fast schwarz, der vierte fast weiß war, der fünfte mehr, der sechste weniger Gesichtszeichnung hatte. Lauter – Individuen. Daher geben die Wolfsforscher, die ihre Freunde in der Natur oder in Gehegen studieren, jedem Wolf einen Namen – sie können sie ebenso unterscheiden, wie wir den Herrn Direktor Müller vom Studienrat Dr. Maier unterscheiden können.

Kein Wolf gleicht dem anderen

Richtschnur unseres Tun und Lassens kann und darf nur das Gesetz der Natur sein, denn sie ist stärker als unsere skurrilen Phantasien und wechselnden Idealvorstellungen. Es muß doch einen Sinn haben, wenn ein Wolfsrudel aus unterschiedlichen Individuen besteht. Bei dem Sparsamkeitsprinzip der Natur muß da ein tieferer Grund vorliegen, sonst hätten die Wölfe nicht die letzten hunderttausend Jahre überlebt (ehe der Mensch auf den Einfall kam, sie reihenweise abzuknallen).

Die notwendige Variabilität

Der Grund für die Variabilität der Wölfe ist zumindest deutbar. Wie kann eine Rudelorganisation existieren, wenn alle meinen, sie allein sind berufen, Rudelführer zu sein? Teamwork ist nur möglich, wenn jeder seine besonderen Fähigkeiten einsetzt, zum Wohle des Ganzen. Ein Rudelführer ohne Rudel ist ebenso undenkbar wie ein Rudel ohne Rudelführer. Ein Rudelführer mit einem gleichgeschalteten Haufen von Nicht-Individualisten ist nicht in der Lage, für das Überleben der Gruppe zu sorgen. Er braucht die Spezialisten, die unterschiedlichen Begabungsschwerpunkte – eben zum Teamwork.

Das ist die eine Seite. Es gibt noch eine andere. Auch für die sorgen unsere Rassehund-Richter, möglicherweise ohne daß es ihnen selber bewußt wird.

Es ist eine gesicherte Tatsache, daß unterschiedliches Erbgut innerhalb eines engeren Verwandtschaftskreises sehr positive Auswirkungen zeigt. Man spricht da vom »Heterosis-Effekt«, vom »Bastard-Luxurieren« und in bescheidenerem Rahmen von der positiven Auswirkung der Fremdverpaarung.

Der »Heterosis-Effekt«

Ein Beispiel neueren Datums hierzu. Einer Dame in Berlin ist es passiert, daß ein Irish Setter von roter Farbe ihre Dalmatinerhündin gedeckt hat. Zwei entfernte Rassen. Aus dieser »Mesalliance« resultieren die bei mir lebenden Mischlingshunde »Pünktchen« und »Anton« (frei nach Erich Kästner). Jeder, der von Hunden etwas versteht, bewundert diese Hunde. Sie sind einfach eine Wucht! Sie ähneln außerdem ein wenig mittelalterlichen Bracken. Sie leben in einem meiner Freigehege, obgleich sie Großstadtpflanzen sind. Sie leben hier, als wären sie geborene Wildhunde. Gesund, von überschäumendem Temperament – selbst meine Dingos könnten sich eine Scheibe von diesen Prachthunden abschneiden. Meine Wölfe sind im Vergleich dazu müde Langweiler.

Eine gelungene Mesalliance

Ich habe einige Erfahrung mit dem Irish Setter, und ich habe Erfahrung mit Dalmatinern. Pünktchen und Anton aber sind wesentlich mehr. Ich komme nochmals darauf zurück. Worum es mir hier geht, ist, den Beweis zu führen, daß Gleichmacherei im Sinne von Einengung des Erbgutes um des Standards willen nicht das Wahre ist.

Danken wir den Richtern, die zu unterschiedlichen Auffassungen kommen. Solange das der Fall ist, haben unsere Rassehunde Überlebenschancen.

Die andere Seite des Richtens

Die andere Seite ist ein heißes Eisen. Um das zu begreifen, müssen wir uns fragen: ist der jeweilige Rassehund eigentlich nur Körperbau und Fellbeschaffenheit beziehungsweise Fellfarbe?

Ist der Hund ein Werk eines Designers – sprich: Standard-Kommission – oder nicht doch vor allem ein Hund, das heißt ein Lebewesen mit einem arteigenen Zuschnitt? Soll der Hund zum Schauobjekt herabgewürdigt werden, oder wollen wir nicht doch lieber ein soziales Lebewesen, mit dem wir uns

Schauobjekt oder soziales Lebewesen

verständigen können? Und – hat der Hund nicht das Recht darauf, als soziales Lebewesen ernst genommen zu werden? Bei einem Auto verlangt man gefällige Form, diverse Extras, aber auch einen leistungsfähigen Motor. Einen, der nicht so schnell kaputtgeht. Einen, der seine Leistung erbringt. Darüber informiert man sich genau.

Der herkömmliche Leistungsbegriff

Beim Hund verlangt man nur, daß er dem Standard entspricht. Von Leistung spricht man nur bei den Gebrauchshunden. Aber da meint man auch wieder ganz besondere Leistungsmerkmale. Etwa Leinenführigkeit, Unterordnung, Fährtensicherheit, Schärfe, Arbeitswillen, Bringfreudigkeit und was es sonst noch alles an Fachausdrücken für einen »guten« Hund gibt.

Die biologische Leistung

Über all dem vergißt man einen anderen Leistungsbereich. Nämlich den biologischen.

Degenerationserscheinungen

Welcher Richter ist imstande zu beurteilen, ob der ihm vorgeführte Hund aus einer Hündin stammt, die nur mit Hilfe des Tierarztes diesen von ihm zu beurteilenden Hund zur Welt bringen konnte? Der Züchter erzählt ihm das nicht! Und derjenige, der den Hund in den Richterring führt, weiß das auch nicht.

Der Hund aber besteht vor dem strengen Auge des Richters, er wird angekört, also zur Zucht zugelassen, obgleich er schwerwiegende Mängel in seinem Erbgut mit sich trägt. Mängel, die der Richter nicht sehen kann und die ihm auch keiner sagt.

Das ist der Weg, der Tierärzte reich, unsere Hunde aber immer ärmer macht. Wenn solche Degenerationserscheinungen immer wieder vererbt werden und sich verstärken, dann ist es bald so weit, daß Hündinnen nur mehr mit Hilfe des Kaiserschnittes entbinden können. Das ist eine Tatsache. Es gibt einen bekannten und allseits geschätzten Züchter Französischer Bullys, der das selber ganz offen bekennt. Aber er züchtet unverdrossen weiter, schließlich hat er ja einen Namen als Züchter.

Kaiserschnitt statt natürlicher Geburt

Dabei ginge es auch anders. Ich weiß von einem Zehnerwurf solcher »Bonzos«, der ohne Hilfe eines Tierarztes zur Welt

kam und gesund aufwuchs. Das gibt es also auch, und ich würde da als Richter jeden Hund auszeichnen, selbst dann, wenn er nicht ganz so schön ist, wie es der Standard verlangt. Kleine Fehler im Aussehen lassen sich schnell wieder wegzüchten – aber die bewiesene biologische Leistung der Hündin sollte unter keinen Umständen der Rasse verlorengehen!
In den Ahnentafeln sollte derartiges stehen. Das sagt vielmehr als ein CACIB oder Weltsiegertitel!

Über den Hunde-Adel

Jeder Rassehund ist ein »von«, da er neben seinem Rufnamen noch den Zwingernamen trägt. Jeder Züchter muß sich einen Zwingernamen einfallen lassen, den er beim Zuchtverband anmeldet und – wie ein Patent oder einen Buchtitel – schützen läßt. Alle Hunde, die bei ihm in der Folgezeit geboren werden, tragen dann diesen Zwingernamen. »Bello von der Friedensburg« ist demnach aus demselben Zwinger wie »Harras von der Friedensburg«; dennoch müssen beide Hunde nicht verwandt sein, denn sie können zwei blutsfremden Hündinnen entstammen, die der betreffende Züchter besitzt.
Es ist allgemein üblich, daß der Züchter seinem ersten Wurf Rufnamen gibt, die alle mit »A« beginnen. Ein »Bello« entstammt daher einem Zweitwurf. Es gibt Züchter, die schon das ganze Alphabet durchhaben, manche sogar zweimal und mehr, was sie dann gern und mit berechtigtem Stolz erzählen.
Will man einen Rassehund kaufen, dann legt der Züchter die Ahnentafel vor und verweist vor allem auf jene Hunde in der Ahnenschaft, die Champions sind. Also Hunde, die auf internationalen Rassehundschauen ausgezeichnet worden sind. In der Fachsprache haben sie also ein »CACIB« bekommen. Das kommt aus dem Französischen und lautet voll ausgeschrieben so: »Certificat d'aptitude au championat internationale de beauté«, auf deutsch: »Zeugnis für die Anwartschaft auf das Internationale Schönheits-Championat« der »Fédération Cynologique Internationale«, abgekürzt F.C.I. Die F.C.I. ist sozusagen die oberste Instanz der in ihr vereinigten Zuchtverbände Europas.

Das »CACIB«

Die Ahnentafel

Wenn man nun in der Ahnentafel viele solcher »Ch.« oder gar »I.Ch.« findet, ist das zwar beeindruckend und zeugt davon, daß der Welpe, den wir erwerben wollen, besonders schöne Ahnen hatte. Die Wahrscheinlichkeit, daß er selber sehr schön sein wird, ist daher groß.

Geht Schönheit vor Gesundheit?

Dagegen wird durch ein Championat nicht zum Ausdruck gebracht, wie viele Fehlgeburten es in der Zucht gegeben hat, wie oft man mit den einzelnen Hunden zum Tierarzt gelaufen ist, weil sie ständig irgendwelche kleinere oder größere Leiden hatten, oder wie viele Kümmerlinge in den einzelnen Würfen aufgetreten sind. Es kann nämlich ohne weiteres vorkommen, daß aus einem Wurf, bei dem drei Welpen schon bei der Geburt eingingen, zwei weitere mühsam aufgepäppelt werden mußten, weil sie lebensschwach waren, ein sechster Welpe gut aufkommt, sich wunderschön entwickelt und eines schönen Tages, als erwachsener Hund, stolz mit seinem CACIB von der Ausstellung nach Hause kommt. Ist es ein Rüde, wird er dann viele, viele Nachkommen mit vielen Hündinnen haben, denn jeder Züchter trachtet danach, möglichst einen CACIB-Rüden, wenn nicht gar einen »Internationalen Schönheits-Champion«, zur Zucht einzusetzen. Man stelle sich aber vor, wie weit dann solche Erbmängel verbreitet werden! Trotz Championat...

Dabei ist eigentlich niemand schuldig zu sprechen. Der Züchter (vielleicht war es sein erster Wurf?) meint, er habe eben bei diesem ersten Wurf Pech gehabt oder irgend etwas bei der Fütterung der tragenden Hündin falsch gemacht. Er wird wohl kaum dem Käufer von Nr. 6 davon erzählen, gar nicht aus böser Absicht, man redet einfach nicht gern von Fehlschlägen. Dann wird der neue Besitzer, bei dem der Hund herangewachsen ist, eines Tages vom Zuchtwart, der die Schönheit des Hundes erkennt, darauf angesprochen, er solle ihn doch auf einer Ausstellung zeigen. Der Richter ist beeindruckt und entschließt sich, diesem so schönen Hund das CACIB zu geben. Wie kann er denn wissen ... aber das hatten wir schon.

Der Zuchtwart

Was man dagegen tun kann? Nun, der Züchter hätte dem Zuchtwart – der bekanntlich den Wurf einige Zeit nach der Geburt besichtigt – den ganzen Jammer erzählen sollen, vielleicht auch, wie schwer sich die Hündin bei der Geburt

getan hat. Der Zuchtwart müßte das eintragen und für alle Zeiten festhalten. Dann müßte der Zuchtwart nachprüfen, ob es von den vorangegangenen Generationen schon solche Berichte gibt, die dafür sprechen, daß es mit der biologischen Leistung nicht weit hergewesen sein kann. Und schließlich hätte dann der Käufer Papiere erhalten, auf denen ein dicker roter Stempel verkündet: »Nicht zur Zucht zugelassen.«
Hier müßte nun ein Kapitelchen folgen mit der Überschrift: »Von der Ehrlichkeit der Züchter.«
Aber das lasse ich lieber weg.

Muß es ein Rassehund sein?

Bis jetzt habe ich ausschließlich von Rassehunden gesprochen und aufgezeigt, daß eine noch so schöne Ahnentafel keine absolute Garantie bedeutet. Hundekauf birgt immer ein Risiko, denn Züchten ist keine Fabrikation am Fließband, wo dann jedes Fertigprodukt noch eine Kontrollstelle durchläuft. Biologische Vorgänge sind auch nicht vorausberechenbar.

Mischlingshunde

Es ist aber bekannt, daß die Vermischung zweier Rassen in der Regel durch die Anreicherung des Erbgutes recht positive Ergebnisse zeitigen kann. Das setzt freilich voraus, daß das Erbgut der unterschiedlichen Elternteile einigermaßen frei von Erbfehlern ist und überdies auch zusammenpaßt. Nicht jeder Mischlingshund zeigt also den schon erwähnten Heterosis-Effekt; unter Umständen können auch die unerwünschten Eigenschaften massiert auftreten, obwohl das recht selten vorkommt.

In Zukunft Hybrid-Züchtung?

Ich sprach schon von meinen beiden »mittelalterlichen Bracken« Pünktchen und Anton. Da hätte es nicht besser sein können, und ich habe in meinem Buch »Hunde ernst genommen« auch auf die Möglichkeit hingewiesen, in der Hundezucht neue Wege zu gehen, wie das in der landwirtschaftlichen Tierzucht schon längst geschieht. Hybrid-Hühner und Hybrid-Schweine werden mit großem Nutzeffekt gezüchtet, indem man jeweils zwei verschiedene Elternlinien verwendet. Natürlich wird dann mit den Mischlingen nicht weitergezüchtet. Für das Gebrauchshundewesen sehe ich da großartige Möglichkeiten.

Wer also »nur einen Hund« möchte und sich nicht auf einen Rassehund kapriziert, der kann mit einem solchen »Straßen-Potpourri« oder einer »Promenadenmischung« auch seine Freude haben. Es muß nicht gleich eine Schäferhund- oder Boxer-Dackelmischung sein. Solche Extreme habe ich schon erlebt (sie sind wirklich ein Erlebnis!), und im Grunde ihres Wesens waren sie Hunde wie alle anderen Hunde, nur das Äußere ist wenig bestrickend. Aber wenn es um Mischungen von Hunden geht, die in Größe und Grundeigenschaften zusammenpassen, dann gibt das oft ganz prächtige Gestalten. Hunde, die so schön sind, daß kein Mensch glauben will, es handle sich bei ihnen nicht um eine besonders seltene und edle Rasse.

Die Mär von der Blutschande

Es gibt viele vernünftige Leute, die ihre von einem rassefremden Rüden gedeckte Hündin – es passiert ja so schnell – ohne weiteres ihre Jungen austragen lassen. Sicher, die Rassehundeleute sehen das nicht gern und halten auch das alte Märlein parat, daß eine solche Hündin (da angeblich blutgeschändet!) nicht mehr zur rassereinen Zucht geeignet sei. Für jeden halbwegs biologisch Vorgebildeten natürlich glatter Unsinn. Aber wenn nun mal die Bescherung da ist, und sie entstand aus einer Verbindung gut veranlagter und irgendwie passender Rassevertreter, dann sollte man an jene Menschen denken, die zwar echte und gute Hundefreunde sind, die sich aber einen Rassehund nicht leisten können und denen es letztlich um nichts anderes geht als um einen Hund und nur einen Hund. Denen kann man dann – vielleicht für einen kleinen Unkostenbeitrag – eine Freude machen.

Man kann in solchen Fällen sogar ziemlich sicher sein, daß diese Freude zeitlebens ungetrübt bleiben wird.

Das »harte Los« des Rassehundhalters

Betrachten wir die Dinge doch ganz realistisch. Einer, der auszog, um sich einen Rassehund zu kaufen, geht einem schweren Schicksal entgegen. Entweder sein Hund wird von vornherein nicht ausstellungsreif. Dann erntet er auf seinen Spaziergängen verächtliche Blicke von jenen, die sich bei dieser Rasse auskennen. »Mann, wie konnten Sie nur bei jenem Züchter kaufen! Der ist doch bekannt dafür, daß er nur Mist produziert.« Oder: »Daß Sie von Hunden nichts verstehen, sieht man auf den ersten Blick. Eine solche lahme Krücke hätte ich niemals gekauft.« Ein Spießrutenlaufen!

Von einer Ausstellung zur anderen

Hat man aber ein schönes Modell der Rasse am Bändchen, dann geht es erst recht los: »Mann, mit *dem* Hund müssen Sie auf Ausstellungen! Also der hat Chancen, ein CACIB zu kriegen!« Und man geht auf Ausstellungen. Erst natürlich auf eine kleine. Der Richter lächelt milde – man war falsch beraten. Man bleibt zeitlebens frustriert. – Oder der Richter nickt nachdenklich und gibt ein »sehr gut«. Nun hat einen natürlich der Ausstellungsteufel gepackt, und man sieht sich schon als großer Züchter oder weltweit berühmter Deckrüdenhalter. Ausstellen ist keine vergnügliche Sache. Weite Reisen, Hektik, stundenlanges Warten ... hinterher gibt es nur ein »gut«. Man bleibt ein Leben lang frustriert, oder man haut mit der Faust auf den Tisch und sagt: »Jetzt will ich es genau wissen!«, und fährt zur nächsten Ausstellung. Dort steht ein anderer Richter – man ahnt, was kommt: »sehr gut!«. Der Hauptzuchtwart flüstert: »Mann, wenn Sie den Hund noch ein wenig besser rausbringen, schaffen Sie das CACIB! Gehen Sie doch nach Genf zur Ausstellung, dort ist ein Richter, dem gerade der Typ besonders liegt.« Und man fährt und fährt und fährt ...

Ausstellen ist kein Vergnügen

Das alles kann einem mit dem Bastard nicht passieren. Der freut sich, daß er auf der Welt ist, braucht nicht stundenlang in einer Box drauf zu warten, bis er dran ist, der kann nicht durchfallen, er braucht nicht auf bestimmte Körperstellungen getrimmt zu werden, damit ihn der Richter besser beurteilen kann, der muß nicht gekämmt und gebürstet werden, damit er ja schön aussieht. Er kann unbekümmert sein Hundeleben leben, und Sie können sich darüber freuen, daß es letzten Endes doch ein ganzer Hund ist.

Der Bastard – ein ganzer Hund

Und wenn jemand diesen Hund »Zamperl«, »Gulasch« oder »Rastelbinder« nennt, soll er. Es gibt heute sogar schon einen eigenen Verein für solche Mischlingshunde. Dort kann man sich unter Gleichgesinnten das Rückgrat stärken, falls überhaupt notwendig.

Mischlingshunde sind meist so anhänglich, treu und aufgeschlossen, daß man den fehlenden Adel nicht vermißt. Der wirkliche Hundefreund braucht schließlich keine Papiere, sondern einen ganzen Hund. Nur darauf kommt es an.

Gebrauchshunde – noch mehr Arbeit

Unter dem Begriff Gebrauchshunde versteht man heute drei Gruppen von Hunden. Zunächst einmal die Wach- und Schutzhunde, dann die Jagdhunde und schließlich die Hirten- und Hütehunde. Man könnte die Schlittenhunde als vierte Gruppe hier anschließen, ich stelle sie aber zur Seite, weil sie bei uns keine wirklichen Gebrauchshunde im strengen Sinn sind, denn ihre ursprüngliche Funktion – die Lasten im hohen Norden zu ziehen – wird hier nur als Sport wahrgenommen.

Zum Thema Gebrauchshund eines vorweg: sie sollten wirklich das bleiben, als das sie von jenen Menschen gedacht waren, die sie geschaffen haben. Leider ist es aber anders. Es gibt Leute – sehr viele sogar! –, die ihren ganzen Ehrgeiz nur mehr darin sehen, die entsprechenden Hunderassen auf »schön« zu züchten, um ihr Geschäftchen damit zu machen, ohne zu prüfen, ob so ein Hund noch in der Lage ist, die Leistung zu vollbringen, für die er einst geschaffen wurde. Ich möchte jedem abraten, hier mitzumachen. Er hilft nämlich mit, die Zucht echter Gebrauchshunde zu schädigen.

Was heißt »Gebrauchshund«?

Das Wort Gebrauchshund ist zwar nicht besonders schön, aber wir haben kein besseres, um eine Gruppe vielgestaltiger Rassehunde zu umschreiben, ohne die das Leben des Menschen kaum vorstellbar ist. Wenn wir dazu noch etwas nachdenken, uns so überlegen: »Wozu überhaupt Hund?« – dann könnte man fast versucht sein, unter diesem Sammelbegriff alle, restlos alle Hunderassen einzuordnen. Fragen wir doch die Rentnerin in der Nachbarwohnung, ob sie ihren Pekinesen unbedingt braucht. Sie wird an unserem Verstand zweifeln – natürlich braucht sie ihn! Oder fragen wir doch den kleinen Jungen, der im Park mit seinem Zwergpudelchen spielt, ob er ihn braucht. Ja – er braucht ihn!

Wirklich – alle Hundemenschen »brauchen« ihren Hund. Wenn es auch manche erst merken, wenn er gestorben ist.

Aber dieses »Brauchen« meint doch wohl die ideelle Seite. Der eigentliche Gebrauchshund will mehr materiell verstanden sein: Er hat konkrete Aufgaben zu erfüllen, er wird für praktische Zwecke eingesetzt. Der Wachhund bewacht Haus und Hof, der Schutzhund hilft im Einsatz gegen Kriminelle aller Art, der Jagdhund ist für den echten Waidmann unentbehrlich (es gibt auch andere, die einen Jagdschein besitzen), der Hirtenhund schützt die Herden gegen Feinde, der Hütehund paßt auf, daß sie nicht in das Kornfeld gehen und daß kein Herdenmitglied verlorengeht. Das sind ganz reale Aufgaben, die nicht von Schönheit geleistet werden können, sondern von Einsatzfreudigkeit, von Arbeitswilligkeit, die eine Lernbegabung voraussetzen und schließlich auch einen geeigneten Körperbau.

Wachhund, Schutzhund, Jagdhund, Hirtenhund, Hütehund

Nach dem, was ich von der Individualität gesagt habe und von der weiten Streuung des Erbgutes, leuchtet es wohl ein, daß nicht jeder einzelne Gebrauchshund wirklich alle Voraussetzungen für die von ihm erwartete Arbeitsleistung mit sich bringt. Es gibt immer wieder welche, die schaffen es einfach nicht, obgleich sie ansonsten ganz reizende und liebenswerte Hunde sind.

Die erwartete Arbeitsleistung

Aber letztere Eigenschaften genügen einem Polizeibeamten bei der Verbrecherjagd ebensowenig wie dem Zollbeamten beim Aufspüren von Schmugglern. Was aber soll mit Gebrauchshunden geschehen, die für die volle Erfüllung ihrer Aufgaben nicht geeignet sind?

Nun, es gibt dann eben die Möglichkeit, solche Hunde in die Hand eines Hundefreundes zu geben, der keinen Wert darauf legen muß, daß der Hund restlos allen diesen recht hohen Anforderungen genügt. Den Hundefreund, der wieder nichts anderes will als einen normalen, freundlichen Hund, mit dem er gut auskommt.

So kann jeder Schutz- oder Wachhund, jeder Jagdhund einen Platz finden bei Menschen, die nicht auf Verbrecherjagd gehen und die nicht auf die Jagd gehen. Das »Versagen« solcher Hunde bedeutet noch lange nicht, daß es sich um grundsätzlich unbrauchbare Hunde handelt. Ganz Im Gegenteil – man wird einen Hund bekommen, der für seine bescheideneren Begriffe immer noch ganz ausgezeichnet ist. Die für den Gebrauchshundeführer als »Mängel« erscheinenden Eigenschaften können mitunter sogar für den schlichten Hundefreund recht positiv sein.

Gebrauchshunde mit Mängeln sind keine unbrauchbaren Hunde

Wenn einem Jagdhund Raubzeugschärfe und Spurwille fehlt,

ist er für den Jäger unbrauchbar. Für den, der an der betreffenden Jagdhundrasse Gefallen hat, aber selber nicht auf die Jagd geht, ist das geradezu ideal. Er braucht nicht zu fürchten, daß ihm der Hund bei nächstbester Gelegenheit durchgeht, weil er eine »heiße Spur« in der Nase hat, und er braucht nicht zu fürchten, daß der Hund wütend jede Katze angreift.

Es gibt noch einen weiteren Vorteil. Da diese sogenannten »Mängel« sich nicht schon im Welpenalter zeigen müssen, sondern normalerweise erst auftreten und geprüft werden, wenn der Hund das erste Lebensjahr überschritten hat, so kann der Interessent einen Hund bekommen, der die notwendigen Grundelemente der Ausbildung bereits intus hat. Er ist leinenführig, er weiß, was »Sitz«, »Platz« oder »Bring« heißt, er hat also Unterordnung gelernt (ohne die ein Hund ohnehin nicht zu den »höheren« Prüfungen geführt wird), und bei guter Anleitung durch den Vorbesitzer, der den Hund nun aus Vernunftsgründen abgeben muß, hat man dann einen ordentlich erzogenen, braven Hund. Schließlich hat nicht jeder die Zeit, seinen Hund selber auszubilden und vom Welpenalter an aufzuziehen.

Vorsicht bei auf Schönheit gezüchteten Gebrauchshunden

Wenn aber neben den Gebrauchshundeleuten Geschäftemacher die hier in Rede stehenden Rassen nur auf Schönheit züchten, weil es nun mal Leute gibt, die Freude an einem Schäferhund, einem Riesenschnauzer, einem Weimaraner oder einem Pudelpointer haben – dann fallen sie jenen in den Rücken, die Hunde auf Leistung züchten wollen und dabei eben gelegentlich, wie es in der Natur der Sache liegt, Rückschläge erleiden. Hunde, die dann an jene Hundeliebhaber nicht abgegeben werden können, weil der Markt »gesättigt« ist.

Grundsätzlich also: Gebrauchshunderassen nicht beim »Schönheitszüchter« kaufen, der die Leistung gänzlich vernachlässigt, sondern beim Gebrauchshundezüchter, der auch für den Alltag immer noch die besseren Hunde hat.

Wenn Sie einen Schutzhund haben wollen

Lassen wir die Jagdhunde beiseite. Sie gehören in die Hand des Jägers, soweit es sich um Hunde handelt, die für ihren »Beruf« geeignet sind. Der Jäger braucht den Jagdhund, er hat für die Jägerprüfung gelernt, er weiß, woran er sich halten kann und findet bei seiner Zunft Rat und Unterstützung. Man wird ihm dort auch eine Reihe von Büchern nennen, die vom Jagdhund und seiner Ausbildung handeln – es sind so viele, daß man eine Bibliothek damit füllen kann. Dem Jungjäger kann ich nur einiges vom Hundeverhalten erzählen und von der Notwendigkeit, beim Welpen anzufangen. Jagd ist kein Sport, sondern eine schwere und verantwortungsvolle Aufgabe, deren Gesetze außerhalb des Rahmens liegen, den sich dieses Buch gesteckt hat.

Hier will ich vielmehr auf die Frage eingehen, ob es ratsam ist, sich einen der anerkannten Schutzhunde zuzulegen, um mit ihnen auf sportliche Weise zu arbeiten und sie durch die vier Schutzhundprüfungen – SchH I – II – III und die »Internationale« zu führen.

Schutzhunde verlangen zeitlichen und sportlichen Einsatz

Grundsätzlich: wer es sich zeitmäßig leisten kann – so jedes Wochenende am Übungsplatz, dann zu Ortsgruppenwettbewerben, später zu Landesgruppen-Veranstaltungen bis zu den Prüfungen, die einen Bundessieger ermitteln sollen – wer also mit seinem Hund gemeinsam »arbeiten« will und kann: der sollte es unbedingt tun!

Das sage ich nicht nur, weil ich Ehrenpräsident eines australischen Gebrauchshundevereins bin, sondern weil ich die herrlichen Stunden des gemeinsamen Tuns, das Hochgefühl des gegenseitigen Verstehens, das geradezu kameradschaftliche Zusammenwirken von Mensch und Hund bereits in meiner frühen Jugend – vor vierzig Jahren! – so nachhaltig erlebt habe, daß ich es bedauere, dafür heute keine Zeit mehr zu haben.

Hier die Rassen, die als Schutzhunde gelten:

Deutscher Schäferhund

Der Deutsche Schäferhund, eine Schöpfung des hochverdienten Rittmeisters von Stephanitz, der seit der Jahrhundertwende seinen Siegeszug um die ganze Welt antrat.

Dobermann	Der Dobermann, genauer: Dobermann-Pinscher, eine Schöpfung des Thüringers K. F. L. Dobermann aus Apolda aus dem Jahr 1860, eine Rasse, die um die Jahrhundertwende sozusagen »ausgereift« war.
Airedale-Terrier	Der Airedale-Terrier ist der einzige ausländische Hund, der bei uns als Schutzhund Dank seiner Verdienste im Krieg und Grenzschutz anerkannt ist. Diese Rasse wird seit 1884 im Englischen Kennel Club geführt.
Rottweiler	Der Rottweiler, so benannt nach dem schwäbischen Rottweil, wo er von Metzgern und Viehhändlern vor langen Zeiten geschaffen worden ist. Im vorigen Jahrhundert hat man dann diesen zum Treiben von Vieh überaus geeigneten Hund auch zum Wach- und Schutzhund umfunktioniert, und zwar so erfolgreich, daß er zu den ersten anerkannten Schutzhunden Deutschlands zählte.
Deutscher Boxer	Der Deutsche Boxer wurde 1926 als Schutz- und Diensthund anerkannt und stammt ursprünglich aus einer Vermischung des massiven Danziger Bullen- oder Bärenbeißers und dem eleganteren Brabanter Bullenbeißer. Wer sich an seiner Physiognomie nicht stört, wird ihn hoch schätzen.
Riesenschnauzer	Der Riesenschnauzer ist – wie könnte es anders sein! – eine oberbayerische Züchtung, die 1909 erstmals in München dem staunenden Publikum vorgestellt worden ist, damals noch unter dem Namen »russiger Bärenschnauzer«. Er ist seit 1923 als Diensthundrasse anerkannt.
Hovawart	Der Hovawart schließlich, der als eine Art »Nachzüchtung« des mittelalterlichen »Hofwart« seit 1936 als eigene Rasse anerkannt ist, wurde in jüngster Zeit nunmehr auch als Schutzhund anerkannt. Eine imponierende Hundegestalt mit schlicht gewelltem Langhaar, mit einer Schulterhöhe von 60 bis 70 cm. Von Natur aus gutmütig, aber sehr leicht zu einem wachsamen und intelligenten Schutzhund ausbildbar.

Das sind sie also, unsere anerkannten Schutzhunde. Aber damit ist nicht gesagt, daß man nicht auch mit einem Leonberger, einer Dogge, mit einem Bernhardiner oder einem Großpudel auf den Übungsplatz gehen kann. Ich habe sogar einmal einen Zwergpudel erlebt, der in der Hand eines versierten Schäferhundmannes alles machte, was ein gut ausgebildeter Schäferhund kann – freilich, soweit es ihm seine bescheidene Größe erlaubte.

Grundsätzlich ist hier anzufügen, daß man keinem Hund eine gewisse Ausbildung vorenthalten sollte, schon um mit ihm in allen Situationen zurechtzukommen, aber auch deswegen, weil der Hund etwas lernen muß, sollen seine großartigen Veranlagungen und Lernfähigkeiten nicht verkümmern.

Die Ausbildung

Hier noch eine Warnung: einen Hund zum Schutzhund auszubilden, ist eine ganz großartige Sache und ein wirklich sehr gesunder Sport. Ich kannte einen Polizeibeamten älteren Jahrganges, der mir erzählte, daß er, seitdem er Hundeführer sei (übrigens einer, der mit seinen Erfolgen Schlagzeilen in der Presse machte!), keinerlei Herzbeschwerden und ähnliche Wehwehchen mehr habe. Also, Schreibtischhocker, Manager und andere Todeskandidaten: Hund her, und raus auf die grüne Wiese! Aber zurück zur Warnung. Es ist nicht so, daß jeder Hund unbedingt Bundessieger werden kann. Bitte keinen falschen Ehrgeiz, keinen »Hochleistungssport« auf Kosten des Hundes!

Keine Hochleistung um jeden Preis

Ich sagte es schon – nicht jeder Hund, und sei er von der schönsten Rasse und vom besten und teuersten Züchter, ist gleich ein Hochleistungshund. Wenn man trotzdem versucht, seinen Hund koste es was es wolle durch die drei Hauptprüfungen zu treiben, dann wird das Verhältnis zwischen Herr und Hund sehr bald getrübt, die bereitwillige Freundschaft wird einem Knechttum weichen, der Sinn der Sache – Freude am gemeinsamen Tun – wird zerstört!

Maß halten – das gilt auch hier. Den Hund nicht überfordern, um dem eigenen Ehrgeiz zu genügen. Mitmachen, üben, aufbauen – ja. Aber einen Hund des eigenen Ehrgeizes wegen schinden – nein!

Dessen sollte man sich bewußt sein und sich fragen: werde ich mich vom Ortsgruppenvorsitzenden und seinem Übungswart – die natürlich daran interessiert sind, daß möglichst viele Hundeführer ihrer Ortsgruppe gute Leistungen aufweisen – breitschlagen lassen und mit Gewalt das allerletzte aus meinem Hund herausholen? Oder habe ich Selbstbewußtsein genug, daß es mir genügt, den Hund soweit zu fördern und auszubilden, wie es seine angeborenen Fähigkeiten zulassen? Wer sich zu letzterem bekennt, wird ein hervorragender Hundeführer – auch wenn es die Punktzahl des Richters nicht erkennen läßt!

Der Wachhund – ein Kapitel für sich

Man könnte das Kapitel auch überschreiben: »Der Hund als Werkzeug.«
Da gibt es Leute, die haben ein kleineres oder größeres Häuschen, da gibt es Industrieanlagen, oder Baustellen, wo wertvolles Material umherliegt, das gestohlen werden könnte, und da gibt es Geschäfte, die bewacht werden wollen.
Gleich von vornherein: wer den Hund, sei es Schäferhund, Dogge, Rottweiler oder sonst ein anderer, nur als eine Art Selbstschußanlage betrachtet, soll sich lieber keinen anschaffen. Für einen solchen Einsatz ist kein Hund der Welt geeignet!
In Inseraten werden oft »ausgebildete Wachhunde« angeboten. Dagegen wäre nichts zu sagen, wenn man nur sicher sein könnte, daß sich ausgebildete Wachhunde auch für den ganzen Rest ihres Lebens als solche betrachten und aufführen. Natürlich sind sie von meist recht erfahrenen Hundeführern ausgebildet, aber die Frage ist, ob diese Hunde nun auch ohne ihren Ausbilder alles das tun, was der neue »Eigentümer« von ihnen erwartet.
Was heißt denn das eigentlich – »Wachhund«?
Blättern wir im Buch der Geschichte zurück und stellen wir uns einmal vor, wie das alles begonnen hat. Ich sehe das ungefähr so:

Kleiner Ausflug in die Vorgeschichte

Da waren unsere Altvorderen – so ungefähr vor fünfzehntausend Jahren, tiefste Steinzeit –, und die waren nach allem aus, was Fleisch war und sich essen ließ. Fand man also ab und zu mal ein Wurflager von Wölfen, in dem vielleicht fünf bis sechs wohlgerundete Welpen lagen, dann war eitel Glück, denn die wogen zusammen so zwischen vier und fünf Kilo.
So ein Wurflager auszunehmen war natürlich viel einfacher, als hinter einem Ren, einem Elch oder gar einem Mammut herzusein.

Da Konrad Lorenz, mein verehrter Lehrer, es sich einmal geleistet hat, zu träumen, wie es gewesen sein mag, als Mensch und Wildhund sich trafen, wird er mir auch nicht böse sein, wenn ich seinem Traum einen anderen gegenüberstelle. Ich sehe, wie eine Gruppe der Urhorde vor Glück strahlend in das Lager zurückkehrt und die Wolfswelpen den Damen der Höhle zur Zubereitung übergibt. Eine ältere Höhlenlady sieht in die verängstigten Gesichter der rührenden Babys und fühlt dank des ihr angeborenen Kindchenschemas ein mütterliches Pflegebedürfnis in sich erwachen. Auch Papuafrauen nähren Ferkelchen an ihren Brüsten, Indianerfrauen Welpen. Na, und erst die Kinder! Wie süß, so ein kleiner Welpe mit seinem runden Köpfchen und seinem streichelbedürftigen Fellchen!
Der Stammesälteste flucht in seinen Bart und verwünscht die ganze Weibergesellschaft, die ihn und seinen Jagdgenossen den leckeren Braten entzieht. Er tröstet sich mit dem Gedanken, daß die Wolfswelpen, wenn sie größer werden, mehr Fleisch hergeben.
Die Wolfswelpen wachsen dank der liebevollen Betreuung der Frauen und Kinder heran, werden größer und fleischreicher. Der Sippenhäuptling leckt sich die Lippen beim Anblick von soviel Fleisch auf vier Beinen. Nächste Woche bei Neumond, spekuliert er, wäre genau der richtige Augenblick, um die Sippe mit Met und Wolfsfleisch über die dunklen Stunden, in denen die bösen Geister drohen, hinwegzubringen.
Aber da passiert es. Drei Tage vor Neumond, es ist stockfinstere Nacht, beginnen auf einmal die Wolfswelpen entsetzlich zu schreien. Sie haben schreckliche Angst. Alles im Lager fährt hoch – was ist los? Die Männer suchen schlaftrunken ihre Speere und Faustkeile zusammen, stürzen aus der Höhle. Sie sehen nur mehr flüchtende Gestalten – die Nachbarhorde hat nach guter, alter Menschensitte versucht, die Mitbürger der Steinzeit im Schlaf zu überrumpeln und zu erschlagen, um sie aufzuessen – Fleisch war ja damals Mangelware.
Der Überfall war mißglückt. Der Sippenchef kratzt sich am Hinterhaupt und sinniert: Wenn diese dämonsverdammten Wolfsjungen nicht zu schreien begonnen hätten, dann würden wir jetzt alle an Röstspießen grillen. In seinem damals um dreihundert Gramm leichteren Gehirn beginnt es zu arbeiten. Und so, meine lieben Kinder, begann der Wachwolf.

Keiner von uns war dabei – aber könnte es nicht so gewesen sein?

Wachhunde und wache Hunde

Als ich noch, ebenfalls fast unter Steinzeitbedingungen, in der Grubmühle mitten unter den Hunden lebte – Hunden, die keine Ahnung hatten, was es heißt, ausgebildeter Wachhund zu sein –, da erfuhr ich, was es heißt, wenn Hunde aller Art da sind. Da brauchte nur der angeheiterte Knecht des Nachbarn spät abends nach Hause zu torkeln – schon schrie die ganze Gesellschaft lauthals. Und wenn ein Hund durch irgendwelche Umstände aus seinem Gehege entwischte – schon brüllte die ganze Gesellschaft los. Keine Wachhunde – nur wache Hunde.

Natürliche Hunde sind wache Hunde

Schlußfolgerung: Wenn ein Hund noch Hund ist, dann ist er von Natur aus ein »Wachhund«, wie in der von Hundeabrichtung unbeleckten Steinzeit. Ist er hingegen in seinen natürlichen Anlagen durch anders orientierte Zuchtmaßnahmen eingeschränkt, schläft er, wenn jemand kommt – dann hilft auch keine Ausbildung.

Grundsätzlich wird also jeder vernünftige Hund Laut geben, wenn ein Fremder kommt oder Feuer ausbricht. Das macht ein psychisch normaler Zwerghund ebenso wie ein Irish Wolfshound. Führt der Mann Böses im Schilde, muß er unter Umständen damit rechnen, angegriffen zu werden.

Aber nicht unter allen Umständen. Es gibt nämlich auch Hunde, die sich in einem solchen Fall winselnd und Schutz suchend hinter ihrem Herrn verstecken. Man sagt dann, sie seien »wesensschwach«. Bei solchen Hunden ist dann entweder das Urverhalten des Wolfes durchgebrochen, nämlich: lieber einige Momente lang feig sein als ein Leben lang tot, oder das Nervenkostüm ist durch falsche Zucht so hinfällig geworden wie bei einem notorischen Säufer mit Leberschaden. Bei solchen Hunden sollte man auch gar nicht erst versuchen, sie zum Wachhund auszubilden.

»Wesensschwache« Hunde

Nun will man ja nicht unbedingt, daß der Hund jedem Fremden sofort an die Beine oder Kehle fährt. Es könnte sich schließlich um gute Bekannte, Lieferanten oder sonst welche harmlosen Leute handeln. Aber es gibt mehr als genug Hunde bei uns, die man erst wegsperren muß, ehe man die Gartenpforte oder Wohnungstür öffnen kann. Manchen Leuten ist es eine Beruhigung, so einen hysterischen Beißer im trauten Heim zu haben. Der Gedanke, daß man im Ernstfall diesen Köter nur loszulassen braucht, und er hat den Einbrecher am Wickel, ist für viele Zeitgenossen direkt beglückend. Es entspricht auch jener weitverbreiteten Mentalität, die aus der Vereinsamung des einzelnen in der Massengesellschaft und seiner übersteigerten Lebensangst entsteht und aus der sich wieder eine Aggressionshaltung entwickelt hat. Eine Aggressionshaltung aber, die man gern auf den Hund abschiebt, weil die eigene Angst kein Aggressionsverhalten freiläßt und es blockiert.

Der Hund als Ersatzaggressor

So wird der bissige Hund zum Ersatzaggressor. Man selber traut sich nicht, man selber ist auch durch gesellschaftliche Normen daran gehindert, Dampf abzulassen – so freut man sich, wenn der wilde Beißerhund einem die Aggression aus dem verbiesterten Herzen nimmt und seinerseits unbehindert losläßt. Andere Leute gehen aus ähnlichen Motiven liebend gern in Filme, wo Aggression in brutalster Form demonstriert wird, gehen zu Boxkämpfen oder auf den Fußballplatz. Die beiden letzteren Möglichkeiten sind sogar die besseren, weil man da wirklich Dampf ablassen kann, die gesellschaftlichen Normen erfordern das an solchen »Sportstätten« sogar; wehe dem Zuseher, der ganz unbeteiligt dabeisitzt!

So wird also das eigene Aggressionsbedürfnis auf den Hund gebracht, und es befreit ganz ungemein das eigene Gemüt, wenn man erlebt, mit welcher Wut der Hund da losgeht! Es ist so, wie wenn Muhammad Ali einen k.o.-Schlag ausführt. Außerdem ist man ja versichert.

Wirklich – ich gehe bedenkenlos in jeden Wolfszwinger. Aber nur mit zitternden Knien in den Vorgarten einer Villa, wenn sich der Eigentümer nicht blicken läßt. Es langt ja schon, wenn ich dann mit einer zerfetzten Hose durch die Stadt nach Hause gehen müßte.

Vorsicht – bissiger Hund

Den Charakter jener Menschen, die solche Beißer haben, dürften wir jetzt ausreichend analysiert haben. Aber was ist eigentlich mit den Hunden los, die so bösartig sind? Wachhund ja, aber warum denn gleich bedenkenlos dem Briefträger an die Beine?

Lassen wir hier ruhig einmal die Möglichkeit weg, daß es sich um einen auf Überaggressivität gezüchteten Hund handeln könne. Das gibt es zwar, aber viel seltener, als man denkt, wenn man die vielen bissigen Hunde zusammenzählt. Die entsetzlichen Schilder »Vorsicht – bissiger Hund« sind im Grunde ein Armutszeugnis für den Hausherrn. Wie schön wäre es dagegen, wenn am Schild schlicht und einfach stünde: »Wir haben einen Wachhund.«

Bissige Hunde sind verunsicherte Hunde

Nein – man hat einen bissigen Hund. Einen Hund, der deswegen bissig ist, weil er etwas nicht findet, nach dem jeder normale Hund sucht: Schutz, Geborgenheit.

Nochmals Wildhunde – wie ist es denn da? Man verläßt sich auf den Rudelführer (der meist die Zweieinigkeit von Rüde und Hündin verkörpert), der etwa nach dem Spruch »Der Papa wird's schon richten« alle Verantwortung für Leben und Überleben auf sich nimmt. Wenn der eine Gefahr sieht, dann wird er aufgrund seiner Erfahrung entweder das Signal zum Rückzug oder zum Angriff geben, je nachdem.

Rudelführer haben aber von ihren Eltern gelernt, wie man sich da oder dort verhalten muß. Sie sind ihrer Sache sicher und riskieren keinen unnötigen oder widersinnigen Angriff.

Hat ein Hund eine Menschenfamilie oder einen menschlichen Rudelführer über sich, zu dem er blindes Vertrauen hat, so wird er ihm zwar gern seine besseren Ohren oder seine bessere Nase »leihen« – aber er wird niemals zum blindwütigen Beißer werden. Beißerhunde sind also wirklich nur der Ausdruck für die von Angst blockierte Aggressionsbereitschaft ihrer Eigentümer. Sie sind von der schmählich versagenden Rudelführerschaft enttäuscht und verunsichert, sie suchen ihr Heil in einer kompensierenden Aggression und lassen an den anderen Leuten ihren Dampf ab.

Hat übrigens ein Hund einmal eine positive Rudelführerschaft erlebt und kommt er danach zu solchen Leuten, wie zuvor

geschildert, wird er unweigerlich verunsichert, seine Aggressionsschwelle wird herabgesetzt, und es besteht ernsthaft Gefahr, daß auch der neue Besitzer bei gegebenem Anlaß gebissen wird.
Gerade Menschen, die durch solche Beobachtungen gewarnt sind, meinen dann, daß man sich also einen »gut dressierten Wachhund« anschaffen müsse. Der macht dann schon alles von alleine und goldrichtig.

Der ausgebildete Wachhund

Das eben ist der große Irrtum.
Der ausgebildete Wachhund hat gewiß sein Pensum gelernt. Dieses Pensum beginnt mit der notwendigen Unterordnung und gipfelt in der sogenannten »Mannarbeit«. Der Hund soll auf Befehl angreifen, den Mann festhalten und auf das Kommando »Aus!« auch wieder auslassen, dabei aber scharf im Auge behalten, um ihn erneut festzuhalten, wenn das entsprechende Kommando kommt.
So kann natürlich nichts passieren, wenn man sich selber einmal irrt und einen harmlosen Menschen für einen Einbrecher hält. Das System einer derartigen Ausbildung ist durchdacht und hat sich in der Praxis noch immer bestens bewährt. Wo kämen die Beamten der Polizei, von Zoll oder Grenzschutz hin, wenn ihre Hunde bedenkenlos und hemmungslos gleich jeden beißen würden, der gerade vorbeikommt!
Der ausgebildete Wachhund ist also von einem erfahrenen Ausbilder für seine Aufgabe zwar vorbereitet worden und wird diese Aufgabe in der Hand des erfahrenen Ausbilders auch vorbildlich erfüllen. Aber das hilft alles nichts, wenn er nun in einen Hof, Garten, Laden oder Fabrikraum kommt, wo er zu niemandem einen solchen Kontakt findet, wie er ihn zu seinem Ausbilder hatte. Er ist eben kein Computer, den man mit Programmen gefüttert hat – er »funktioniert« nur dann und nur dort, wo er wieder eine echte Beziehung zu einem Menschen hat. Gerät er aber unter eine Rudelführerschaft, die im Grunde keine ist, dann hilft die ganze schöne und teure Ausbildung nichts. Überhaupt nichts!

Ausbildung allein nützt nichts

Aus dem gut veranlagten Hund wird wieder ein verunsichertes

Wesen, das nicht weiß, wie das soziale Agreement läuft – der Hund wird langsam aber sicher neurotisch. Und hinterher gibt man der Einfachheit halber dem braven Mann die Schuld, der mit viel Hundeverstand und viel einfühlsamer Arbeit diesen Hund aufgebaut hatte!

Auch ein ausgebildeter Wachhund gehört also zuerst und zuvörderst mit aller Sorgfalt in die Familie integriert, er muß das Vertrauen zu seiner neuen Rudelführerschaft gewinnen und die Sicherheit haben, daß er hier ganz fest verbunden ist. Denken Sie an den Hund, der an der Leine sich viel tapferer zeigt, als wenn er losgelassen wird. Es gibt auch eine »seelische Leine« – das Band, das notwendig ist, eine Gruppe von Individualitäten zu verbinden.

Die »seelische Leine«

Ein Wachhund, der tagsüber, wenn er nicht gebraucht wird, in einen Käfig gesperrt wird (und ein Käfig ist auch der vorschriftsmäßige, vom Tierschutzgesetz zugelassene Zwinger von sechs Quadratmetern!) und dann abends, wenn der Laden, der Hof, das Fabriksgelände dicht gemacht werden, heraus darf, um nun nachts über seine »Pflicht« zu erfüllen – ich kann nur hoffen, daß jedem, der mir bis hierher gefolgt ist, das Widersinnige eines solchen Vorgehens langsam klar wird!

1 Hund für 4 Nachtwächter?

Nicht anders ist es, wenn ein größeres Fabriksgelände durch Nachtwächter mit Wachhund in bestimmten Rundgängen bewacht werden soll. Nachtwächter Meier hat von 19 bis 23 Uhr seine Runden mit dem Schäferhund Hasso, der als erwachsener und vorzüglich ausgebildeter Hund angeschafft worden ist (für sehr viel Geld übrigens!), Nachtwächter Maier (mit a-i) macht dann die Runden von 23 bis 3 Uhr – natürlich mit Hasso –, und Nachtwächter Mayer (mit a-y) löst ihn um 3 Uhr ab und macht die Runden bis 6 oder 7 Uhr, d. h. bis zum Arbeitsbeginn – natürlich mit Hasso. Weil Herr Meier (der mit ei) gestern geschlafen hat, wird er rausgeschmissen, und nun kommt ein neuer Nachtwächter namens (jetzt haben wir noch die Möglichkeit eines e-y) Meyer. Und der geht nun die Runden – natürlich mit – ja – ja – erraten! Mit Hasso!

Und spätestens dann können Sie als Personalleiter der Firma einem ihrer Nachtwächter einen Blumenstrauß ins Krankenhaus schicken!

Denn entweder wurde er von dem völlig durchgedrehten

Hund gebissen, oder der auf die Kasse lüsterne Gangster hat ihm eine über den Kopf gezogen, während sich der Hund voller Zweifel neutral verhielt, oder gar versteckte. Nein, wirklich – so geht das nicht.

Hundeführer und Hund müssen eine Einheit sein. Es ist nicht so wie auf Reitturnieren, wo man untereinander die Pferde austauscht, um sich gegenseitig reiterliches Können zu beweisen. Der Hund ist kein Pferd, und selbst beim Pferd erscheinen mir solche Methoden schon mehr als fragwürdig. Gewiß – ich kann meinen am Übungsplatz eines Gebrauchshundevereines bestens eingearbeiteten Hund auch einmal durch einen Vereinskameraden vorführen lassen – warum auch nicht. Der Hund kennt ihn, er kennt das Milieu eines Übungsplatzes, einer Leistungsprüfung – er hat immerhin soviel Grips im Kopf, daß es ihm vielleicht sogar Spaß macht, mit dem anderen Sportsfreund zu arbeiten. Wenn Freunde von mir hier im Gelände der Forschungsstation zelten, um ein wenig mitzuhelfen, dann gebe ich ihnen meinen guten Thomas, damit er das Zelt bewacht. Thomas macht das sehr viel Freude, und ich möchte keinem Menschen raten, ein von ihm bewachtes Zelt anzufassen. Thomas fühlt sich verantwortlich – meines Herrchens Freunde sind auch meine Freunde, lautet da das Motto. Er kann sich dann dieser Aufgabe so hingeben, daß er mich, wenn ich nach einigen Tagen Abwesenheit mal vorbeikomme, nur ganz flüchtig mit einem angedeuteten Wedeln mit der äußersten Schwanzspitze zur Kenntnis nimmt, dieser treulose Gauner.

Hundeführer und Hund müssen eine Einheit sein

Drei Wege, zu einem Wachhund zu kommen

Erster Weg: Man kaufe sich einen Welpen irgendwelcher Rasse, die auch bellen kann, erziehe ihn zu einem unkomplizierten Hund und begnüge sich damit, daß er anschlägt, wenn sich was rührt oder wer kommt. Bellende Hunde beißen nicht, heißt es von altersher, und das ist auch ganz gut so. Da der Eindringling nicht weiß, was er von dem Hund zu halten hat, wird er bestimmt darauf verzichten, Ihren van Gogh oder Picasso zu klauen.

Zweiter Weg: Man kaufe einen ausgebildeten Wach- und Schutzhund, gehe je nach eigener Intelligenz eine oder drei Wochen zu dem Ausbilder in die Schule, melde sich beim nächsten Gebrauchshundeverein an und opfere ab und an einen Samstag oder Sonntag, um sich selber auf Vordermann bringen zu lassen. Auch wenn es ein wenig »militant« dabei zugeht – den kleinen Spleen unserer braven Gebrauchshundler können Sie ruhig in Kauf nehmen – es geht ja um den Hund! Nur eines ist wichtig: halten Sie den Hund nicht wie ein Werkzeug, sondern halten Sie ihn als Familienmitglied! Er wird dann seine Aufgabe mit Genuß wahrnehmen.
Dritter Weg: Kaufen Sie sich einen Welpen möglichst einer Gebrauchshundrasse, ziehen Sie ihn so auf, wie ich es später noch ausführlichst schildern werde, melden Sie sich beim zuständigen Gebrauchshundeverein an, schauen Sie mitsamt ihrem vierbeinigen Halbstarken bei den Übungen zu, hören Sie sich abends am Biertisch die Gespräche der Hundler an (aber – Sie müssen natürlich nicht alles glauben, es gibt auch ein »Hundler-Latein«!), und bringen Sie schließlich, wenn der Übungswart meint, daß der Hund nun alt genug sei, das kleine und sehr gesundheitsfördernde Opfer, selbst am Übungsplatz mit dem Hund im Gleichschritt zu marschieren. Sie und Ihr Hund können da eine Menge lernen, und wenn Sie es ganz schlau machen wollen, dann muß auch die Gattin und die größere oder kleinere Kinderschar mit ran. Vom vierten Lebensjahr an getan, wird's ein Meister.
Diesen letzten Weg halte ich für den idealen, gleich, ob es sich um Privatleute handelt, die einen Wachhund haben wollen, oder ob es sich um Polizei, Zoll, Grenzschutz oder Bundeswehr handelt. Ein Hund ist keine Waffe, die man von Hand zu Hand gehen lassen kann, sondern ein Familientier, das nur dann Optimales leistet, wenn es sich in dem gegebenen sozialen Agreement sicher und engstens verbunden fühlt!

Der Beschützer

Der »scharfe« Wachhund

Noch einige Worte zum »scharfen« Wachhund: Ein scharfer Hund ist einer, bei dem die Hemmzentren des Nervensystems zu schwach entwickelt sind, um die angeborenen Aggressions-Impulse einzudämmen. Ein derartiger Hund wird vom geringfügigsten Umweltreiz so erregt, daß seine Aggression ausgelöst wird. Das ist eine Nervenschwäche, die als echte Degenerationserscheinung durch fehlgesteuerte Zucht zu werten ist. Solche Hunde neigen dann auch sehr leicht dazu, die eigene Familie anzufallen.

Was aber passiert, wenn eine völlig normale Dogge entdeckt, daß echte Gefahr im Verzuge ist? Jetzt freilich wird auch bei ihr Aggression ausgelöst – der Reiz hat seinen Schwellenwert überstiegen, die Blockade der Aggressions-Hemmer wird aufgehoben.

Die Reizschwelle

Hier eine Anmerkung: Hunde haben keine Reizschwelle, und kein anderes Lebewesen dieser Erde hat eine Reizschwelle. Dieses Wort wird bei Hundeleuten völlig mißverstanden. Es bezeichnet nämlich nichts anderes als die Stärke, die Intensität eines Reizes. Hat dieser Reiz nämlich eine bestimmte Intensität, einen bestimmten Schwellenwert erreicht, wird er wirksam – er löst nun im Nervensystem des Tieres, auf das er einwirkt, die entsprechende Reaktion aus. Das Tier wird ab dieser Reizschwelle enthemmt, die beantwortenden Reaktionen werden freigegeben.

So ist also für unsere Dogge ein herankommender Fremder kein Reiz, der ihre Aggressionen auslöst. Das geschieht erst dann, wenn der Fremde den Arm hebt, um auf den Herrn einzuschlagen. Dann hat dieser Reiz die Schwelle erreicht, von der an er so stark auf die Hemmzentren einwirkt, daß sie ihre blockierende Wirkung einstellen und der bislang unterschwelligen Aggression den Weg freigeben.

Allerdings nicht so absolut und ohne weiteres. Man muß sich vorstellen, daß es viele solcher Hemmzentren für die jeweiligen aggressiven Handlungsweisen gibt. Diese Hemmer müssen erst Stück für Stück beseitigt werden, und hierfür muß der auslösende Reiz noch stärker und stärker werden.

Stufenweise Ausschaltung der Hemmzentren

Sehr theoretisch – aber sehen wir die Praxis an. Die Auseinandersetzung zwischen Herrn und Fremden ist zunächst nur bedrohlich. So wird Hemmzentrum Nr. 1 inaktiviert. Das veranlaßt unseren Hund, zunächst einmal böse zu knurren. Den Fremden kratzt das aber nicht, er versucht, zuzuschlagen. Hemmzentrum Nr. 2 kapituliert vor dieser Reizstärkenerhöhung. Die Dogge springt hoch, um die Kehle des bösen

Mannes zu fassen. Die mächtigen Fangzähne drücken sich sehr unangenehm in die Halshaut. Aber noch sind die weiteren Hemmzentren aktiv – die Dogge beißt nicht zu. Dumpf grollend hält sie die Kehle des Mannes im Fang, die Pfoten auf seinen Schultern. Freilich ist das nur eine Momentaufnahme, denn bei soviel anprallender Masse fällt der Mann ziemlich sicher um. Und nun steht das grollende Hundetier über ihm, im Fang seinen immer noch unverletzten Hals, aber, kein Zweifel, die vier Zahnspitzen tun ziemlich weh.
Was nun geschieht, ist Sache des Mannes. Bleibt er still liegen, dann steigt der Reiz nicht weiter an – im Gegenteil, durch das Verhalten des Mannes sinkt der Reiz, und Hemmzentrum Nr. 2 fängt langsam wieder zu arbeiten an, beginnt, das bislang losgelassene Maß an Aggression zurückzuschrauben. Wenn jetzt der Herr eingreift und der Dogge gut zuredet: »Komm, mein braves Hündchen, der böse Onkel wird das nie wieder tun und sich trollen«, dann ist sie bereit, den Fang wieder zu öffnen, aber sie wird zunächst noch grollend über dem am Boden liegenden Mann stehen und so abwarten, daß auch Hemmzentrum Nr. 1 wieder zu arbeiten anfängt. Bleibt der Mann bewegungslos, dann sinkt der Reiz unter jene Schwelle, die das erste Hemmzentrum inaktiviert hatte. Sie hört nun auch zu knurren auf und ist bereit, zur Seite zu gehen. Aber da sie nun ja aus der Erfahrung der vergangenen Sekunden weiß, daß man dem Kerl nicht über den Weg trauen darf, ist die Reizbarkeit ihrer Hemmzentren erhöht. Nur eine falsche Bewegung des Kerls, und schon knurrt sie wieder. Jetzt braucht der Reiz nämlich keine besondere Intensität mehr zu erreichen – die Dogge ist aggressiv gestimmt, und das führt zu einer erhöhten Empfindlichkeit.
Es kann aber auch alles anders kommen. Der Mann, dem die Dogge die Spitzen ihrer Fangzähne tief in die Halshaut drückt, spielt verrückt und schlägt auf die Dogge ein. Reizschwellenwert Nr. 3 wird erreicht – Hemmzentrum Nr. 3 stellt seine Tätigkeit ein, Aggressionsstufe Nr. 3 wird freigelassen.
Armer Mann – mit durchbissener Kehle lebt es sich schlecht! Und Herrchen? Herrchen kann bei dieser Intensitätsstufe des Reizes nichts mehr tun – er muß sofort den Notarzt und die Polizei informieren. In diesem Zustand sind die Ohren der Dogge ausgeschaltet, sie reagiert auf keinerlei Umweltein-

fluß, und wollte der eigene Herr nun eingreifen, bekäme er auch seinen Biß ab. Die Aggressionsstufe Nr. 3 baut sich erst ab, wenn der auslösende Reiz abgesunken ist. Das kann dann ziemlich schnell gehen, weil Leute mit durchbissenem Hals für gewöhnlich das Bewußtsein verlieren. So liegt der auslösende Reiz also nun still und rührt sich nicht – womit auch die unterste Reizschwelle unterschritten ist. Noch muß natürlich die gereizte Stimmung der Dogge sich erst einmal normalisieren, was bedeutet, daß die Reizbarkeit der Hemmzentren noch eine Weile erhöht bleibt. Aber gutes Zureden von seiten des Meisters kann nun dazu beitragen, daß die Stimmungslage sich so beruhigt, daß die Sanitäter den schwer bestraften Mann auf die Bahre legen können...

Mit einem Hund, der seinem Herrn eng verbunden ist, ist nun mal nicht gut Kirschen essen!

Ausbildung auf dem Übungsplatz? Eine sehr interessante Beschäftigung, gewiß, bei guter Führung des Herrn und Meisters ein herrliches Spiel, das man auch in der Praxis verwenden kann, wenn es gilt, flüchtige Personen zu finden, zu stellen, zu bewachen, festzuhalten. Gewiß, auch eine Art von »Schutzdienst«, denn ein Mann, der von einem Hund so behandelt wird, kann dem Hundeführer kaum etwas zuleide tun. Es ist ein präventiver Schutz.

Der wirkliche Schutz kommt aus den Tiefen der Hundeseele, so der Hund seinen Herrn liebt...

Die Gretchenfrage: Rüde oder Hündin?

Vermutlich gibt es unter allen Fragen vor der Anschaffung eines Hundes keine, die so viel diskutiert wird wie die, ob es ein Rüde oder eine Hündin sein soll.

Grundsätzlich ist es vollkommen gleichgültig, wofür man sich entscheidet. Vielleicht könnte man einer alleinstehenden Dame einen Rüden und einem ebensolchen Herrn eine Hündin empfehlen. Bei Hunden ist es allerdings nicht unbedingt so wie bei Pferden, daß sich Geschlechtsgegensätze besser bewähren. Es kann sein – aber es muß nicht sein.

Gerade im Hinblick auf diesen Punkt: man darf nicht vergessen, daß »der Rudelführer« eigentlich eine Fiktion ist, entsprungen mehr unserem gewohntermaßen patriarchalischen Denken als der wirklichen Naturbeobachtung. »Leitwolf« – natürlich gibt es das. Aber nur in jenen Bereichen, die zum »männlichen Funktionskreis« gehören. Also etwa, wenn es darum geht, wer das Beinchen heben darf, um die Reviergrenzen zu markieren. Das darf natürlich nur der Rüde Nummer eins. Die anderen Rüden dürfen das nicht.

Der Leitwolf

Diese Vorrangstellung des erfahrensten Rüden hängt aber doch zu einem Gutteil davon ab, daß er gleichzeitig der »Prinzgemahl« ihrer Hoheit, der Wölfin Nummer eins, ist. Genau betrachtet, hat eigentlich sie das große Sagen. Und weil er eben ihr Ehegespons ist (Wölfe sind entsetzlich monogam!), darf er gewisse, für den Bestand des Rudels notwendige Aufgaben übernehmen. So auch seine Kinder erziehen. Er darf sich mit ihnen herumärgern und dafür sorgen, daß etwas aus ihnen wird. Das sind die großen Tage in seinem Leben, an denen er selber sich wahrscheinlich ungemein wichtig vorkommt und in der Tat den Rudelführer spielen darf.

Die Wölfin als Leithündin

Das Austragen und Gebären der Welpen, das sieben- bis achtwöchige Betreuen und Säugen aber ist Aufgabe der Wölfin. Das sind zusammen zunächst vier ganze Monate, und da bereits einige Zeit vorher die Wölfin ihre Dominanz bei Einsetzen der Vor-Läufigkeit immer deutlicher zum Ausdruck bringt, kann man sagen, daß sie fast fünf Monate im Jahr das

ranghöchste Tier im Rudel ist. Da es bei den südlichen Wölfen eine zweimalige Läufigkeit, Trag- und Säugezeit im Jahr gibt – wie bei unseren Hunden ja auch –, kann man sich ausrechnen, wie lange der Rüde effektiv die Vorrangstellung hat!
Mag das auch bei nordischen Wölfen mit ihrer einmaligen Fortpflanzungszeit anders sein, und ist unser Denken auch zu sehr auf unser Wissen von jenen ausgerichtet, wie mir das früher auch immer passiert ist – für unsere Frage, ob Rüde oder Hündin, ergibt sich jedenfalls, daß wir bei beiden einen Leithundcharakter finden können.
Hierzu gleich eine wichtige Feststellung: nicht jeder aus einem Wurf hat von Natur aus das Zeug zum Rudelanführer. Darüber später noch mehr. Hier sei nur vorweggenommen, daß der Hund unserer Wahl, gleich ob Rüde oder Hündin, einmal mehr, einmal weniger Führungsansprüche stellen wird, es kommt eben darauf an, welcher Art die diesbezüglichen seelischen Qualitäten sind. Mit dem Geschlecht hat das gar nichts zu tun.

Die unterschiedlichen Führungsansprüche jedes Hundes

Das Problem der Läufigkeit

Einer der häufigsten Einwände ist, daß man mit einer Hündin Scherereien habe, da sie doch zweimal im Jahr läufig wird. Erfahrene Hundeleute sagen dann immer: Ein Rüde ist das ganze Jahr »läufig«!
Die Duftwolken, die von einer läufigen Hündin ausgehen, benebeln die Gehirne aller Rüden der engeren und weiteren Nachbarschaft. Sie vergessen auf einmal jede gute Erziehung und ihre sonstige Folgsamkeit, ihr ganzes Sinnen und Trachten geht allein nur mehr auf eines aus: das traute Heim zu verlassen und – keineswegs errötend – *ihren* Spuren zu folgen.
Läufige Hündinnen gibt es zu allen Jahreszeiten, ihr Duft liegt sozusagen immer in der Luft. Da hat man in einer hundereicheren Gegend dann seine liebe Müh' und Not, um seinen Rüden hinter Schloß und Riegel zu halten, damit er sich nicht selbständig macht!
Seit den Tagen einstigen Wolfsdaseins ist es aber so, daß sich

die Hündin den ihr passend erscheinenden Rüden sucht. (Auch das läßt uns nachdenklich werden, wenn wir an die »Vorrangstellung« des Leitwolfes denken!). Daher haben die Rüden in solchen Fällen der Brautschau nichts gegeneinander. Sie vertragen sich, rudeln sich zusammen und wandern oft in größeren oder kleineren Trupps dem verlockenden Duft nach.

Ein Rudel »läufiger« Rüden und die Folgen

Trabt ein solcher Trupp am lichten Tag über Wiesen und Äcker und ist wenigstens ein Hund dabei, der größer als ein Spaniel ist, dann erkennt der wolfsgeschockte Bundesbürger sofort, daß es sich nur um reißende Wölfe handeln kann und alarmiert den Katastrophendienst, den Bürgermeister und die Polizei sowie das zuständige Forstamt. Ganz klar: mehr als zwei Hunde sind ein Rudel, und das weiß doch jedes Kind, daß nur Wölfe in Rudeln leben! Wer solche Geschichten nicht glaubt, kann sich bei den zuständigen Dienststellen Bayerns und Umgebung erkundigen.

Das besonders Spannende daran ist: geht ein Wolf allein spazieren, hält man ihn natürlich für einen Hund. So geschehen Herbst 1975 in München, wo der arme, aus dem Tierpark entwichene Wolf von einer liebenswerten Dame gefüttert wurde, auch natürlich gestreichelt – sie hielt ihn eben für ein besonders schönes Exemplar von Schäferhund, und der Wolf widersprach ihr wohl aus Höflichkeit nicht.

Man stelle sich aber nun vor, die Schreckensnachricht von einem solchen angeblichen Wolfsrudel verbreitet sich. Das veranlaßt selbstredend und verpflichtet sogar die zuständigen Jagdaufseher, Jagdpächter und andere Jagdberechtigte dazu, ihre jeweiligen Reviere sorgfältigst unter die Lupe zu nehmen. Wehe, derart liebeshungrige Hunde laufen dann einer Flinte vors Zielfernrohr! Sie sind Todeskandidaten, ehe sie sich's versehen haben, selbst wenn sie der Schütze als Hund anspricht. Es ist sein verbrieftes Recht, besonders in Tollwut-Sperrbezirken, solche Hunde zu schießen. Wie soll der Jäger wissen, ob der eiligst dahintrabende Hund auf der Spur einer läufigen Hündin dahinzieht oder auf der Fährte eines Rehs?

Mit solchen Schilderungen will ich nur zeigen, daß das Halten eines Rüden auch nicht so unproblematisch ist, wie die meisten Leute meinen, speziell in ländlichen Bezirken. Aber auch in der Stadt gibt es genug läufige Hündinnen, die auch spazierengeführt werden müssen, und so ist die Problematik dort die gleiche. Kein Besitzer einer Pudeldame liebt es, wenn diese von einem Teckel oder Schnauzer gedeckt wird. So viele Leute lassen ihren Hund von der Leine, weil sie es einfach nicht über das Herz bringen, dem Rüden andauernd diese Bewegungseinschränkung zuzumuten. Außerdem ist doch der Rüde wirklich brav und folgsam ... und dann saust er plötzlich um die Ecke, und ehe man atemlos nachgelaufen ist, ist es auch schon passiert! Eine neue Promenadenmischungs-Generation ist im Werden ...

Und eh man sich's versieht ...

Ein Rüde hat auch noch andere Schattenseiten. Gelegentlich geht seine männliche Natur – weil nirgendwo abreagiert – mit ihm durch und veranlaßt ihn, sich in einer Art und Weise zu benehmen, die kleine Mädchen und ältere Damen in Verlegenheit bringt. Er ist ja schließlich auch nicht aus Holz.

Rüden raufen gern

Gewiß tun sie das. Allerdings kommt es nur zartbesaiteten Gemütern so schlimm vor – in der Regel ist es nichts als schnöde Angabe. Jeder paßt auf, daß er nichts abbekommt, und paßt auch auf, daß der andere nichts abbekommt, denn sonst könnte der ja echt böse werden, und das hat man nicht so besonders gern, weil es dann ernst würde.

Hunde an der Leine

Ernst kann es tatsächlich werden, wenn man den Hund an der Leine führt. Die Leine ist kein Instrument, um den Hund festzuhalten – sie ist das Verbindungsstück zwischen Hund und Herrn. Ist der Hund an der Leine, dann ist er mit seinem Herrn eins, dann übertragen sich die übersinnlichen Kräfte des Zweibeiners auf ihn. Hei, das gibt Kraft und Stärke! Da kann man dem fremden Rüden doch zeigen, wer man ist!
Frauchen oder Herrchen sind überdies ein Stück Rudelfamilie oder sogar Territorium, das es zu verteidigen gilt.
Wenn nun der andere Rüde, der gerade vorbeikommt, auch an der Leine ist, geht es ihm nicht anders, und es passiert, was passieren muß: die beiden Rüden gehen sich wie die Berserker an. Allerdings möchte ich einschränkend sagen, daß das eigentlich gar nicht sein müßte. Dann nämlich nicht, wenn

beide Rüden ideal aufgezogen worden sind. Das gibt es leider nur ganz ausnahmsweise. Da aber das so selten ist, ist die Wahrscheinlichkeit, daß sich zwei derart »normale« Rüden begegnen, sehr gering. Es genügt, wenn einer nicht so ist und sich schlecht benimmt. Dann ist es auch dem normalsten Hund – und gerade dem nicht! – nicht zu verdenken, daß er über soviel Taktlosigkeit in Zorn gerät. Ein Zweikampf angeleinter Rüden geht selten ohne Schrammen aus, und handelt es sich um größere Rassen, die man nicht so einfach an der Leine wegziehen kann, dann gibt es auch schwerere Verletzungen bis zur Tötung des Schwächeren.

Hier gleich wieder ein Hinweis: greifen Sie auf keinen Fall mit den Händen dazwischen! In 99,9% der Fälle können sie sonst mindestens eine Hand zum Onkel Doktor tragen. Wenn nämlich Hunde in Rage sind, beißen sie wie Krokodile nach allem, was ihnen vor die Zähne kommt.

Der echte Kampf

Im echten, aggressiven Kampf sind alle Hunde, ob Rüde oder Hündin, völlig blind, taub, witterungslos und überdies schmerzunempfindlich. Sie zu trennen ist nur möglich, wenn beide Hundebesitzer ihren Hund an beiden Hinterbeinen fassen, hochheben und auf diese Weise auseinanderziehen. Geht das aus irgendwelchen Gründen nicht, dann bleibt noch der Griff nach der Schwanzwurzel, um die Hunde zu trennen, was freilich nur bei Hunden mit kräftig entwickelter Rute ratsam ist.

Es ist grundsätzlich richtig, Hunderüden, die nun einmal einander in die Haare geraten sind, von der Leine loszumachen. Praktisch aber gilt, daß auch das nur ratsam ist, wenn man sehr geschickt und reaktionsschnell ist, denn sonst läuft man wieder Gefahr, daß man selber gebissen wird.

Gelingt es nicht, dem verkämpften Hund die Leine am Halsband abzuklinken, dann ist es besser, die Leine freizugeben. Das ist zwar nicht sehr ideal, weil der Hund dadurch behindert sein kann, etwa, wenn sich die Leine um die Beine wickelt; aber es ist eine gute Chance gegeben, die Hunde zu trennen.

Der Kommentkampf

Sind die beiden Rüden nämlich plötzlich auf sich allein gestellt, ändert sich ihre Kampftaktik grundlegend. Sie bezähmen jetzt ihre oftmals nur gespielte Wut und rangeln nun nach guter Rüdensitte so miteinander, daß – wie schon gesagt

– nichts passieren kann. Rüden haben einen Kommentkampf, ein »ritterliches« Fechten, das allein darauf abzielt, dem anderen zu zeigen, daß man stärker ist.
Dabei gibt es wieder etwas recht Bemerkenswertes. Der ältere Rüde zeigt mehr Selbstsicherheit, der Jüngere hingegen verliert diese sehr schnell. Er gibt auf, wirft sich entweder auf den Rücken oder leitet zu Spielaufforderung um, die dann vom Älteren angenommen wird. Ist der ältere Rüde nicht in Spielstimmung, so begnügt er sich mit einigen freundlichen Gesten und geht zu seinem Herrn zurück. Ansonsten kann sich ein übermütiges Spiel zwischen beiden Hunden entwikkeln, und sie werden die besten Freunde.
Leider muß ich hier schon wieder eine Warnung einschieben, denn es ist nun einmal so, daß nicht jeder Rüde das Normalverhalten zeigt. Hierfür wieder zwei Gründe: einmal, weil er durch falsche Zuchtmaßnahmen überaggressiv ist, zum anderen, weil er in seiner frühen Jugend zu wenig Kontakt mit anderen Hunden gehabt hat.
Zu ersterem möchte ich nicht viel sagen, denn schließlich muß es jeder für sich verantworten, wenn er bei einem Züchter (oder anderswo) einen Hund kauft, dessen Qualitäten zweifelhaft sind.
Der andere Fall entspricht einer unverständlichen Angst, das kleine Hündchen könnte sich die Pest, Räude oder andere Todeskrankheiten holen, wenn es mit einem fremden Hund in Berührung kommt. Dabei übersieht man, daß der Welpe gegen die wirklich gefährlichen Hundekrankheiten, wie Staupe, Leptospirose, Hepatitis und Tollwut schutzgeimpft ist. Auch Wurmbefall oder Räude kann man heute ausheilen. Was man nicht ausheilen kann ist, daß ein Hund, der als Welpe und Junghund zu wenig Kontakt mit anderen Hunden gehabt hat, an Sitte und Brauch der Hunde gemessen ausgesprochen asozial geworden ist. Dagegen helfen dann weder Pillen noch Spritzen oder kalte Umschläge – was in der Jugend versäumt wurde, läßt sich nie mehr ändern.
Zwei normale Rüden kann man also ruhig miteinander rangeln lassen – freilich, nur dort, wo sie nicht ihr eigenes, engstes Revier verteidigen. Also auf einem beiden fremden Territorium. Wobei natürlich die Frage offenbleibt, ob der Rüde, dem wir beim Spaziergang begegnen, nicht vielleicht

doch kontaktgestört ist. Selbst mit viel Erfahrung läßt sich das aber nicht immer vorher erkennen. Nur ein längeres Gespräch mit dem anderen Hundebesitzer kann hier klären, ob man beide Rüden einander überlassen kann. Handelt es sich um einen vernünftigen Menschen, der seinen Hund auch gut aufgezogen hat, dann gibt es kein größeres Vergnügen, als einem solchen »Angabe-Duell« zweier Rüden zuzusehen, die nur so tun als ob, die richtiggehend bluffen und nur darauf warten, daß man endlich zum friedlichen Spiel übergehen kann.

Da werden Weiber zu Hyänen ...

Auch bei Hündinnen kann es solche Auseinandersetzungen geben, die harmonisch enden. Aber viel häufiger läuft es da ganz anders.

Nochmals zurück zu den Wolfsahnen. Ich sagte schon, daß es die Wölfin ist, die sich den Rüden »angelt«. Kommt der aber eine andere Wölfin in die Quere, dann gibt es Mord und Totschlag. Alles so echt menschlich!

Ganz schlimm ist das, wenn eine Hündin am Beginn der Läufigkeit steht. Denn dann ist sie dank der sich in ihrem Körper abspielenden physiologischen Vorgänge besonders reizbar und unwirsch, wenngleich sie auch jeden Rüden liebenswürdig zum Spiel auffordert, falls er ihr gefällt. Meint der aber, daß der kleine Finger dazu berechtigt, die ganze Hand zu fassen, dann kriegt er unbarmherzig Prügel.

Kämpfe zwischen Hündinnen

Hündinnen kennen keinen Kommentkampf, wenn sie mit einer Rivalin zusammenstoßen. Da geht es in der Regel auf Leben und Tod. Sie sind im Ernstkampf noch leidenschaftlicher als Rüden – man könnte sie mit einem Schwert von hinten nach vorn in kleine, dünne Scheibchen hacken – ihre Zähne würden nicht loslassen. Sie sind keine Krokodile mehr – sie sind dann Haifische ...

Was ich zuvor über den Ernstkampf von Rüden sagte, gilt hier noch viel mehr – dazwischenfassen ist schlicht und einfach Selbstmord! Und hier hilft dann auch kein Loslassen der Leine. Ist man bei einem derartigen Zweikampf alleine, dann gibt es nichts anderes, als aus respektvoller Entfernung zuzusehen, falls es sich um Hündinnen handelt, die größer als Mittelschnauzer sind. Falls man nicht ein gelernter Gewichtsheber oder Boxer ist, der einen Bernhardiner mit der linken Hand stemmen kann.

Ist man zu zweit, dann kann man die Hündinnen, wie oben bei den Rüden beschrieben, natürlich trennen. Aber im Gegensatz zu Rüden besteht die Gefahr, daß die Hündinnen die nächste Chance nutzen werden, um erneut aufeinander loszugehen. Sie sind, einander einmal böse geworden, für alle Zeiten echt verfeindet.

Für immer verfeindet

Rüden können sich bei erster Verfeindung Stücke aus dem Leib reißen – ist der Streit geschlichtet, gibt es immer noch Chancen, daß sie sich eines Tages versöhnen. Nicht so bei Hündinnen – die trachten dann gewöhnlich nur mehr nach dem Leben der anderen, sie geben keine Ruhe, bis nicht eine in die ewigen Jagdgründe eingegangen ist.

Wer sich also einen Rüden angeschafft hat und noch mehr Hunde will, hat es leichter. Wer sich eine Hündin angeschafft hat, sollte sich weiterhin nur Rüden zulegen. Die Wahrscheinlichkeit, daß sich die erste Hündin mit der zweiten eines Tages verfeindet, ist sehr groß. Mögen auch Ausnahmen die Regel bestätigen – wer weiß vorher, ob es eine Ausnahme geben wird?

Hat man aber einen Rüden und eine Hündin, dann wird es auch problematisch. Nicht jeder möchte, daß die Hündin alle sechs Monate vom Rüden gedeckt wird und das Haus mit unzähligen Kinderchen segnet. Aber die nun so friedlich zusammenlebenden Hunde zur Zeit der Läufigkeit trennen? Das gibt alle halben Jahre soviel Aufregung im Haus, daß sich das nur Leute leisten sollten, die weit und breit keine Nachbarschaft haben und denen es nichts ausmacht, wenn sie halbe Nächte nicht schlafen können.

Beenden wir dieses Kapitel, zu dem sich gewiß noch mehr sagen ließe – etwa das mit den roten Tröpfchen, die alle halben Jahre Fußböden und Teppiche zieren. In der Fachsprache nennt man das sehr treffend das »Färben« der Hündin ...

Es bleibt dabei – Kummer gibt es immer, egal, ob Rüde oder Hündin. Wer unbedingt einen Hund haben will, der muß sich einfach darüber im klaren sein. Daher nochmals: nur Plüschhunde oder Hunde aus Porzellan sind wirklich »pflegeleicht«!

Wer aber wirklich einen Hund haben will, wer wirklich nichts anderes will, als mit einem Hund leben, ungeachtet dessen, was das neben allen Freuden auch an Ärger und Verpflichtungen mit sich bringt – dem möchte ich raten, einfach zum Züchter zu gehen und mal zu sehen, ob unter seinen Welpen einer ist, der ihm gefällt. Hat man ihn gefunden, kann man immer noch nachsehen, ob es ein Rüde oder eine Hündin wird. Falls man das selber nicht so genau unterscheiden kann – der Züchter weiß das dann schon!

Hund und/oder Kind

Es kann überhaupt kein Zweifel daran bestehen, daß Kinder Freude an Hunden haben. Die Frage ist nur, ob auch der Hund Freude an Kindern hat. Es gibt kaum eine Mensch-Hund-Beziehung, bei der mehr Fehler gemacht werden. Zum Schaden des Kindes und zum Schaden des Hundes.

Wie oft muß ich Kinder sehen, die angesichts eines vorbeilaufenden Hundes ängstlich das Gesichtchen verziehen, die lauthals zu schreien beginnen, wenn sie ein freundlicher Hund mit besten Absichten beschnuppern will. In solchen Fällen hat man den dringenden Wunsch, die hierfür verantwortlichen Eltern in irgendeiner Form zur Rechenschaft zu ziehen. Der Mensch hat sich entschieden weit genug mit der Natur entzweit. Es braucht wirklich nicht noch so weit zu gehen, daß er sich mit den eigenen Haustieren entzweit.

Andererseits weiß man natürlich, daß rund zehntausend Kinder alljährlich in der Bundesrepublik von Hunden gebissen werden, viele von ihnen dabei schwer, manche sogar tödlich verletzt werden. Das ist die Kehrseite der Medaille – aber wie sie auch aussieht: Schuld haben weder Hund noch Kind! Schuld allein hat der erwachsene Mensch.

Nie ohne elterliche Aufsicht

Dazu gleich Faustregel Nummer 1. Es ist pure Vernachlässigung der elterlichen Aufsicht, wenn man einen Hund mit einem Kind allein läßt, das noch nicht in der Lage ist, diesen Hund in allen Situationen zu beherrschen. Wobei ich das nicht im Sinne von Unterdrückung meine, sondern im Sinne von Kraft und sozialem Arrangement.

Kraft da, wo der Hund sich von der Leine losreißen will, um einem Ball, einer Katze, einem Hasen oder einer läufigen Hündin nachzulaufen. Man weiß, was passiert, wenn so ein Tier bei der Gelegenheit über eine stark befahrene Straße rast! Und erst recht nicht auszudenken, wenn in einem solchen Fall das Kind blindlings über die Straße läuft, um den geliebten Hund wieder einzufangen.

Eltern, Kind und Hund müssen eine geschlossene Gemeinschaft sein – anders geht es nicht.

Wie aber baut man eine derartige Gemeinschaft auf?

Fall Nummer eins: Zuerst war der Hund

Das ist die Regel. Man heiratet oder auch nicht, aber erst müssen die Brötchen verdient werden, das mit dem Kind muß warten. Aber, wie es so ist – es fehlt halt etwas im gemeinsamen Leben, und da kommt eines Tages das kleine Hündchen ins Haus, das sich langsam, aber sicher zu einem hübschen, stattlichen Hund entwickelt. Das Hündchen wird verhätschelt; ist es dann ein erwachsener Hund, darf er grundsätzlich alles. Bei den sehr vernünftigen Leuten liegt er dann nachts auf seinem Platz im Schlafzimmer, bei anderen sogar im Bett.

Es kommt die Zeit, wo von der Kaffeemaschine über die Tiefkühltruhe bis zum Zweitwagen alles da ist. Nun endlich klappert der Storch und bringt das zappelnde Bündel aus der Klinik. Natürlich aus einer Klinik, die vor lauter desinfizierter Sauberkeit mehr einer bakteriologischen Versuchsanstalt als einem Aufenthaltsort für Menschen gleicht. Da will und darf man doch dann zu Hause diesem hehren Vorbild nicht nachstehen.

Die ganze Verwandtschaft hat sich zum Empfang des neuen Hausbewohners eingefunden. Lauter strahlende Gesichter, bis Tante Mathilde aufschreit: »Der Hund!« – und dann fällt sie in Ohnmacht.

Der Hund – eine Gefahr für das Baby?

Natürlich, der Hund! Das hätte man ja bald vergessen in der Aufregung. Na klar, der muß natürlich raus!

Spätestens acht Tage später – wenn man nicht mehr so aufpaßt, daß dieses Würmer und Bazillen umherschleudernde Ungetüm sich der Wiege nähert – hat er das Kind getötet. Er ist zum »Kindsmörder« geworden.

Die Wahrheit: der Mensch hat das Gute im Hund getötet.

Bis zum Einzug des Neugeborenen war der Hund Mittelpunkt der Familie. Bisweilen wird er schon einige Zeit zuvor aus dieser Stellung verdrängt – so ab dem siebenten, achten Monat, wenn es ein großer, spielfreudiger Hund ist –, denn er könnte der Schwangeren schaden.

Aber auch da schon wieder eine Fehlhaltung des Menschen: gewiß kann ein ungehobelter Hund, den man nicht zur Ordnung rufen kann, einer schwangeren Frau durch einen

Tatzenhieb Schaden zufügen. Also sollte man vorher denken und handeln, das heißt, einen Hund so gut erziehen, daß er nicht grob wird. Dann braucht man ihn nicht aus dem Umkreis der Frau zu verbannen. So einfach geht das. Dann aber wird er sie auch vermissen, wenn sie in der Klinik ist, und wird sich außerordentlich freuen, wenn sie endlich wieder da ist. Ein Hund, der sich freut, tut alles, aber auch wirklich alles, um gefällig und lieb zu sein. Er wird auch das in sein Herz schließen, was sein geliebtes Frauchen mit nach Hause bringt.

Natürlich ist er neugierig, das zu sehen, was so stark nach Frauchen riecht. Schließlich gehört er ja zur Familie. Haben Sie schon mal versucht, Tante Emma das neugeborene Baby vorzuenthalten? Jede Wette: die läuft sofort zum Notar und ändert ihr Testament! Das werden Sie doch wohl nie riskieren. Beim Hund hingegen tun Sie das – wegen der tödlichen Gefahren, die von so einem behaarten Geschöpf ausgehen...

Dabei wäre wieder alles so einfach, wenn man seinen Kopf nicht nur zum Haareschneiden benützt. Der Familienhund hat nämlich ein Anrecht, den Säugling kennenzulernen. Er empfindet das als etwas, das ihm die Familiengruppe einfach schuldig ist, auch wenn er in der Rangordnung ganz unten steht (was ihm gar nichts ausmacht, wenn nur sonst alles in Ordnung ist).

Der Hund lernt das Baby kennen

Was also tut der vernünftig denkende Hundefreund? Er nimmt sein Baby und hält es dem Hund einfach hin. Da – das ist nun unser neues Familienmitglied – schau dir es nur gut an! Da Hunde am liebsten mit der Nase »schauen«, wird also das Kleine sorgfältig abgeschnuppert, und weil es doch so klein und lieb und so hilfsbedürftig ist, packt den Hund das unabweisliche Verlangen, Kinderpflege zu betreiben.

Keine Angst vor Hundezungen

Hunde betreiben Kinderpflege vornehmlich mit der ausreichend großen Zunge. Die macht so zärtliche Streichelbewegungen, daß man meinen möchte, wir Menschen seien ganz grobe Klötze.

Lassen Sie doch Tante Mathilde nochmal in Ohnmacht fallen – die Zunge des Hundes tut dem Kind nichts. Sollte der Hund im Ungestüm seiner Freude ein wenig zu grob lecken und das Kind quiekt, dann fährt er über sich selbst erschrocken zurück und macht ein Gesicht als würde er sagen: »Was bin ich doch für ein dämlicher Hund – nächstesmal muß ich vorsichtiger sein!«

Aber da erwacht Tante Mathilde aus ihrer Ohnmacht und kreischt lauthals etwas von Infektionskrankheiten und Hygiene. Sie weiß natürlich nichts davon, daß Kleinstkinder die von der Natur vorsorglich mitgegebene Fähigkeit haben, Antikörper auszubilden, die dann ein ganzes Leben lang den Körper vor gewissen Krankheiten schützen – wie eine Impfung. Abgesehen davon, daß die Hundezunge kein Tummelplatz von tödlichen Keimen ist. Wenn ich eine kleinere Verletzung habe, begebe ich mich zu meinen Hunden. Ich habe da ein paar Heilpraktiker dabei, wie meinen Thomas (ein schwarzer Schäferhund) oder meinen Husky (Schlittenhund) Iwan, die eine Wunde mit aller Behutsamkeit und Hingabe derart gründlich auslecken, daß die Sache schnell wieder verheilt. Also keine übertriebene Angst vor Hundezungen!

Wer seinen Hund sauber hält, wer ihn schutzgeimpft hat, der hat nichts zu befürchten. Ich möchte noch empfehlen, den Hund einige Wochen vor der Niederkunft (mindestens fünf Wochen) zum Tierarzt zu bringen und ihn parasitologisch durchforschen zu lassen, insbesondere auf Bandwurmbefall, denn das ist – glücklicherweise heute nur äußerst selten! – die gefährlichste Ansteckungsgefahr, die es bei Hunden gibt. Der Tierarzt wird Sie da genau beraten, denn er kennt die »Zoonosen« meist weit besser als der Humanmediziner.

Ein Hund, dem das Baby so vorgestellt worden ist, wird in den nächsten Jahren seinen hauptsächlichen Lebensinhalt darin sehen, dieses Kindchen zu beschützen.

Trotzdem aber auch jetzt wieder der warnende Zeigefinger, denn, wie ich schon sagte, nicht alle Hunde sind gleich. Es gibt Hunde, denen dieses »Kindchenschema« verlorengegangen ist. Hunde, die in einem kleinen, hilflosen Geschöpf nichts anderes mehr sehen können als Beute. Daher wieder ein guter Rat, zur Sicherheit. Bringen Sie Ihren Hund einmal zu jemandem, der gerade gezüchtet hat und Welpen unter acht Wochen hat. Halten Sie Ihren Hund an der Leine, damit Sie ihn im Ernstfall zurückreißen können. Dann soll der Hundezüchter Ihrem Hund einen Welpen zeigen, den er in beiden Händen hält.

Testen Sie rechtzeitig die Babyfreundlichkeit Ihres Hundes

Nähert sich der Hund freundlich, wedelnd und beherrscht

dem Welpen, versucht er, ihn mit der Zunge zu erreichen, fährt er zurück, wenn der Welpe vielleicht einen Angstschrei ausstößt – dann wissen Sie, daß Ihr Hund völlig normal ist und Sie ihm Ihr Baby anvertrauen können.

Zerrt der Hund hingegen mit aller Macht an der Leine, will er sich wie ein Wilder auf das Kleine stürzen, den Welpen mit den Zähnen fassen – dann muß ich Ihnen leider den Rat geben, diesen Hund wegzugeben. Er kann in einer Familie ohne Kinder oder mit größeren Kindern trotzdem ein guter Hund sein, aber als »Babysitter« ist er nicht geeignet und gehört einfach weg – so wie er auch aus der Zucht unbedingt ausgeschlossen gehört, denn derartiges ist wohl in den meisten Fällen erblich bedingt, als Instinktausfall höheren Grades, der im Zusammenleben Mensch–Hund untragbar ist.

Fall Nummer zwei: Zuerst war das Kind

Es spielt keine Rolle, wie alt das Kind ist, wenn Sie einen achtwöchigen Welpen nach Hause bringen. Er wächst dann in einer sozialen Umwelt auf, in der es für ihn selbstverständlich wird, daß auch ein kleinerer Mensch dazugehört, ob der nun am Anfang ein Jahr alt ist oder zehn Jahre. Bis der Hund dann voll ausgereift ist – so zwischen dem 18. bis 24. Lebensmonat – ist auch das Kleinkind schon an die drei Jahre. Auch bei einem instinktmäßig nicht gerade idealen Hund wird dann über den Weg der Gewöhnung das Kind respektiert werden – vorausgesetzt natürlich, daß die Eltern die mögliche Freundschaft zwischen Kind und Hund im besten Sinne fördern.

Das gemeinsame Spielen

Wir wissen, daß Kinder so vom dritten bis zum fünften Lebensjahr, mitunter noch einige Zeit länger, ziemlich sadistische Einfälle haben können. Nicht im eigentlichen Sinne dieses Begriffes – es gehört mit zur Umwelterprobung. Ein normaler Hund läßt sich da ungewöhnlich viel gefallen. Man kann das auch bei Welpen beobachten, so zwischen der dritten und siebenten bis achten Lebenswoche. Wie die den Rüden und die Hündin quälen, ist erstaunlich. Mit ihren nadelspitzen Zähnchen beißen sie in die Ohren oder Nase ihrer Eltern, und wenn die dann böse werden, werfen sie sich einfach auf den Rücken, stoßen einen schrillen Angstschrei aus und lösen damit eine soziale Beißhemmung aus. Werden sie ein wenig älter, dann haben sie aus Erfahrung gelernt und kürzen das Verfahren ab: sie werfen sich zuerst auf den Rücken, schreien, und wenn der Herr Papa verdutzt schaut, zwicken sie ihn schnell in die Nase und laufen davon.

Ist also der Hund schon einigermaßen erwachsen geworden, wenn unser Kind auch vom Krabbel- zum Laufstadium übergeht, braucht man sich keine Sorgen zu machen, wenn es im kindlichen Unverstand den Hund einmal an den Ohren packt oder am Schwanz zieht. Ist es ein normaler, gut aufgezogener Hund, wird er nur »lächeln«, und wenn es zu schlimm wird versuchen, einen Ort aufzusuchen, wohin ihm das Kind nicht folgen kann. Das machen Hundemütter wie Hundeväter bei ihren allzu lästigen Welpen genauso. Der Klügere gibt eben nach.

Kindlicher Unverstand

Ich selbst bin mit einem Spaniel namens »Don« aufgewachsen und kenne die Dinge aus eigener Erfahrung. Und ich möchte natürlich nicht, daß andere Kinder dieselbe Erfahrung machen müssen wie ich als Kind. Man kann die Narbe unter dem rechten Auge heute noch deutlich sehen. Ursache: Vernachlässigung der elterlichen Aufsichtspflicht. Die Eltern saßen im Wohnzimmer, ich saß als dreijähriger Viertelstarker beim fressenden Hund. Ich weiß noch genau, wie es geschah: Ich hob ihm das Ohr hoch und blies hinein. Was Wunder, wenn »Don« nach dem lästigen Reiz schnappte und dabei mit seinen spitzen Milchfangzähnen die Haut unterhalb des Auges aufritzte.

Nun, ich habe weder einen Schock davongetragen noch eine Beeinträchtigung meiner Schönheit. Ich finde, so eine Narbe unter dem Auge macht sich sogar recht gut. Aber es hätte ja auch schlimmer kommen können, und ich weiß nicht, wie sich meine Einstellung Hunden gegenüber entwickelt hätte, wenn damals das Auge verlorengegangen wäre...

Ich habe viele Kleinkinder unter Hunden aufwachsen sehen.

Auch eigene. Ein wenig Angst habe ich, offen gestanden, immer dabei. Man sollte sie halt nicht allein lassen – ein Hund ist keine Puppe und auch keine Spielzeugeisenbahn, die man entgleisen lassen kann. Er ist ein fühlendes Wesen, das etwas weniger intelligent ist als Einstein oder Max Planck. Er kann irren – error caninem est – und Dinge falsch verstehen, die an sich harmlos gemeint sind. Wie meine damalige Ohrenblaserei.

Daher immer wieder meine Bitte: laßt Kinder mit Hunden spielen – aber niemals ohne Aufsicht! Es fehlt beiden eben an der notwendigen Einsicht. Auch wenn sie einander eng verbunden sind.

Zwicken gehört zum Spiel – kann aber wehtun

Das Spiel der Hunde ist auf das feste, harsche Fell des Wolfes instinktmäßig festgelegt. Zwicken gehört zu den Freuden des Spieles. Wenn mein Schäferhund Thomas mich vor Freude zwickt, wenn unsere Wölfe meine Frau voller Vergnügen in den Po zwicken – alles ertragbar, auch wenn es dann ab und an blaue Flecke gibt. Wir Erwachsene halten es aus – bei einem drei- oder vierjährigen Kind kann das blutende Wunden erzeugen, die mißverstanden werden können, auch vom Kind!

So wie im Bayerischen Wald, als sich einige Wölfe meines Freundes Erik Zimen selbständig gemacht hatten und mit Kindern spielen wollten. Was bei uns nur einen blauen Fleck erzeugt, ist bei einem Vierjährigen, der sich voll Angst aus dem Staub machen will, eine blutende Schramme.

Angst vor Hunden (oder Wölfen)?

Kennen Sie den Kinderreim »Wer fürchtet sich vorm bösen Wolf?«?

Es ist der blödeste unter allen blöden Kinderreimen. Es gibt nur einen freundlichen oder einen ängstlichen Wolf. Beide können natürlich im gewissen Sinne gefährlich sein. Der freundliche Wolf dann, wenn man sich vor ihm fürchtet, der ängstliche Wolf, wenn man den Helden spielen will.

Nicht anders ist es bei unseren Hunden, allerdings, und das sei immer wieder betont: normalen Hunden! Es ist zwar dem so klugen Menschen gelungen, aus dem scheuen, ängstlichen Wildtier Wolf einen wild um sich beißenden kriminellen

Hund zu züchten, als Spitzen-Extrem. Es ist ihm aber auch gelungen, durch Wegzüchtung des Scheuverhaltens eines Wildtieres friedsame, wenngleich unerschrockene Hunde zu züchten. Das sind die Hunde nach meinem Herzen – sie haben die beste Seite des Wolfes unverändert erhalten: ihre ungemein vorbildliche Friedfertigkeit und ihren Familiensinn. Sie achten die den Familien eigenen Territorien, sie achten die Individualität des Nächsten. Es wäre zu schön, wenn wir Menschen, deren Gehirn etwa zehnmal mehr wiegt als das eines Hundes, auch noch so wären.

Normale Hunde sind friedfertig

Was sind doch Wölfe für friedliebende Tiere – na ja, sie sind eben nur Tiere... Heinz Konrads, der große Wiener Humorist, hat es vor mehr als zwanzig Jahren – angesichts eines Hundes und einer Katze, die friedlich zusammenlebten – so ausgedrückt: »Es san ja nur bleede Viecher!«

Über die Ähnlichkeit von Kinder- und Hundeerziehung

Tiere sind immer bereit, sich zu arrangieren, ein »agreement« einzugehen. Ich bin kein Verfechter des so beliebten Gedankens einer linearen »Rangordnung«. Ich möchte aufgrund meiner Beobachtungen an Wildhunden, die in ausreichend großen Territorien leben, eher dafür sprechen, das, was wir »Hackordnung« (Beobachtung an Hühnern) oder »Rangordnung« nennen, als »soziales Agreement« aufzufassen.

Soziales Agreement, keine Hackordnung

Es wäre so leicht für einen erwachsenen Bernhardiner oder Schäferhund, ein meinetwegen fünfjähriges Kind an die unterste Stelle einer linear gesehenen Rangordnung zu stellen. Selbst ein kleinerer Hund würde mit diesem Kind schnell fertigwerden. Aber er will es gar nicht, falls sich das Kind – man verzeihe mir den Ausdruck – »artgemäß« benimmt.

Hunde und Kinder haben etwas gemeinsam: sie haben von Natur aus in ihrer Jugend geradezu das Bedürfnis, sich älteren und klügeren Artgenossen unterzuordnen.

Bei Wildhunden klappt das wunderbar. Bei uns Menschen viel weniger oder gar nicht. Weil wir unter Unterordnung etwas ganz Verkehrtes verstehen – »Hände an die Hosennaht« oder ähnlichen Quatsch, der mehr mit Militarismus als mit Kindererziehung zu tun hat.

Wer seinem Kind aber Vorbild ist, braucht nicht von ihm zu verlangen, daß es vor ihm kuscht. Es wird sich freiwillig nach dem Vorbild ausrichten. Wo das Vorbild fehlt, herrscht Unsicherheit. Wo Unsicherheit ist, wächst der Protest wie aus einem morschen Holz der Pilz.

Und dies ist ein ganz entscheidender Punkt in der Erziehung von Kind und Hund, die einander so unglaublich gleichen, daß man zu dem Schluß kommen muß: nur wer ein Kind erziehen kann, schafft es auch beim Hund!

Ich weiß, daß ich mich in diesem Kapitel ein wenig außerhalb des vom Buch vorgegebenen Rahmens bewege. Aber ich tue das ganz bewußt, denn das Kind repräsentiert ja die Generation, die uns Ältere einmal ablösen wird – ablösen auch in Hinblick auf den Umgang mit jenem Tier, das dem Menschen unter allen Tieren dieser Welt am nächsten steht: dem Hund.

Ein Kind aufzuziehen, ist keine kleine Aufgabe. Als in einer »Tip«-Sendung von Dr. Ziesler im ZDF von einem »Hundeführerschein« die Rede war, da haben viele Menschen mit Recht erst einmal einen »Kinderführerschein« gefordert. Gerade ich, der sieben Kindern aus allerlei Gründen nicht gerade das Musterbeispiel eines Vaters sein kann, weiß sehr gut, daß dieser Einwand durchaus berechtigt ist.

Brauchen wir einen »Hundeführerschein«?

Da aber diese Kinder allesamt unter Hunden aufgewachsen sind – da sie sogar von einem Wolfsrüden namens »Schah« das Prinzip der »Autorität« (nicht zu verwechseln mit »Despotismus«) gelernt haben –, ist alles recht gut gelaufen. Autorität verstanden als Vorbild, das einem zeigt, wie man mit diesem nicht immer ganz einfachen Leben fertig wird, und nach dem man sich richten kann. Nicht anders ist es beim Hund, wenn er noch jugendlich ist.

Jedenfalls ist gewiß, daß ein neben einem oder mehreren Kindern heranwachsender Hund nur dann denkbar ist, wenn wir als Erwachsene nicht restlos versagen. Kinder wie Hunde haben etwas gemeinsam: sie können leichtere Fälle unseres eigenen Versagens schnell vergessen – schwerere Fälle in dieser Richtung aber höchstens aus ihrem Bewußtsein verdrängen, jedoch nicht aus ihrem Unterbewußtsein eliminieren.

Kein Mensch ist vollkommen, und daher hat die Natur es so eingerichtet, daß die kleinen menschlichen Schwächen im Kind keinen nachhaltigen Schock auslösen. Nicht anders ist es beim Hund. Auch der Vaterrüde hat mal seinen schlechten Tag und knurrt die Welpen öfter an, als es notwendig wäre. Wenn hier nicht ein gewisses Maß an Dickfelligkeit wäre, müßten auch Welpen neurotisch werden, die in einer intakten Wildhundfamilie aufwachsen. Es ist heute so modern, Kinder als ungemein zerbrechliche Pflanzen anzusehen und entsprechend übervorsichtig anzufassen.

Hier beißt sich die Schlange in ihren Schwanz! Wir sind vom einstigen Despotismus als negativem Extrem umgewechselt zum anderen Extrem der Erziehungslosigkeit, die den Kindern kein Vorbild, keine Konsequenz, keine Autorität mehr bietet. Eine Erziehung ohne Autorität aber ist überhaupt keine Erziehung, sondern ein Verneinen der echten Ansprüche

Die notwendige Autorität

unserer Kinder. Wir stoßen sie mit solchen unsinnigen Ideen aus der Familie aus, anstatt sie zu integrieren.

Die Einordnung in das Familiengefüge

Eine Integration in den Rudel- oder Familienverband (beides ist identisch!) bedarf einer klaren Linie, über deren Einzelheiten man zwar diskutieren kann, deren Grundrichtung aber von vornherein gegeben sein muß. Die Wölfe – wie andere soziale Lebewesen dieser Welt – hätten niemals die letzten Jahrmillionen überleben können, wenn sie nicht ihre Welpen sinnvoll erzogen hätten, damit sie später einmal selber eine Familie aufbauen und erhalten können. Der Mensch wäre bereits vor der Zeit, als seine Ahnen zum Menschen im heutigen Sinne wurden, ausgestorben, wenn nicht eine auf die Autorität des Reiferen ausgerichtete Erziehung die Folgegeneration an die Umweltverhältnisse angepaßt hätte.

Erziehung und Tradition

Erwerbs-koordinationen

Bei allen angeborenen Verhaltensweisen – den Erbkoordinationen – wäre das Leben des Wolfes oder das des Menschen in seinen vielfältigen Erscheinungsformen niemals weitergegangen, wenn nicht gereifte Individuen die eigenen Erfahrungen hinsichtlich der Beherrschung der jeweiligen Umwelt – als »Erwerbskoordinationen« – weitergegeben hätten. So haben sich bei Mensch und Wolf »Traditionen« entwickelt als Umweltanpassung über die angeborenen Verhaltensweisen hinaus. Traditionen, die von jeder Folgegeneration zwar übernommen, aber dann doch im Verlaufe der Umweltwandlungen modifiziert worden sind. Da Umweltwandlungen nicht über Nacht hereinbrechen, konnte das stets in kleinen Schritten erfolgen – es kann auch in unsrer schnellebigen Zeit so gehen, selbst wenn die Anpassungsschritte dann etwas größer werden müssen. Aber ohne den Fundus des bislang Erprobten geht es nicht.

Wieder eine Abweichung vom Thema? Keineswegs. Ich möchte damit nur auf ein wesentliches Grundprinzip alles höheren Lebens auf unserer Erde verweisen. Die Basis aller höheren Lebewesen besteht aus Erbkoordinationen – aber sie sind nur ein Grundgerüst, ein offenes System, in das die Erfahrungswerte unabdingbar eingepflanzt werden müssen.

Wir Menschen haben so ein Grundverhaltensmuster, das uns angeboren ist, und die Hunde haben es gleichfalls. Unsere offenen Stellen sind dank unseres großen Gehirnes weitaus weiträumiger, was uns zum Beispiel ermöglicht, Systeme zu entwickeln, mit deren Hilfe wir auf den Mond fliegen oder auf dem Mars biologische Untersuchungen anstellen können. Beim Hund liegen die Dinge ein wenig einfacher, denn in seinem Großhirn ist für Integralrechnungen oder russische Grammatik zu wenig Platz. Aber doch genug Platz, um sich neuen Umweltbedingungen anpassen zu können, etwa in dem Maße, in dem es auch das noch nicht fertig entwickelte Gehirn eines kleineren Kindes kann.

Grundverhaltensmuster

Anpassung

Diese Möglichkeiten auszunutzen, ist sowohl Aufgabe des Kindererziehers als auch des Hundeerziehers. Um beiden Seiten gerecht zu werden, braucht man keine allzu verschiedenen Prinzipien. Kind wie Hund wollen nur wissen, wo sie hingehören, das heißt, an welche Umwelt sie sich anpassen sollen. Denn beiden gemeinsam ist das Bestreben, sich an den ihnen vorgegebenen Lebensraum anzupassen; sie wollen in ihn integriert werden. Sie wollen wissen, wo ihr Platz im sozialen Agreement ist.

Kinder wie Hunde brauchen Sicherheit

Dieses Bestreben hat seine Wurzeln in der eigenen Unsicherheit. Kind wie Hund merken, daß Sicherheit nur da geboten ist, wo der Familienzusammenhalt klappt, wo das Unverständliche der großen, weiten Welt draußen bleibt, außerhalb des Geborgenseins im Schoß der Familie. Auch, wenn man mal die Nase aus dieser Umzäunung herausstreckt, weil man ja von Natur aus neugierig ist. Neugierde ist es ja, die jeden Fortschritt ermöglicht. Ohne dieses elementare, angeborene Bedürfnis gäbe es weder Wissenschaft noch Kunst.

Kind und Hund – ohne einfühlsames Verstehen beider Naturen geht es nicht. Bei allen Ähnlichkeiten der psychischen Entwicklung gibt es Unterschiede, bedingt durch die unterschiedliche Gehirnstruktur. Bei allen Parallelen bleiben doch zumindest graduelle Unterschiede, die ausgeglichen werden müssen. Man kann hundeunerfahrene Kinder nicht einfach in einen Zwinger mit Hunden setzen, und ebensowenig kann man kinderunerfahrene Hunde Kindern überlassen. Obgleich letzteres in der Regel leichter geht – aber nur in der Regel – nicht in allen Fällen.

Ich kann hier keine Gebrauchsanweisung in Form eines Kochrezeptes geben. Ich habe auf den vorstehenden Seiten den Versuch unternommen, den Leser zum Nachdenken anzuregen. Die Individualität ist nicht nur bei unseren Haushunden da – sie zeichnet auch uns Menschen aus. Fertige Gebrauchsanweisungen gibt es da nicht, denn jeder Hund ist anders, und jedes Kind ist anders, und alle Eltern sind anders. Was bleibt, ist die eigene Verantwortlichkeit.

Raum ist in der kleinsten Hütte ...

Natürlich wird sich jeder vernünftige Mensch fragen: Habe ich Platz genug für einen Hund?
Ich kenne eine reizende junge Dame in Berlin, die wohnt auf ganzen 13 (in Worten: dreizehn) Quadratmetern. Sie hat eine Dalmatiner-Hündin. Die Dalmatinerin wurde von einem Irish Setter gedeckt und bekam ihre Welpen allda. Der Leser ahnt: Pünktchen und Anton waren mit im Wurf.

Hunde in der Kleinstwohnung

Ich war einmal bei einem Studenten, der hatte hoch oben in dem turmförmigen Neubau eine Kleinstwohnung, die er mit seiner Frau und einer prachtvollen Dogge teilte. Einer Dogge, die völlig normal war, in einer Nische ihren Platz hatte und den Eindruck machte, daß sie sich kein schöneres Leben auf Erden vorstellen konnte.
So könnte ich Beispiel an Beispiel reihen, ich möchte mich aber hier nur noch auf ein letztes beschränken, weil es ganz besonders klar zeigt, was ich meine.
Da entdeckten wir eines Tages einen wunderschönen Hund, der aussah wie eine Kreuzung zwischen einem Bernhardiner und einem Löwen. Oder doch zumindest einem Leonberger. Dieser mächtige und imponierende Hund lag an einer Kette. Wie erbärmlich!

Barry, der Kettenhund

Selbstredend holten wir den Hund zu uns, und Barry kam zu einer Bernhardiner-Hündin in einen etwa 60 Quadratmeter großen Zwinger. Aber der sonst so ruhige, freundliche, gelassene Hund begann zu toben. Er tobte so lange, bis es ihm gelungen war, das Gitter zu zerstören und den Zwinger zu verlassen. Freundlich kam er an, wedelte und machte einen außerordentlich zufriedenen Eindruck.
Nun hatte ich in der Grubmühle an der Hausecke eine Kette, die dazu diente, vor allem Gasthunde kurzfristig festzuhalten. An diese Kette also legte ich Barry, um den kaputten Zwinger zu reparieren. Barry untersuchte in der Zeit genau die an dieser Hausecke abgesetzten »Visitenkarten« seiner Vorgänger, legte sich hin und schien mit sich und der Welt zufrieden zu sein.
Als ich den Zwinger instandgesetzt hatte, führte ich Barry

wieder hinein. Es war gar nicht leicht, diesen Koloß von einem Hund wieder in den Zwinger zu bekommen. Er sträubte sich. Eine Stunde später hatte er es wieder geschafft und stand freundlich lächelnd an der Hausecke neben der lose baumelnden Kette.

Ich machte ihn fest und ging seufzend mit Draht und Zange erneut zu dem Zwinger, um ihn auszubessern. Barry lag seelenruhig vor dem Haus und schaute in die Ferne. Als ich ihn holte, leistete er energisch Widerstand. Nicht bösartig – so etwas liegt ihm nicht. Aber mit seinen rund fünfzig Kilogramm. Passiven Widerstand nennt man das.

Da begann sogar ich zu begreifen. Ich ließ ihn an der von ihm so heiß geliebten Kette. Er schmunzelte zufrieden und gab unaufgefordert Pfötchen (sprich: Pranke).

Es war eine einfache, leichte Kette von mehr als vier Meter Länge. Da sie an der Hausecke festgemacht war, hatte er also die Möglichkeit, vier Meter nach links und vier Meter nach rechts zu gehen, also einen Dreiviertelkreis dieses Halbmessers abzuschreiten.

Eines Tages beobachtete ich vom oberen Stockwerk aus, wie er einen Knochen anvisierte, der einen Meter außerhalb des

Kettenbereichs lag. Da er ihm zu gefallen schien, beschloß ich, nach unten zu gehen und ihm den Knochen zu geben. Als ich aber unten ankam, hatte Barry den Knochen bereits und nagte zufrieden daran herum. Zunächst dachte ich, daß irgendwer ihm diesen Knochen gegeben hätte. Ich wollte wieder umkehren, als ich sah, daß die Kette nunmehr aus zwei Teilen bestand: einem langen, der von der Hausecke herabbaumelte, und einem kurzen, der an seinem Halsband hing. Also flickte ich die Kette wieder zusammen.

Einige Tage später sah ich, wie Barry das machte. Wieder lag ein Schweinsfuß zu weit weg. Barry machte einen kurzen, scharfen Ruck – die Kette war entzwei. Er holte sich den Fuß und kehrte zu seiner Kette zurück.

Barry mochte es nicht, wenn ein fremder Rüde von Besuchern mitgebracht wurde. Freund Wolfgang und ich haben das für einen Unterrichtsfilm festgehalten, wie Barry da tobt, bis ihm der Geifer schaumig aus dem Rachen läuft. Das sieht immer aus, als wolle er den Fremden in kleine Stückchen zerbeißen. Merkwürdigerweise reißt bei solchen Zornausbrüchen die Kette nie...

Das gab mir zu denken, und eines Tages ließ ich ihn bei einer solchen Gelegenheit von der Kette los. Mein alter Barry verlor spontan alle Aggressionsgelüste. Er wurde ganz ruhig, wedelte freundlich und war durchaus bereit, mit dem fremden Rüden zu spielen.

Natürlich haben wir unseren Kettenhund Barry täglich an die Leine genommen und gingen mit ihm spazieren. Das war vielleicht etwas! Gutmütig, wie er ist, ging er natürlich mit. Aber er zog und zog, als wenn es darum ginge, einen festgefahrenen LKW aus dem Sumpf zu ziehen. Andere Hunde halten an jeder Sauerampferstaude an, an jedem Kilometerstein, um genüßlich daran zu schnuppern. Auch Barry machte das – aber nur so im vorübergehen und im Eiltempo. Ihn zog es zurück – zurück zu der Kette! Damit er ja nur nicht versäumt, wer da gerade kommt oder geht. Oder, daß ihm niemand den wichtigsten Platz in der Grubmühle wegnimmt. Denn ohne seine Aufsicht kann das da ja alles gar nicht funktionieren!

Und so liegt Barry heute in dem neuen Freigehege auch wieder an der Kette. Herr Bischof, der Bautechniker, hat ihm eine wunderschöne Hütte gebaut, genau da, wo sich das Leben der Mitarbeiter abspielt – inmitten des Geländes, wo das Lagerfeuer ist, das Werkzeug, das Wasser, der Sammelpunkt. Zufrieden schaut Barry, ob sie alle da sind, freut sich, wenn eine Besuchergruppe kommt und läßt Kinder auf seinem starken Rücken reiten, damit die Besucher ein hübsches Foto schießen können.

Was von Barry zu lernen ist

Ja, der gute, alte Barry lehrt uns einiges. Ich könnte einen Versuch machen. Ich könnte Barry an einer ganz anderen Stelle unseres Freigeheges anketten, an einer Stelle, wo kaum ein Mensch hinkommt, wo er gar nichts sieht. Aber ich brauche diesen Versuch nicht zu machen, da ich haargenau seinen Ausgang kenne. Schließlich habe ich Barry vier Jahre und glaube, ihn begriffen zu haben. Also: er würde einen kleinen, aber kräftigen Ruck machen, die Kette zerreißen und behäbig dorthin traben, wo das Herz der Forschungsstation ist. Wenn er reden könnte, würde er noch sagen: »Ach bitteschön, holt doch meine Kette!«

Überdenken wir das doch.

Dazugehören ist das Wichtigste

Was will ein Hund? Er will Sicherheit, er will wissen, wo er hingehört. Und er will dabei sein. Ob das nun an einer Kette ist, die ihm erlaubt, inmitten des Geschehens zu sein, oder eine winzige Appartementwohnung im zwölften Stock – das ist ihm ganz egal. Dabeisein will er, dazugehören – das ist ihm wichtiger als Futter und Wasser.

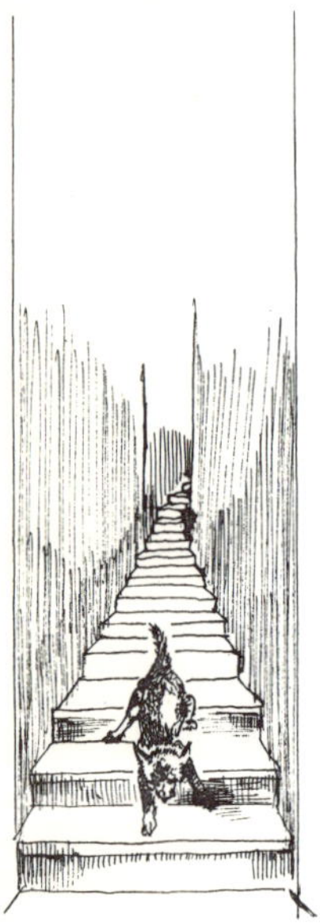

Natürlich gibt es da auch eine andere Seite, die überdacht sein soll, ehe man sich einen Hund anschafft.

Reden wir über die kleine Wohnung im zwölften Stockwerk. Sie ist dem Hund – als Sozialpartner – das »Heim erster Ordnung«, wie das der Verhaltensforscher ausdrückt. Nur – wie kommt man dahin? Über Treppen?

Jeder Hund schafft es, Treppen zu laufen. Aber Treppen schaffen auch den Hund. Für derartige Sonderleistungen ist sein Körper nicht gebaut. Meist ist dann Hüftdysplasie (eine Verlagerung des Oberschenkelkopfes in der Gelenkspfanne des Beckens) die für den Hund sehr schmerzhafte Folge. Natürlich gibt es heute einen zwölften Stock ohne Lift nicht. Also geht das.

Aber es gibt Häuser mit drei Stockwerken – ohne Lift. Drei Stockwerke Treppenlaufen ist aber auch schon eine Zumu-

tung, die zwar mancher Hund gut bewältigt, viele Hunde aber zur Verzweiflung bringt. Wer im zweiten, dritten oder gar vierten Stock eines Hauses ohne Aufzug lebt, darf sich daher nur einen Hund anschaffen, den er – wenn vielleicht auch nicht immer – hochtragen kann. Also keinen Bernhardiner, Leonberger, keine Dogge.
Wer aber einen Lift im Hause hat, der kann sich auch auf ein paar Quadratmetern Wohnfläche einen Riesenhund leisten, denn der will ja nichts anderes als Kontakt und ist von Natur aus bereit, den kleinsten Raum mit seinem Freund zu teilen. Notfalls auch das Bett. Auch wenn ich dagegen bin, dem Hund das zu gestatten – was interessiert das schon den Hund?
Es ist schon so – Raum ist in der kleinsten Hütte für ein glücklich liebend Paar...

Moloch Großstadt

So weit, so gut. Die Wohnraumansprüche eines Hundes sind noch bescheidener als die eines an gigantische Mietpreise gezwungenermaßen gewöhnten Mitteleuropäers. Zwei Drittel des Vierundzwanzigstundentages verschläft ein Hund ohnehin. Zum Schlafen benötigt man bekanntlich nicht viel Platz. Aber das andere Drittel des Tages hat der Hund durchaus seine eigenen Vorstellungen vom Leben. Da braucht er Beschäftigung, Bewegung, da will er Hund sein können.
In der Großstadt geht damit für den Hundehalter die Misere los. Nehmen wir den Extremfall: man ist Hundehalter im Zentrum einer Großstadt. Der nächste Naturpark, wo man seinen Hund frei laufen lassen darf, ist zwei Kilometer entfernt. Das heißt für einen älteren Menschen, der nicht mehr gut zu Fuß ist, eine halbe Stunde Anmarschzeit, eine weitere halbe Stunde Rückmarsch; und das auch bei strömendem Regen oder Schneegestöber. Wirklich nicht sehr spaßig. Träge, wie ich bin, wäre mir das zuviel.
Wenn man ein Auto hat und mit seinem Hund losbrausen kann, um schönere Gefilde aufzusuchen – dann ist natürlich alles bestens.
Was aber, wenn man das nicht kann? Dann muß der Hund die ganze Strecke fest an der Leine laufen. Seine Nase ist dann in

einer Höhe, die genau mitten in das hineintaucht, was die Auspuffrohre unserer motorisierten Mitbürger abgeben: tödliches Gift.
Wollen wir das wirklich unserem Hund zumuten? Wäre es dann nicht besser, so schwer es auch fällt, auf einen Hund zu verzichten? Wenn wir einem Hund etwas Gutes antun wollen, dann halten wir ihn unter solchen Bedingungen doch lieber nicht.
Außerdem werden uns dann Oberbürgermeister und Stadtrat von Herzen dankbar sein. Mit ihnen alle Hunde dieser Welt.
Ein gesunder Egoismus und der Drang, etwas haben zu wollen, sind durchaus keine schlechten Eigenschaften. Allerdings – nicht auf Kosten einer hilflosen Kreatur, die nicht weiß, wie lebensbedrohend dieser tägliche Spaziergang durch die

Abgase

Abgase der ratternden Blechkästen ist. Der Tierarzt weiß es: der nächste Krebsfall kommt bestimmt.
Zum Glück weiß ich, daß Menschen, die Bücher über Hunde lesen, anders sind. Sie haben einen Kleinhund, den sie am Arm – also doch etwas höher, als die schweren Giftstoffe – tragen, um die nächste Oase, eine Parkanlage, eine Spielwiese zu erreichen. Das geht. So kann man es machen: der Kleine freut sich, daß er getragen wird, und hat es sehr schnell begriffen, daß er damit einem sehr freudvollen Erlebnis entgegengeht – die herrliche Wiese, wo man sich austoben kann. Herrchen oder Frauchen – sie sind doch die besten.

Lärm

Bleibt noch etwas: der Großstadtlärm. Jedermann weiß, daß Hunde empfindliche Ohren haben. Sie hören sehr hohe Frequenzen, die ein Mensch gar nicht mehr wahrnehmen kann. Wir wissen heute, daß ein Übermaß an Lärm in Extremfällen sogar tödlich sein kann.
Kluge Leute haben sich nun für Großstadthunde etwas Feines ausgedacht. Wie ich noch berichten werde, gibt es im Welpenalter eine Zeit, in der der Welpe alle Umwelteindrücke als Normalfall registriert. Seinem Gehirnchen prägt sich das dann ein und ist für ihn eine klare Selbstverständlichkeit. Auch das Geräusch, das ihm über Tonband tagtäglich in die Ohren dringt: Großstadtlärm. Auf diese Weise wird sein Gehör auf das, was er später erleben wird, gewissermaßen eingespielt. Eine großartige Möglichkeit, dem Hund, der einmal im

Großstadtmilieu leben wird, die dort vorhandene Geräuschkulisse so einzuimpfen, daß er sie als etwas ganz Normales und Selbstverständliches empfindet.
Schlußfolgerung: man kann den Hund in Großstadtverhältnisse integrieren – man muß nur wissen, wie. Man muß nur wissen, wo es Grenzen gibt, und man muß wissen, was und wie man einem Hund etwas zumutbar machen kann.
Aber auch den Oberbürgermeistern und den Städteplanern seien einige Verse ins Stammbuch geschrieben! Da wird von den ohnehin kostenbeladenen Hundehaltern eine zunehmend wachsende »Hundesteuer« abverlangt, die sang- und klanglos im Stadtsäckel verschwindet. Und danach schimpft man über die Hundehalter, weil sie nicht verhindern können, daß Hunde nun mal müssen und nicht dazu zu bringen sind, dies in der wohnungseigenen Toilettenschüssel zu tun (im Gegensatz zu Katzen!). Man schimpft über die Hunde, die mangels Auslauf zu ständigen Kläffern geworden sind und der Nachbarschaft auf den Wecker gehen. Die Unterschriftensammlung gegen den Hundehalter wird vom Herrn Oberbürgermeister gelesen, und dieser trifft seine Maßnahmen: Der Hund muß weg!

Die Hundesteuer

Daß er selber, der Herr Oberbürgermeister, versagt hat, kommt ihm nicht in den Sinn. Dabei sollte es zu den Pflichten einer Stadtverwaltung gehören, der hundebesteuerten Mitbürgerschaft auch – als Gegenleistung – etwas zu bieten. Nämlich großflächige Spielwiesen für Hunde, auf denen sich Hunde wie Hundefreunde ein Stelldichein geben können, auf denen sich die Hunde austoben dürfen, um dann zu Hause als »friedliche Bürger« sich brav und still auszuruhen. Je nach Hundekopfzahl einer Stadt müßten solche Spielwiesen abgemessen werden, grob geschätzt zwei Hektar pro tausend Hunde. Sie werden ja nicht gleichzeitig von allen Hunden viele Stunden lang genutzt, und so könnte das reichen, um die Grasnarbe zu erhalten. Einige Sträucher und Bäume als Schattenspender, ein kleiner Zaun vielleicht um das Ganze – das kostet kein Vermögen und wird durch die Hundesteuer leicht wieder hereingebracht. Ich bin sicher: jeder Hundebesitzer in der Stadt würde dann diese Steuer mit Vergnügen und nicht wie bislang mit stillem Groll ableisten. Rentner natürlich ausgenommen – die müssen davon befreit sein!

– und die Gegenleistung der Stadt?

Das würde auch verhindern, daß manche Leute auf den Einfall kommen, ihre Hunde auf Spielwiesen für Kinder zu führen, wo diese dann die geformten Hinterlassenschaften der Hunde als vergnügliches Spielzeug betrachten. Was natürlich nicht gerade der Gipfel der Hygiene ist.
Das zur Anregung für Stadtoberhäupter, Hundefreunde auch als Menschen zu betrachten und nicht als heruntergekommene, ausweisungsreife Randerscheinungen der Zivilisation ...

Die leidige Futterfrage

Auch ein Punkt, den wir uns schon vor Anschaffung eines Hundes gründlich überlegen sollten. Einen Hund zu füttern, setzt allerlei voraus.

Erstens, daß man weiß, was so ein Hund als Nahrung benötigt. Fangen wir gleich damit an.

Wölfe sind Beutetierfresser

Selbst der Wolf ist von Natur aus gar nicht so sehr Fleischfresser, wie man allgemein annimmt. Er ist ein Beutetierfresser. Seine Beutetiere – ob Maus oder Hirsch, Fasan oder Rebhuhn – sind Pflanzenfresser. In ihrem Magen und Darm finden sich durch Enzyme und Fermente aufgeschlossene Pflanzenteile. Kohlehydrate, Faserstoffe, pflanzliches Eiweiß, alle möglichen Mineralien, Vitamine, Spurenelemente – eine breitgestreute Speisekarte also, und die Wölfe versäumen es nicht, sich von dieser »vorverdauten« Pflanzenkost das zu holen, wonach es sie gerade gelüstet. Es gibt ein Bedürfnis nach Abwechslung, das beim instinktsicheren Wild- oder Haushund von körpereigenen Regulatoren gesteuert wird.

Aber man kann das Bedürfnis nach pflanzlichen Produkten nicht einfach durch gewöhnliche Haferflocken, Reis oder Kartoffeln stillen. Wir, als »Allesesser«, können das, da in unserem Verdauungstrakt die hierfür notwendigen Enzyme und Fermente vorhanden sind. Nicht so beim Hund. Er braucht die Vorverdauung durch den Pflanzenfresser, die solche Nahrung für ihn dann auswertbar macht. Gewiß, der Wildhund holt sich auch Pflanzenkost direkt aus seinem Lebensraum. Hierzu zählen in erster Linie die bekanntlich eiweißreichen Pilze und dann die ebenso leicht verdaulichen, vitaminreichen und Fruchtzucker enthaltenden Beerenfrüchte, aber auch Steinobst, wie Kirschen, Birnen, Äpfel usf. Aber Getreide ist als Kohlehydratlieferant für den Hund im Naturzustand unauswertbar.

Die neuzeitliche Futtermittelindustrie trägt dem Rechnung und sorgt über komplizierte chemische Verfahren dafür, daß Futterflocken für Hunde so weit aufbereitet werden, daß sie auch für den Hundedarm verwertbar werden.

Futterflocken

Selbstredend frißt jeder Wildhund auch das Muskelfleisch

Fleisch und Blut

seiner Beutetiere. Man darf dabei aber nicht vergessen, daß jenes Fleisch, das wir unseren Hunden normalerweise anbieten können – aus der Metzgerei, aus dem Schlachthof –, nicht dem entspricht, was der Wildhund bei seiner selbstgerissenen Beute verschlingt. Unsere Schlachttiere sind nämlich weitgehend ausgeblutet.

Blut aber ist sehr salzhaltig, es ist eisenhaltig, es enthält verschiedene Eiweißstoffe und vieles andere mehr. Das fehlt dann unserem Hund, wenn wir ihm auch das allerschönste Lendenstück oder Herz servieren. Würde man einen Hund ausschließlich mit dem reinen Fleisch unserer Haustiere füttern, würde man ihm das Leben ganz enorm verkürzen. Ganz abgesehen davon – was heute so in unsere Schlachttiere hineingefüttert und -gespritzt wird, ist auch nicht gerade das Gesündeste! Nicht einmal für uns Menschen, die wir allerdings nicht allein vom Fleisch leben, sondern auch von chemisch verunreinigter Pflanzenkost.

Nun ist das aber immer noch nicht alles. Ich sagte schon, unsere Hunde sind von Natur aus Beutetierfresser, und so ein Beutetier, gleich welcher Größe, enthält auch andere Substanzen.

Keratin

Mitgefressene Haare

Etwa Keratin in den Klauen, Krallen oder Hufen, natürlich auch in den Haaren, von denen viele mitgeschluckt werden. Letztere haben noch eine weitere Funktion – sie dienen im Hundedarm etwa in der Weise, wie das Gras, das unsere Hunde oft leidenschaftlich fressen, das dann aber doch mehr oder weniger unverdaut abgeht, entweder vorne raus oder hinten raus.

Dabei gleicht ein Hinweis für ängstliche Gemüter: unsere Hunde machen es oft wie die alten Römer und haben eine

Kotzen

ausgesprochene Begabung zum Kotzen. Anstelle der Pfauenfeder setzen sie diese Fähigkeit von sich aus ein, oder sie verschlingen hierfür Reizstoffe wie Papier, Tierhaare oder Gras. Letztere Maßnahmen treffen sie allerdings nur bei irgendwelchen Störungen im Verdauungstrakt.

Viele Hunde halten es noch mit ihren Wolfsahnen: Sie schlingen zunächst das Futter einfach in sich hinein, suchen dann einen stillen Winkel auf, wo sie die ganze Pracht wieder von sich geben, um nun ungestört und genüßlich zu fressen. Das erinnert daran, daß die Wölfe ein gerissenes Großtier – Elch, Hirsch, Rentier – nicht die vielen Kilometer von den

Jagdgründen bis in ihr angestammtes Lager schleppen können. Sie helfen sich da anders: sie würgen sich so viel den Hals runter, als der recht dehnungsfähige Magen fassen kann, traben dann mit ihren Hängebäuchen wieder nach Hause und würgen den Vorrat aus, um ihn teilweise gleich zu verzehren, teilweise aber einzugraben, um ihn nicht nur aufzuheben, sondern auch, um ihn auf diese Weise schmackhafter und leichter verdaulich zu machen.

Die Futtergrube

Da haben wir wieder etwas, das wir bedenken sollten, wenn wir uns die Futterfrage überlegen. Gartenbesitzer haben es da schon recht gut. Sie können etwas machen: eine tiefe Grube, so tief, daß der ganze Futtervorrat für eine Woche darin Platz hat. Das hängt von der Größe und der Anzahl der Hunde ab. Auf den Boden der Grube legt man Stroh oder Tannenreisig, dann eine Tagesration darauf, wieder eine dünne Schicht Stroh oder Reisig, die nächste Ration und so fort, dann deckt man alles so gut ab, daß sich der Hund nicht selbst bedienen kann. Denn leider gibt es Hunde, die es uns Wohlstandsbürgern gleichtun und viel zuviel Nahrung zu sich nehmen.

Dieser Grube kann man dann jeden Tag die Futterration entnehmen, und man hat dann am sechsten Tag ganz unten in der Grube die letzte Portion, deren »haut goût« für die Hundenase geradezu paradiesisch ist.

Der Fasttag

Nein – ich habe mich nicht verzählt! Nie vergessen: ein Fasttag in der Woche verlängert das Leben Ihres Hundes mindestens um die Hälfte! (Nebenbei: Ihres auch!)

Kalorienarme Füllnahrung

Sie können übrigens am siebenten Tag dem vorwurfsvoll-bettelnden Blick Ihres Hundes standhalten. Eine an wirklich alles denkende Industrie hat sogar eine kalorienarme Füllnahrung für unsere meist ohnehin zu dicken Hunde geschaffen, die man an solchen Tagen füttern kann.

In der Großstadt kann man natürlich keine Futtergrube anlegen. Da hat man ohnehin auch immer leicht die Möglichkeit, ein Stückchen Fleisch (oder diverse Innereien) zu besorgen. Es gibt bei manchen Metzgern sogar fertig abgepacktes Hundefutter.

Alles gut – und teuer! Sehr teuer. Auch eine wichtige Überlegung: kann man das wirklich ein Dutzend oder mehr Jahre, also ein Hundeleben lang, durchhalten? Nicht vergessen – auch Hundefutter wird von Jahr zu Jahr teurer...

Dabei aber stets bedenken, daß unser Fleisch als Nahrung für den Hund nicht ausreicht. Ich habe noch nicht von den Knochen gesprochen.

Knochen

Auch hier heißt es, gewußt wie. Große, steinharte Röhrenknochen sind für den Hund zwar ein beliebtes Spielzeug, und man sollte ihm sie nicht gänzlich vorenthalten. Zur Ernährung dienen sie aber wirklich nicht. Hier sind die zarten Rippenstücke mit den Knorpelenden von Kälbern mehr am Platze – gewöhnlich »Kleinfleisch« genannt. Das ist nicht sehr teuer, sollte aber nicht als Hauptfutter verwendet werden, weil der Hund durch den vielen Kalk – von dem nur soviel vom Körper aufgenommen wird, als er gerade braucht – zu festen Stuhl bekommt, was Beschwerden herbeiführen kann. Man kann schnell erkennen, ob es zuviel ist, wenn man den Stuhlgang beobachtet (was man immer tun sollte!). Die harten, weißlichen Würstchen sind ein Zeichen für Kalküberfütterung.

Füttern mit Essensresten

Von jenen schrecklichen Hundehaltern, die ihren Hund für ein Mastschwein halten und ihn mit den Essensresten füttern wollen, will ich ebenso wenig reden wie von jenen unbedarften Tierquälern, die glauben, daß sie ihrem Hund etwas Gutes tun, wenn sie ihm genau das zu »essen« geben, was sie selber gerne essen.

Wer also nun das alles überdenkt, was ich über Hundeernährung hier gesagt habe, wird besonders als Großstädter sich fragen müssen: was nun?

Wo ein Wille ist, ist auch ein Weg, und dieser Weg wurde schon längst und in zunehmendem Maße immer besser vorbereitet. Das ist der Weg über die von verschiedenen Firmen hergestellte Fertignahrung. Ich selbst habe schon in einigen solcher Firmen Ausgangsmaterial, Aufbereitung, Verarbeitung und Abfüllung anschauen können. Ich esse die da fertiggestellten Produkte selber ohne jede Bedenken. Meine Kinder auch. Und ich weiß von einer Tierärztin, daß sie bei einer Party ihren Gästen zum Wein solche herrlich zu knabbernden Kügelchen gereicht hat, die eigentlich für Hunde hergestellt worden waren. Es hat keiner was gemerkt.

Fertignahrung

Bekanntlich gibt es auch Hundefutter in Dosen. Das kann man auch ruhig essen, und ein findiger Gastwirt hat es eine Zeitlang – ehe man ihm auf die Schliche kam – seinen Gästen als Gulasch vorgesetzt. Die merkten auch nichts.

Nur etwas dazu: vergessen Sie nicht, daß der Hund seine Zähne nicht als Verzierung von der Natur mitbekommen hat, sondern als erste Station seines Verdauungstraktes. Bei einer frisch erlegten Beute muß man tüchtig mit den hierfür geschaffenen Zähnen arbeiten, um sie zu zerlegen und schluckgerechte Brocken zu erlangen. Damit das möglich ist, sitzen diese Zähne an sehr langen Wurzeln im Kiefer, und auch die Nackenmuskulatur ist für diese Arbeit entsprechend vorgegeben. Gibt man also einem Hund nur Weichfutter, wie das in den Dosen enthalten ist, dann haben Zähne und Muskeln viel zu wenig Arbeit.

Etwas zum Beißen

Man muß daher solches Dosenfutter unbedingt ergänzen, am besten durch echte und verarbeitbare Knochen, oder so zwischendurch mit den in jeder Tierhandlung käuflichen »Kauknochen«, die aus Büffelhaut bestehen und auch als Verdauungshilfe angebracht sind.

Kauknochen

Ich weiß, daß eine derartige Ernährung nicht billig ist, auch gar nicht billig sein kann – aber, wie gesagt, das muß man sich vorher überlegen. Der Zoohändler sagt Ihnen gern die jeweiligen Preise für Hunde-Fertigfutter.

Dort erfahren Sie auch alles Weitere über die Hundefütterung. Dort gibt es die praktischen Futterschüsseln, Wasserschüsseln, dort gibt es auch die Ratgeber jener Firmen, für deren Produkte sie sich entschieden haben. Es gibt auch Bücher und Broschüren über Hundeernährung, in denen zum Beispiel steht, wie oft man einen Welpen von acht Wochen füttert, wie oft einen von zwölf Wochen und so fort. Alles, was da steht, ist grundsätzlich richtig und sollte auch sorgsam gelesen werden. Ich gehe an dieser Stelle nicht weiter darauf ein, denn hier ging es mir zunächst einmal um die »seelische Vorbereitung«, was da so alles auf einen zukommt, wenn man daran denkt, sich einen Hund anzuschaffen.

Die alte Frage nach dem Alter

Generell wichtig, besonders akut aber im Zusammenhang mit dem Problem Kind und Hund ist die Überlegung: Wie alt soll ein Hund sein, den wir uns zulegen?
Nun, das hängt von den Umständen ab. Wer wenig Zeit hat, um den immerhin sehr hohen Beschäftigungsanspruch eines Welpen gerecht zu werden, wird besser daran tun, einen schon relativ erwachsenen Hund zu sich zu nehmen. Natürlich braucht man für den auch Zeit – aber doch nicht mehr so viel wie für einen kleinen Welpen. Wer sich also hierfür entschließt oder aus Vernunftgründen entschließen muß, sollte sich aber noch vor Anschaffung eines reiferen Hundes sehr sorgfältig darüber informieren, was ein Hund ist und wie ein Hund ist, damit die Sache nicht schief geht. Es bringt für Hund und Herrn nicht viel, wenn man völlig unbedarft einen erwachsenen Hund zu sich nimmt – wie ich das vorhin in Hinblick auf die Anschaffung eines Wachhundes schon erläutert habe. Was es sonst noch dazu zu sagen gibt, steht in dem Kapitel »Hund aus zweiter Hand« (siehe S. 88).

Nach Möglichkeit ein Welpe

Wer aber Familie hat oder einen Beruf, den er zu Hause ausüben kann, der sollte unbedingt einen Welpen aufnehmen. Es hat sich seit jeher bewährt, einen im Alter zwischen sieben und acht Wochen zu kaufen. Das hat seinen leichtverständlichen Grund darin, daß in dieser Zeit die Hündin aufhört, ihren Nachwuchs zu säugen, und der Vaterrüde ab nun das Kommando übernimmt. Davon werde ich ohnehin im zweiten Hauptteil des Buches noch genug erzählen, weswegen hier nur angemerkt werden soll, daß wir nun die Rolle des Vaterrüden zu übernehmen haben. Für den Welpen ist das in diesem Alter eine ganz klare Selbstverständlichkeit, für die er von Natur aus schon vorgeprägt ist. Er fügt sich sehr leicht in die neuen Verhältnisse ein.
Ich habe in meinem Buch »Mit dem Hund auf du« seinerzeit den Vorschlag gemacht, schon vor dieser achten Lebenswoche mit dem Welpen unserer Wahl Kontakt aufzunehmen und ihn an den neuen Besitzer zu gewöhnen, ehe man ihn für immer vom Züchter wegholt.

In der Zwischenzeit haben das einige Leute, die die nötige Zeit aufbringen konnten, auch gemacht und haben festgestellt: Es hat sich wirklich gut bewährt. So sei es zur Nachahmung empfohlen.

Unbedingt notwendig ist es freilich nicht – man kann es auch so machen, daß man ein einziges Wochenende opfert, um den Welpen zu holen. Am Samstag führt und trägt man ihn ein wenig spazieren, am Abend kommt er wieder zu seinen Geschwistern, am Sonntagmorgen kennt er einen schon, und mittags fahren wir nach Hause mit ihm. Das, wenn der Züchter eben weiter weg wohnt und man den auserkorenen Welpen vor dem Abholtag nicht öfter besuchen kann. Es rentiert sich; es bringt mehr, als wenn man, eilig, wie man es halt immer hat, schnell mal zum Züchter schaut, der gerade inseriert hat, sich binnen zehn Minuten entscheidet, den Welpen unter den Arm nimmt und eiligst wieder nach Hause kutschiert. Das ist nicht so ganz das Wahre.

Kennenlernen

Ich habe das zwar selber auch schon gemacht, ich habe mir auch schon Welpen aus dem Ausland per Flugzeug schicken lassen, weil es nun einmal nicht anders ging. Wenn man dann aber auch genügend Familie hat, die so einen Welpen intensiv betreut und ihn alles vergessen läßt, dann geht es schon. Nur – wer das dem Welpen nicht so ausdauernd bieten kann, sollte doch ein wenig Zeit für das Abholen aufbringen. Ich sagte es schon, Welpen sind keine empfindsamen Pflänzchen, die jeder Windhauch gleich knickt, und sie befinden sich in der achten Woche in einem Alter, wo sie von Natur aus auf eine Veränderung ihres bisherigen Daseins vorbereitet sind.

Abholen – möglichst nicht in Hetze

Wollen wir also das schnelle Abholen, ja selbst das Schickenlassen nicht gleich als strafwürdiges Verbrechen betrachten, sondern nur als verkraftbare Notlösung, die durch liebevolle Zuwendung zum Welpen leicht kompensiert werden kann.

Nun werden oft Welpen schon im Alter von sechs Wochen angeboten. Manche Leute schimpfen darüber fürchterlich, andere sagen, warum nicht?

Wie jung darf der Welpe sein?

Ich meine, es hängt vom Entwicklungszustand des Welpen einerseits ab, vom Hundeverständnis und Zeitpotential des Käufers andererseits. Ich habe kürzlich einmal einen Husky-Wurf gehabt, bei dem die Welpen bereits mit vierzehn Tagen – statt, wie üblich mit einundzwanzig Tagen – das Wurflager verlassen hatten und sich mit einer Schnelligkeit auch sonst in allen Belangen entwickelten, wie ich das nur von Schakalen her kenne. Das bedeutet zwar nicht, daß gerade diese Huskys von Schakalen abstammen, aber es beweist, daß es Frühentwickler gibt, genau so übrigens, wie es Spätentwickler geben kann. Man sollte das ruhig dem Züchter überlassen – allerdings nur einem, der schon einige Erfahrung in der Zucht von Hunden hat.

Wer also einen Welpen vor der siebenten Lebenswoche holt, muß sich darüber im klaren sein, daß er hinsichtlich unserer Betreuung weit anspruchsvoller ist als einer, der das Idealalter von acht Wochen erreicht hat. Bei einem so frühen Welpen ist es auch gut, wenn wir die heute überall käufliche Welpenmilch verwenden, um die Muttermilch zu ersetzen. Der zuständige Tierarzt wird uns dann noch beraten, was wir tun können, um den jeweils notwendigen Vitamin- und Wirkstoffhaushalt zu regulieren.

Gleich an dieser Stelle: experimentieren Sie bitte nicht mit Vitaminen und anderen Präparaten, auch wenn Sie es in einem schlauen Buch oder einem Erfahrungsbericht eines Züchters gelesen haben. Was für den einen Welpen gut sein mag, kann für den anderen Welpen nicht so gut sein. Unsere Tierärzte haben deswegen zehn Semester studiert und zusätzlich noch bei einem älteren Tierarzt oder auf der Klinik praktiziert, um zu lernen, wie es richtig ist. Was gerade Ihr Hündchen braucht, kann kein Buch vorausahnen, und sei es noch so klug geschrieben – das kann nur der Tierarzt mit Hilfe einer Untersuchung herausfinden.

Der tierärztliche Rat

Daher mein unbedingter Rat: möglichst noch vor dem Kauf, und wenn das nicht gehen sollte, dann sofort nach dem Kauf zum Tierarzt mit dem neuen Hausgenossen. Das ist einfach Bürgerpflicht! Nicht im Tierschutzgesetz verankert – aber es sollte Ihnen ein gutes Gewissen geben in dem Sinne, daß Sie verantwortungsbewußt gehandelt haben. Und daß Sie damit bereits ein Anrecht auf einen »Hundeführerschein« hätten, so es einen geben würde.

Was ist aber nun mit einem Hündchen, das die achte Lebenswoche bereits überschritten hat?

Sind es ein paar Tage, brauchen wir nicht darüber nachzudenken. Sind es aber schon Wochen – dann freilich wird die ganze

Angelegenheit etwas schwieriger. Wer bereits Erfahrung mit jungen Hunden hat, wer vielleicht auch einen braven, guten und psychisch normalen Hund bereits im Heim hat – der wird mit den eventuell auftauchenden Problemen fertig werden.
Abraten aber möchte ich jedem, bei dem es der Ersthund sein soll.
Ganz gewisse Züchter, an die ich hier lieber nicht denken will, werden den letzten Satz mit Unbehagen lesen (falls sie überhaupt ein Buch lesen). Warum? Nun, weil diese älteren Hunde sehr häufig »Mauerblümchen« sind, Hunde, die sich deswegen nicht verkaufen ließen, weil die erfahreneren Leute merkten, daß sie eine Macke haben. Sei es gesundheitlich, sei es wesensmäßig, sei es formwertmäßig. Es kann natürlich auch sein, daß im Augenblick gerade keine Nachfrage nach dieser besonderen Rasse herrscht – das gibt es natürlich auch, wie jeder Züchter weiß.
Aber wir wissen auch – was im zweiten Hauptteil näher begründet werden soll –, daß ein Hund, der älter als zehn Wochen ist, sich in der Regel (auch hier wieder das unvermeidbare: Ausnahmen bestätigen die Regel! Etwa bei Spätentwicklern, wie gewissen Kleinsthunden) nicht mehr so gut in die neuen Lebensverhältnisse einfügt wie ein jüngerer. Ich will nicht unbedingt und auf jeden Fall abraten – aber hier heißt es schon, ganz scharf aufpassen, ob sich das Häkchen noch zu einem ordentlichen Haken krümmen kann.

Zehn Wochen – nicht älter

Wer keine Hundeerfahrung hat, der sollte sich unbedingt mit einem Fachmann zusammentun. Er findet ihn leicht in dem zuständigen Zuchtverband, dem der Züchter angehört. Man kann es wirklich nicht oft genug sagen: wer sich zum ersten Mal in seinem Leben mit einem Hund einlassen will, oder wer beim ersten Versuch eine Pleite erlebt hat, der soll zunächst dem Zuchtklub beitreten, der die erwünschte Rasse betreut – und zwar lange, bevor man sich für ein bestimmtes Exemplar dieser Rasse entscheidet. Jeder Rassehund-Klub wird alles daransetzen, ein neues Mitglied nach bestem Wissen und allen Kräften zu beraten – nicht nur um der Sache willen, sondern auch aus psychologisch gut verständlichen Gründen.

Die Zuchtverbände

Aber – ich kann es nun einmal nicht lassen, meine Finger auf den wundesten Punkt unserer Rassehundezucht zu legen. Es muß einfach sein, wenn man den Hund als Persönlichkeit achtet und nicht als verhökerbare Kreatur. Als Ware, nur echt mit Knopf im Ohr.

Das Kupieren

Ja – es geht um das Ohr. Ich weiß natürlich, daß das Ohrenkupieren, das von einem Tierarzt unter Narkose oder mindestens örtlicher Betäubung sachgerecht und absolut schmerzlos durchgeführt wird, ein für den Hund völlig harmloser Eingriff ist. Davon allein kriegt der Hund, seitdem nicht jeder Unbedarfte mehr an den Ohren nach Belieben rumschnippeln darf, keine Komplexe. Ich entschuldige mich hier auch öffentlich für den harten Ausdruck »Ohrenabschneider«, wie ich ihn in dem zweiten Buch »Hunde ernst genommen« gebraucht habe. Schließlich werden die Ohren ja nicht ganz abgeschnitten, sondern nur zugeschnitten. Also werde ich künftig nur mehr von »Ohrenzuschneidern« sprechen.

»Ohrenzuschneider«

Ich weiß, daß das nicht gerade liebenswürdig ist, aber es hat mir Mut gemacht, daß ich gerade bei Züchtern von Rassen, denen die Ohren kupiert werden, die meisten Freunde bisher gefunden habe, Freunde auch dann, wenn sie meinen Vorstellungen nicht ganz folgen können oder wollen.
So will ich unverdrossen zum dritten Mal versuchen, meinen Standpunkt zu präzisieren, und zwar, wie ich hoffe, noch besser begründet als bisher. Schließlich habe ich in der Zwischenzeit meine Gehirnzellen wegen dieses leidigen Punktes auch strapaziert und so manchen Einwand in vernünftigen Gesprächen erfahren und überdacht. Trotzdem komme ich um einen einzigen Punkt nicht herum: der Punkt heißt »Leukoplastohren« und Welpenentwicklung als diametrale Gegensätze.
Für den Anfänger kurz folgendes: es ist klar, daß nach dem Abschnippeln eines mehr oder minder kleinen Teiles der äußeren Ohrmuschel ein Verband angelegt werden muß. So gut, so schön, solche Wunden heilen bei einem kleinen Welpen sehr leicht und sehr schnell, und ich kann mir denken, daß ihm diese kleine Schönheitsoperation nicht gleich einen

Schock für das ganze Leben verpaßt – obgleich Experten aus dem Bereich der Tiermedizin anderer Auffassung sind, was mich in der Beurteilung dieser Frage etwas verunsichert. Aber nehmen wir halt einmal an, es wäre nicht so.
Dann kommt die Standardvorschrift, die genau angibt, wie die Ohren zueinander zu stehen haben. Damit das dem Standard entspricht (weil er offenbar immer noch von der längst überholten Vorstellung ausgeht, daß erworbene Eigenschaften vererbbar sind!), werden nun die Ohren entsprechend reguliert. In gewissen Fällen muß der Welpe bis zum Ende des vierten Lebensmonats seine Ohrentüten mit Leukoplast umwickelt und außerdem noch durch eine Leukoplastbrücke verbunden tragen, damit später einmal der Richter seine Freude an den schönen Ohren hat.

Kupieren behindert die Entwicklung des Welpen

Das ist nicht nur eine Verschleierung der tatsächlich angeborenen Ohrenstellung – also eine Art von Betrug –, sondern auch ein schweres Hindernis für die normale Entwicklung eines Welpen. Ich spreche hier ja vom Alter, in dem man einen Welpen holen soll. Wenn ich ihn erst mit frühestens sechzehn Wochen holen darf, weil erst dann das leidige Leukoplast von den Ohren runterkommt und der Züchter kontrollieren kann, ob nun die Ohren standardgemäß ausgerichtet sind, dann habe ich ernsthafte Zweifel daran, ob es um den Hund und um die harmonische Einfügung des Hundes in seine künftige Familie geht – oder um ein sinn- und geistloses Dogma, das den Hund nur als Schauobjekt betrachtet. Ein Standard sollte dazu dienen, die Rasse in ihren Erbanlagen gesund und leistungsstark zu erhalten, damit sie auch unseren Ur-Ur-Ur-Enkeln einmal Freude machen kann. Aber künstliche Eingriffe auf einer Ausstellung zu bewerten, halte ich einfach für – nein, ich sage es nicht. Das haben Sie gesagt! Ich habe mir meine Schnauze schon oft genug verbrannt, wie mir manche Präsidenten von Hauptverbänden gern bestätigen werden.
Trotzdem – laßt uns doch so friedlich wie Wölfe sein! Ich weiß, daß Revolutionen nichts bringen. Jeder Fortschritt kann nur in kleinen und kleinsten Schritten vollzogen werden. Diktatur ist heute sinnvollerweise sehr unmodern geworden. Daher mein Appell an alle – ja, jetzt hätte ich beinahe schon wieder »Ohrenzuschneider« gesagt –: gebt den Hunden und Euren Rassefreunden eine Chance – schließt Hunde nicht von der

Zucht aus, die nach dem Willen ihres Züchters oder Käufers keine kupierten Ohren haben! Sie sind ja nicht minderwertiger – im Gegenteil: sie können sich als Welpen ungestört frei entfalten, und das ist doch etwas, was wir, die wir die Hunde mögen, allen unseren Hunden gönnen sollten. Erst mal ausprobieren – das Erbgut geht dabei nicht kaputt. Das müßte doch bei einigem guten Willen machbar sein!
Dem Anfänger, der noch nicht in diese Problematik verstrickt ist, daher wieder ein Rat: sieben bis acht Wochen, das ist die ideale Zeit, einen Welpen nach Hause zu bringen. Wer sich dabei auf eine Rasse kapriziert, der die Ohren zugestutzt werden sollen, mag überlegen, ob er den Züchter nicht doch überreden kann, diesen Unfug bleiben zu lassen. Und sagen Sie ruhig, daß Sie das hier gelesen haben. Mein Buckel ist breit genug. Ich habe schon mehr Prügel in meinem Leben eingesteckt!

Hund aus zweiter Hand

Tierheime

Alle Tierheime warten sehnsüchtig darauf, daß sich endlich jemand findet, um einen der so zahlreich eingelieferten Hunde abzuholen und ihm ein gutes Heim zu bieten. Auch die Hunde dort warten darauf.
Hier gleich wieder ein guter Rat: Wer sich keinen Hund halten darf, weil der Hausverwalter und der Mietvertrag das nicht erlauben, der kann trotzdem so viele Hunde haben, wie er mag. Tierheime sind froh, wenn sich geeignete Personen finden, die da und dort ein wenig mithelfen, und dann auch mal diesen oder jenen Hund an die Leine nehmen, um ihn spazieren zu führen, zur eigenen und zur Freude des Hundes. Schließlich kann sich kein Tierheim so viele angestellte Pfleger leisten, um jeden eingestellten Hund mehrere Stunden pro Tag durch die Gegend zu führen. Das ist auch ein Weg, Umgang mit Hunden zu haben – ein sehr schöner sogar. Helft mit, denn schließlich sind Tierheime ja nur eine Notlösung, entstanden aus dem Unverstand von Mitmenschen, die eines Hundes nicht würdig sind.
Aber ich würde trotzdem abraten, so auf die Schnelle in ein Tierheim zu gehen und den nächstbesten Hund, der einem

Testen Sie den Hund!

gefällt, mit nach Hause zu nehmen. Es sind alles Hunde, deren Vergangenheit in den meisten Fällen unbekannt ist, Hunde, die eine so schlechte Jugendzeit hinter sich haben, daß ein Ersthund-Aspirant keine Chance hat, das gutzumachen, was andere an dem Hund verbogen haben.

Aber das kann man ja prüfen. Auch das Tierheim ist nicht besonders glücklich, wenn ein übernommener Hund nach einiger Zeit wieder dort landet, weil man nicht mit ihm zurechtgekommen ist. Daher mein Vorschlag: Holen Sie sich die Erlaubnis, mit dem Hund an der Leine spazieren zu gehen, und sei es nur innerhalb des Tierheimgebietes. So für den Anfang. Wenn der Verwalter des Tierheimes sieht, daß Sie mit dem Hund ganz gut zurecht kommen, wird er Ihnen sicher auch die Erlaubnis geben, den Hund anderswo in einem geeigneten Gelände zu führen. Die Tierheimverwaltung und Sie werden es bald genau wissen: freut sich der Hund unsäglich, sooft Sie kommen, dann haben Sie gewonnen – und der Hund natürlich auch. Dann stehen die Chancen gut, daß Sie mit dem Hund bis zum Ende Freude haben werden, und der Hund mit Ihnen auch. So kann man es machen.

Wenn Sie aber irgendwo lesen: »Zweijähriger So-und-So-Hund preiswert abzugeben« oder wegen »Übersiedlung« abzugeben – dann seien Sie bitte vorsichtig. Die Altersangabe hier sei nur als Beispiel genannt. Der Hund kann auch älter oder jünger sein.

Ganz gewiß – es gibt genug Fälle, wo die Abgabe eines erwachsenen Hundes dem Hunde zuliebe erfolgt. Weil man erkannt hat, daß man ihm nicht den notwendigen Lebensraum, die notwendige Ansprache bieten kann. Weil der Hauseigentümer mit der Kündigung droht und was es da so immer gibt. Geraten Sie dabei an Leute, die erst unbedingt wissen wollen, unter welchen Lebensverhältnissen Sie leben, dann können Sie den Hund ruhig nehmen. Dann wissen Sie, daß er aus guten Händen kommt. Solche Leute werden es auch verstehen, wenn Sie sagen, daß Sie erst einmal mit dem Hund Kontakt haben wollen, ehe Sie sich entschließen.

Vergessen Sie nie: nicht unbedingt alle Leute, die Hunde haben, sind von Natur aus gut. Das ist ein weitverbreiteter Irrtum. Nur jemand, zu dem der Hund gut ist, gehört in die Kategorie der wirklichen Hundemenschen.

Irreparabel geschädigte Hunde

Da kam einmal eine Dame zu mir, fast in Tränen aufgelöst. Sie hatte einen Mittelschnauzer im Wagen. Ihr Mann war von ihm bereits gebissen worden. An der Leine gehalten, zeigte der Hund ein entsetzliches Scheuverhalten. Obgleich ich es besser wußte, bat ich die Dame, nicht aufzugeben. Es gibt schließlich immer Dinge zwischen Himmel und Erde, die sich nicht vorausberechnen lassen, und ich bin sehr vorsichtig mit zu schnellen Urteilen.

Einige Wochen später flossen die Tränen noch reichlicher. Der Mittelschnauzer landete bei mir. Er vertrug sich einigermaßen, wenn auch nicht gerade ideal, mit ein oder zwei Gehegegenossen. Er taute auch langsam auf – seine Scheuheit begann zu weichen. Ein Erfolg? Nein, wirklich nicht. Denn sie wich einer Frechheit. Wollte ich oder jemand anderer seine Gefährten streicheln, schoß er heran und biß einen ohne Umschweife in die Hand.

Und jetzt die Vorgeschichte:

Die genannte Dame hatte den Wunsch, sich einen Hund zuzulegen. Sie kaufte sich ein Buch über Hunderassen und studierte sorgsam nach, welcher Hund für sie und ihre Wohnverhältnisse in Frage käme. Sie zog überall Erkundigungen ein – sie, die bislang nichts von Hunden wußte, wollte eben alles tun, damit sie nichts falsch macht. Zeitgenossen, wie ich sie liebe. Aber was hilft es?

Sie gerät – der Pinscher-Schnauzer-Klub weiß es – durch eine Fehlinformation an einen »Züchter«, der vielleicht ein lieber Mensch sein mag, aber selber von Hunden offenbar nicht viel versteht und – auch nicht viel hält. Sonst würde er sie nicht hinter erbärmlichen Bretterverschlägen halten. Die gute Frau also kommt zu ihm und äußert den Wunsch, einen Mittelschnauzer zu erstehen. Da holt der gute Mann aus einem derartigen Bretterverschlag eine Hündin hervor, die zwar erwachsen ist, aber ganz ängstlich und verschüchtert in die Welt blickt.

Die Dame ist etwas verunsichert. Aber der biedere Züchter belehrt sie: das ist nur am Anfang so – das Hündchen muß sich erst gewöhnen – das kommt schon noch. Sie werden sehen, daß es zuletzt doch noch ein lieber Hund wird.

Wie lieb, das haben wir also schon erlebt. Ratschlag erübrigt sich nach dieser Geschichte, einer Geschichte, die sich

allüberall alltäglich und bei allen Rassen in dieser oder ähnlicher Form wiederholt.
Einen erwachsenen Hund aus einem Zwinger zu kaufen, wo er mehr oder minder – meistens minder – gut untergebracht ist, wo er allein steht – daraus kann beim besten Willen nichts mehr werden. Hier ist das Beste am Hund zerbrochen, das Vertrauen zum Menschen, und das kann ihm dann keine Macht der Welt neu einpflanzen – so schön es wäre, wenn es dennoch ginge. Mag sein, daß es hundeerfahrene Leute, die nichts anderes zu tun haben, dennoch schaffen können. Das hat es schon gegeben. Wer aber nicht über viel Zeit und außerdem über keine sehr reichhaltige Hundeerfahrung verfügt, der schafft es in einem solchen Fall nie. Fazit: ich habe diesen sonst recht hübschen, wenn auch nicht gerade CACIB-reifen Hund von einem wissenschaftlichen Institut einschläfern lassen, da er eine Umweltbedrohung wurde. Er hat auch einen anderen Hund derart schwer verletzt, daß an eine Heilung nicht mehr zu denken war.
Ich kann mir nicht helfen – die größte Gefahr für den Hund ist der Mensch, der nur und nach nichts anderem trachtet, als nach Profit.

Woher bekommt man seinen Hund?

Faustregel Nr. 1: vom Züchter, von einem guten Freund oder – wie oben geschildert – nach sorgfältiger Prüfung aus dem Tierheim. Ich kenne keine andere Bezugsquelle, mag es auch solche geben. Apropos Quelle – aber das haben Sie sicher mißverstanden – ich habe nichts gesagt!

Über das Tierheim haben wir schon gesprochen. Den guten Freund – nun, wir dürfen jene Menschen, die aus Not einen geliebten Hund abgeben müssen, wie zuvor schon geschildert, auch als gute Freunde betrachten – zumindest als Hundefreunde. Das langt ja schon.

Der Züchter

Bleibt hier also nur noch der Züchter.

Wie man unschwer aus der obigen Schilderung herauslesen kann, gibt es solche – aber auch andere. Die anderen muß man finden – die, die wirklich Züchter sind und Hunde nicht als Haupt- oder Nebenerwerbsquelle betrachten. Wobei ich die Einschränkung machen will, daß es sogar Haupterwerbszüchter gibt – im ganz großen Stil und mit vielen, vielen Hunden! –, auf die man sich verlassen kann. Freilich, das sind nur seltene Ausnahmen – aber es gibt sie. Das mußte ich auch erst einmal dazulernen.

Wo also kauft man seinen Hund? Nochmals und tausendmal wiederholt: beim Züchter. Wenn es auch unter den Leuten, die sich Züchter nennen, fehlgeleitete Hundeschinder gibt. Daher nochmals gesagt: vor dem Hundekauf zum zuständigen Zuchtverband, Mitglied werden, sich beraten lassen. Nicht umgekehrt und hinterher. Da ist es nämlich oft zu spät. Für Sie – und für Ihren armen Hund.

Ich würde gern ein Buch schreiben, das auf jeder seiner tausend Seiten nichts anderes stehen hat, als: Kaufen Sie Ihren Hund bei einem Züchter, der das Vertrauen seines zuständigen Vereines hat! Ich fürchte nur, daß sich kein Verlag finden wird, der so ein Buch druckt. Nicht einmal der hier engagierte, obgleich uns ein kleines, armes Dackelchen zusammengebracht hat.

Sehen Sie: wenn Sie einen Wagen kaufen (das Beispiel stammt nicht von mir, es ist eine Art von Volkslied, das alle

Hundevereine anstimmen), dann prüfen Sie alles: Motor, Benzinverbrauch, Hubraum, Getriebe, Bremsen, Polsterung und die diversen Extras, vergleichen Preise, Äußeres, Inneres – kurz, Sie wenden immerhin einige Zeit auf, um sich zu entscheiden. Dabei wissen Sie ganz genau, daß so ein Wagen – je nach Ihren Betriebsansprüchen – höchstens einige Jahre läuft.

Informieren Sie sich mindestens so genau wie beim Autokauf!

Ein Hund lebt viel länger. Aber Sie kaufen ihn so im vorbeigehen, weil es gerade Spaß macht, weil es der Wunsch Ihres Kindes ist. Natürlich kostet er weniger als ein neuer, oder meinetwegen auch ein gebrauchter Wagen. Er ist sogar billiger als eine Waschmaschine.

Manchmal denke ich, daß jene Hundeleute völlig recht haben, die sagen: einen Hund so teuer als möglich verkaufen. In unserer heutigen Zeit, wo nur Summen, die die Tausender-Grenze übersteigen, als diskutable Beträge aufgefaßt werden, hat das wirklich seinen guten Grund. Ist unser Denken nicht schon so, daß wir etwas, das nur hundert oder zweihundert Mark kostet, völlig nebensächlich finden? Zumindest für Leute, die an sich die besten Voraussetzungen haben, sich einen Hund zu halten! Freilich – nur äußerlich gesehen, als Haus mit Garten und allem Komfort.

Es ist wieder wie mit den Kindern unserer so geschäftigen und betriebsamen Hochleistungswelt: sie kriegen ein gigantisches Taschengeld – aber sie sollen selber sehen, was aus ihnen wird. Man hat sie eben, weil sich's so ergab.

Wer einen Hund haben will, weil der Nachbar einen hat, der soll die Finger davon lassen, und wer einen Hund haben will, wie ihn sich der Nachbar nicht leisten kann, der erst gerade!

Hundekauf ist viel mehr als der Kauf eines Farbfernsehers oder neuen Wagens. Daß das Wort »Kauf« überhaupt dabeisteht, ist ohnehin schon so etwas, das zwar rein formal nicht vermeidbar ist, aber doch ein wenig den Grundgedanken, den ich meine, herabzusetzen scheint. Nämlich, ein Lebewesen zu sich ins Haus zu holen, um mit ihm eine Anzahl von Jahren in guter Gemeinschaft zusammenzuleben.

Nun gut, in manchen Gegenden kauft man auch Frauen, um mit ihnen dann eine Ehe zu führen. Ist ja wahr – da zieht man so ein Mädchen oder einen Welpen unter großen Kosten auf, und hinterher soll man das dann verschenken? Bei uns in

Mitteleuropa ist der Hundezüchter sogar noch besser daran als die Eltern einer Tochter. Er braucht seinem Welpen keine Mitgift zu geben!
Oder eigentlich doch! Eine Mitgift, die sich nicht in Zahlen ausdrücken läßt – aber die beschreibbar ist. Nämlich in zweierlei Richtungen: einmal, seine Erfahrung als Züchter und Garant für ein gutes Erbgut. Zweitens als jemand, der »aufzieht«, was auch gekonnt sein muß. Jedenfalls hat er etwas geleistet, das honoriert werden muß. Wer noch nie einen Hund gezüchtet hat, ahnt vielleicht nicht, was das heißt, ein verantwortungsbewußter Züchter zu sein.
Wollen wir es doch vielleicht, ungeachtet der gesetzlichen Formulierungen und Rechtsgegebenheiten, so fassen: wir kaufen nicht einen Hund – wir honorieren die Leistung des Züchters. Das gefällt mir besser. Einverstanden?
Um es in Abwandlung eines allbekannten Reimes zu sagen: Züchter werden ist nicht schwer – Züchter bleiben, dagegen sehr! Womit ich den erfahrenen, allgemein anerkannten Züchter meine – und nur zu dem wollen wir gehen!

Welcher Welpe soll es sein?

Einen wirklich guten Züchter erkennt man nicht allein an der Zahl und Güte seiner Ausstellungspreise oder Leistungsprüfungen, sondern an seinem Umgang mit dem Hund. Wie dieser Umgang beschaffen ist, lassen am besten seine Hunde erkennen. Sind sie alle freundlich zu ihm und benehmen sie sich Fremden gegenüber nicht ausgesprochen mißtrauisch, dann ist alles in Ordnung.

Ängstlichkeit ist irreparabel

Sehen Sie sich nun Welpen an, die älter als drei Wochen sind. Verkriechen diese sich ängstlich in der Wurfkiste, dann lasse man sich auf keinen Fall erzählen, diese Ängstlichkeit komme daher, weil sie noch so jung sind.
Diese Ängstlichkeit hat vielmehr eine ganz andere Ursache. Sie bedeutet, daß der Züchter sich zu wenig Zeit für den Nachwuchs nimmt. Ist ein Welpe schon etwa fünf Wochen alt und zeigt er Ängstlichkeit, dann ist das zeitlebens nicht mehr reparabel.
Um das zu verstehen, muß man sich folgendes vor Augen

halten: In der dritten Lebenswoche eines Welpen entwickeln sich dessen Augen zur Sehfähigkeit, seine Ohren zur Hörfähigkeit. Das Öffnen erfolgt zwar schon früher, so um den dreizehnten Lebenstag, aber die Welpen können da noch nicht sehen und hören. Auch die Nase tritt in der dritten Lebenswoche erst so richtig in Funktion, und nun ist also der Welpe erstmals imstande, seine Umwelt wahrzunehmen. Die ersten Wahrnehmungen erfolgen noch im Wurflager – nämlich das Erkennen der Geschwister und der Mutterhündin. Diese bleiben für den Welpen ganz entschieden für die nächsten Wochen seines Lebens Mittelpunkt seines Interesses. Gewiß sind Gesäuge und das zugegebene Futter für ihn auch sehr wichtig, und nach dem ersten Lagerverlassen interessiert er sich auch für die Dinge seiner Umgebung, wenn es ein aufgeweckter Welpe ist. Aber man kann beobachten, wie er immer wieder seine Geschwister und seine Mutter sorgsam untersucht. Auch die Spiele der Welpen untereinander sind in dieser Zeit hauptsächlich auf ein Einander-Kennenlernen abgestimmt.

Die dritte Lebenswoche

Das ist von der Natur dem Welpen vorgegeben. Seine Neugier konzentriert sich auf seine Artgenossen. Er hat nämlich nicht – wie viele andere Tierarten – ein angeborenes Bild von dem, was Artgenosse ist, er muß es erst lernen. Für diesen Lernvorgang gibt ihm die Natur einen maximalen Spielraum so etwa bis zur siebenten Lebenswoche. Er hat hier eine eigene Lerndisposition vorgegeben, die sich später gänzlich verliert. Lernt er nicht gerade in dieser Phase seines Lebens, wer Artgenosse ist, kann er das später niemals mehr richtig nachholen. Man spricht von der »Prägungsphase« – der Welpe prägt sich für alle Lebenszeit ein, wer Artgenosse ist.

Die Prägungsphase

Tritt der Mensch nun vom Zeitpunkt des Erwachens seiner Sinne, also ab der dritten Lebenswoche, ebenfalls für ihn in Erscheinung, dann wird er in der Prägungsphase ebenfalls als »Artgenosse« anerkannt, und es prägt sich dem Welpen für alle Zeit ein, daß zum Bild des Artgenossen Hund unbedingt auch der Mensch dazugehört.

Der Mensch als Artgenosse

Allerdings genügt es nicht, daß der Welpe den Menschen täglich sieht – etwa, wenn er sein Zusatzfutter erhält. Der Welpe muß unbedingt viele Berührungskontakte mit Menschen haben, da es sich weit mehr um ein Geruchsbild des Menschen handelt als um ein optisches Bild.

Je mehr Menschen der Welpe in der Prägungsphase auf diese Weise erlebt, um so aufgeschlossener, kontaktfreudiger wird er werden. Ein Hund, der in dieser Zeit nur wenig Berührungskontakte mit Menschen hatte, wird nie so kontaktfreudig werden, wie einer, der viele solcher Kontakte hatte; er wird immer etwas zurückhaltender, ja sogar ängstlicher sein.

»Wesensschwäche«

Was man dann später einmal als »Wesensschwäche« bemängelt, hat also nicht immer seine Ursache in Erbfehlern, sondern wohl viel häufiger noch in solchen Behandlungsfehlern bei der frühen Aufzucht. Das macht auch verständlich, warum Hunde aus Großzüchtereien, in denen ihnen als Welpen naturgemäß solche Kontakte zu sehr vorenthalten worden waren, niemals so anschlußfreudige und selbstsichere Hunde werden können und daß sie meistens sehr unangenehme Wesensmängel haben.

Am Wurfzwinger

Wenn man also beim Züchter an den Wurfzwinger herankommt und erlebt, daß alle Welpen freudig angelaufen kommen und sich neugierig auf die hingehaltene Hand stürzen, um sie zu beschnuppern, zu belecken und auch ein wenig hineinzubeißen, dann weiß man, das hier von vornherein alles in bester Ordnung läuft: diese Welpen sind bestens geprägt.

Welcher aus der Gruppe aber soll es nun sein? Wenn man den Welpen genauer zusieht, wird man bald bemerken, daß einer immer und überall vornedran ist, und ein anderer immer und überall der letzte ist und von den anderen weggedrängt wird. Nun, sehr viel hat das nicht zu bedeuten. Es wirkt sich nur dann aus, wenn die Gruppe weiterhin gemeinsam heranwächst und etwa noch über den dritten Lebensmonat hinaus zusammenbleibt. Da können sich bei dem letzten der Gruppe – der auch sonst ein wenig zurückbleibt, wenn er nicht gesondert gefüttert wird – schon Komplexe festsetzen, denn er lebt ja in einem ständigen Streß. Holt man ihn aber um die achte Woche herum nach Hause, so kann er sich ohne den Druck, den seine Geschwister ausübten, entwickeln und so doch noch ein völlig zufriedenstellender Hund werden.

Der ausgewählte Welpe: nicht zu groß, nicht zu klein, nicht zu faul, nicht zu scheu

Warnen möchte ich nur vor Welpen, die deutlich größer oder auch kleiner sind als die übrigen und einen weitaus fauleren

Eindruck machen. Welpen, die sich bestenfalls zwar beim Fressen vordrängen – wie die großen, dicken –, aber sonst den ganzen Tag über praktisch nichts tun, die sich desinteressiert zeigen.
Liegt freilich der ganze Wurf faul herum, dann hat er eben bei der Besichtigung gerade seine Ruhezeit, und man sollte sich nun ein wenig Zeit nehmen und abwarten – sie werden wohl bald wieder munter sein und zeigen, was sie können.
Gewarnt muß selbstredend dann auch vor Welpen werden, die sich im Gegensatz zu ihren kontaktfreudigen Geschwistern handscheu zeigen – hier besteht dringender Verdacht auf angeborene Wesensschwäche.
Zeigt sich ein derartiges Verhalten bereits in so früher Jugend, sollte man eigentlich erwarten, daß der Züchter selber rechtzeitig einzugreifen hat – vorher, ehe er Welpen zum Verkauf anbietet. Mißtrauen gegen einen Züchter, der das nicht tut, ist angebracht.

Die Konstitution

Der Paragraph 1 des Tierschutzgesetzes vom 24. Juli 1972 – bis heute eine Richtschnur, die man eher ein Gummiband nennen müßte, also das, was die juristischen Fachleute einen »Gummiparagraphen« nennen – lautet wörtlich: »Dieses Gesetz dient dem Schutz des Lebens und Wohlbefindens der Tiere. Niemand darf einem Tier ohne vernünftigen Grund Schmerzen, Leiden oder Schaden zufügen.«

Das Tierschutzgesetz

Wir wollen hier nicht den für den Verstand eines Nicht-Juristen kaum logisch erfaßbaren, komplizierten Auslegungsmöglichkeiten nachspüren, sondern auf ein Problem hinweisen, das vom Gesetz nicht erfaßt wird. Wir wollen uns als eine andere Richtschnur – die sich nicht nach allen Seiten hin dehnen läßt – die biologischen Grundtatsachen vor Augen führen. Es gibt Erbkrankheiten. Erbkrankheiten sind nicht nur solche, die Mißbildungen einzelner Organe oder Organteile weitervererben, sondern auch erkennbare Schwächungen der Gesamtkonstitution. In der Tierzucht muß man danach streben, nur die Tiere zur Zucht heranzuziehen, die eine optimale Körperverfassung aufweisen. In der Natur kommen

Erbkrankheiten

Natürliche Auslese

ebenfalls nur und einzig und allein solche Tiere zur Fortpflanzung – alle anderen unterliegen der natürlichen Auslese (was in günstiger gelagerten Fällen nicht unbedingt Tod bedeuten muß, insbesonders bei sozialen Lebewesen; die haben dann immerhin noch zugunsten der sozialen Gruppe eine Überlebens-Chance, aber keine Fortpflanzungs-Chance).

Bei unseren Haustieren greift die natürliche Auslese in der Regel nicht ein. Sie muß, soll die Art, beziehungsweise Rasse, gesund und weiterhin fortpflanzungsfähig am Leben erhalten werden, durch das Eingreifen des Menschen ersetzt werden. Bereits Darwin sprach vor mehr als hundert Jahren von der »künstlichen Auslese« – ein Wort, das nicht sehr glücklich gewählt ist, auch wenn man zugesteht, daß Züchten wirklich eine Kunstfertigkeit ist. Ich würde da doch lieber von einer »Konstitutions-Auslese« sprechen, denn darum geht es ja im Endeffekt.

Konstitutions-Auslese

Wer Tiere mit schlechter Konstitution weiterzüchtet, versündigt sich an der Gesunderhaltung der betreffenden Rasse. Wenn ich eine Hündin mit schwächlicher Konstitution einem in dieser Richtung hervorragenden Rüden zuführe, dann erhalte ich in der Regel Nachkommen, mit deren Konstitution man einigermaßen zufrieden sein kann. Man darf dabei aber nicht übersehen, daß man der Rasse als Ganzes damit schadet, man hat durch den Einsatz der Hündin – von der möglicherweise einige Nachkommen wieder zur Zucht verwendet werden – das allgemeine Konstitutions-Niveau der Rasse herabgesetzt.

Die Kunst des Züchtens

Die Kunst des Züchtens darf nicht darin bestehen, daß man Erbmängel dadurch auszugleichen versucht, indem man bessere Anlagen darüberpfropft. Das ist ein Verschleiern der Tatsachen! Ein Betrug an der Natur.

Dominante und rezessive Anlagen

Hier nur ganz kurz für den, der die Wirkungsweise von Erbanlagen nicht im Kopf hat: es gibt dominante Anlagen und es gibt rezessive Anlagen. Also solche, die sich in jedem Fall durchsetzen, und solche, die sich nur dann durchsetzen können, wenn sie mit einer gleichartigen Anlage im Erbgut der Nachkommen zusammentreffen. Die meisten negativen Erbanlagen sind rezessiv. Ein geschickter Züchter kann sie also schön im verborgenen halten. Das ist auch eine Kunst, die zwar der Brieftasche des Züchters sehr nützlich ist – die

aber für den Fortbestand der Rasse geradezu lebensbedrohend wird.
So manche Konstitutionsschwächung kommt nur dann zum Vorschein, wenn eine besondere Leistung vom Hund verlangt wird, eine Leistung, die man im Welpenalter natürlich nicht prüfen kann.
Bleibt zum Beispiel ein Windhund in seiner Rennleistung weit hinter seinen Rassegenossen zurück, obgleich er in der äußeren Anatomie untadelhaft ist und obgleich er ein ausgezeichnetes Aufbau-Training hinter sich hatte, ist seine Konstitution geschwächt. Man kann nun sagen: diese Hündin (die bei allen ihren vielen Ausstellungen, auf denen sie gezeigt worden ist, stets die allerschönsten Preise gemacht hat) bringt soviel Rassetypisches in die Zucht, daß man von der verminderten Rennleistung absehen kann. Lassen wir sie von einem schönen, dabei aber besonders kräftigen und rennbegabten Rüden decken.
Gesagt, getan. Und was wird nun aus den Nachkommen? Ganz theoretisch kann sich nun die sehr gute Konstitution des Vaterrüden dominant durchsetzen, vor allem dann, wenn er von Ahnen stammt, die allesamt eine solche gute Konstitution gehabt haben. Hat er aber rezessive Anlagen für eine schwächere Konstitution, kann es passieren, daß bei einigen Nachkommen sich rezessiv mit rezessiv verbindet, die schwächlichere Konstitution setzt sich also durch – sie taugen überhaupt nichts, obgleich sie vielleicht schön sein können.
Ich rede hier nicht ins unreine, sondern spreche von einem Zuchtversuch, den ich selber gemacht habe. Und von Beobachtungen, die ich bei anderen gemacht habe, und schließlich auch von dem, was die Genetiker an sich längst erforscht haben.
An solchen Fehlergebnissen sind dann mindestens zwei Leute schuld: der, der den nach außen hin konstitutionell großartigen Rüden gezüchtet hat, der aber im verborgenen auch das Erbgut von konstitutionell schwachen Tieren trägt – und der, der eine konstitutionell schwache Hündin dem Rüden zugeführt hat. Wenn nun auch zwei oder drei Nachkommen dabei sind, die wieder eine sehr gute Konstitution haben, so muß man sich dabei bewußt bleiben, daß der Schein

trügen kann. Es ist möglich, daß diese Guten wieder Erbgut weitergeben können, das konstitutionelle Schwäche zeugt.
Ich erwähnte früher die Husky-Geschwister, die einen so hervorragenden Wurf brachten. Das beweist, daß hier kaum irgendwelche negative Eigenschaften rezessiv in ihrem Erbgut enthalten sein können, denn diese würden sich dann ja ergänzen und gerade bei der Geschwisterverpaarung sehr deutlich zum Vorschein kommen.

Geschwister–Test-verpaarungen

Ich habe schon in meinem Buch »Hunde ernst genommen« die von Professor Rieck aufgestellte Forderung, zur Prüfung und Aufdeckung des Erbgutes Geschwister-Testverpaarungen vorzunehmen, zitiert, weil das eben der einzige und verläßlichste Weg ist, unsere Hundezucht von Erbschäden freizuhalten. Will man die Zucht von Rassehunden nicht zum gänzlichen Erliegen bringen, wird man sich dieser Forderung unbedingt beugen müssen. Wer derartiges ablehnt, zeigt sein wahres Gesicht und gesteht damit, daß es ihm gar nicht um die Hunde, beziehungsweise die Rasse geht, sondern nur und allein um den Profit. In dieser Richtung weist das Tierschutzgesetz erhebliche Lücken auf.

Eliminieren

Noch einmal: In der Natur kann kein Tier sich fortpflanzen, dessen Konstitution nicht voll in Ordnung ist. Rangniedere Wölfe haben dabei Überlebens-Chancen, denn sie können sich bei der Ernährung und Aufzucht der von den ranghöchsten, also konstitutionell bestveranlagten Wölfen stammenden Welpen nützlich machen. Zur Fortpflanzung kommen sie nie, sie dürfen als Rüden nicht einmal das Beinchen heben. Als Hündin werden sie gewöhnlich nicht einmal läufig. Die sexuellen Funktionen werden durch den »sozialen Status« weitestgehend unterdrückt. Freilich nur solange, als sie im sozialen Agreement mit den Altwölfen stehen. In der Natur geht es nicht anders.
Aber wir können unsere konstitutionell geschwächten Hunde, die ja nicht im Familienverband die Benjamin-Rolle spielen müssen, ohne weiteres zur Fortpflanzung bringen. Da wir die Welpen schon mit acht Wochen wegholen, erfahren wir ja nie,

was aus ihnen geworden wäre, wenn sie bis zum zehnten Lebensmonat bei den Alten geblieben wären.
Bei Wölfen wie bei Dingos ist es dann nämlich üblich, die Junghunde wegzujagen, denn nun wird die Chefin wieder läufig. Nur die Nesthäkchen dürfen bleiben, weil die schließlich keine Konkurrenz sind, sondern ergebene Diener.

Auslese in der Geschwistergruppe

Man kann in einer Gruppe von Geschwistern, die man ohne die Eltern nach dem Absetzen zusammen aufwachsen läßt, die einzelnen Konstitutionen ganz deutlich am Ausdruck ablesen. Die Schwächeren werden immer viel welpenhafter bleiben als der Rüde und die Hündin, die in dieser Gruppe die stärkste Konstitution haben und daher auch als Rudelführung in Erscheinung treten. Trotzdem ist der »Letzte« in dieser Gruppe nicht eigentlich ein »Rangniederer«, so nach unserer etwas zu sehr auf Unterdrückungsvorstellungen aufgebauten Rangordnungsthese. Er ist einer, der dazugehört, der in die Gruppe integriert ist im Sinne des sozialen Agreements – er hat alles, was die anderen auch haben, mit Ausnahme der Fortpflanzungsmöglichkeit.
Auslese muß nicht gleich »Töten« bedeuten. Es besteht für die Gruppe ganz im Sinne des Tierschutzgesetzes wirklich kein »vernünftiger Grund«, einen solchen Benjamin zu töten.
Wäre seine Konstitution aber so schlecht, daß er kaum Abwehrstoffe gegen Parasiten hervorbringen kann, daß er schließlich schwächer und schwächer wird, verfloht und verwurmt – dann wäre er für die Geschwistergruppe ein Todeskandidat. Man würde ihm zunächst jede Möglichkeit zur Nahrungsaufnahme vorenthalten, bis er völlig geschwächt ist, und ihn dann totbeißen. Hart – aber vernünftig. Denn ein solcher Versager würde das Überleben der ganzen übrigen Gruppe ernsthaft gefährden.
Unter Naturverhältnissen wird aber derartiges gar nicht vorkommen, weil die Auslese schon viel früher einsetzt. Schon die Mutterhündin entfernt Welpen aus dem Wurflager, die konstitutionelle Schwächungen zeigen. Oder der Welpe stirbt innerhalb der ersten drei Lebenswochen. Er wird auch beim ersten Lagerverlassen der Welpen seine Schwächlichkeit erkennen lassen und keine Chance mehr bekommen, in das Wurflager zurückzukehren. Letzteres allerdings in der Regel nur dann, wenn der Rüde mitwirkt, was ja im allgemei-

nen bei der Hundezucht nicht der Fall ist.

Infantile Rangordnung

Man darf die »infantile« Rangordnung nicht mit dem verwechseln, was sich später – ab der zwölften Lebenswoche – an sozialem Agreement herauskristallisiert. In diesem frühen Alter haben wir es wirklich noch mit so einer »Hackordnung« zu tun, die allein auf die körperlichen Kräfte abgestimmt ist. Sind sie nicht allzusehr unterschieden, so hat dennoch jeder Welpe genügend Chancen, sich ausreichend gut zu ernähren. Sind sie das nicht, dann wird zumindest der am meisten geschwächte Welpe verhungern, falls er nicht schon vorher von der Hündin beseitigt worden ist. Es sei dazugesagt, daß leider viele unserer Hündinnen den Instinkt zu solchem Eliminieren verloren haben und auch, im Extremfall, sogar tote Welpen im Lager halten und zu betreuen versuchen.

Bleiben wir gleich bei dem Beispiel: ein verantwortungsbewußter Züchter würde sofort beschließen, mit dieser Hündin nie mehr zu züchten. Ein solcher Instinktausfall ist nämlich um so gravierender, als eine instinktsichere Hündin sonst viel genauer merkt, wo bei ihren Nachkommen Mängel sind, als das schärfste Züchterauge.

Welpentest

Der Biotonus

Ich habe versucht, einen Welpentest durchzuführen, den jeder Züchter selbst anwenden kann, um sich ein Bild vom »Biotonus« der einzelnen Welpen zu machen. Wenn auch dieser Test noch vieler Prüfungen bedarf, um seine volle Gültigkeit zu erweisen, so wollen wir jetzt hier einmal nur für uns annehmen, alle diese Prüfungen hätten ihn bestätigt. Dann könnte also der nicht an sein Geld, sondern an die Gesunderhaltung der Rasse denkende Züchter gleich in den ersten Lebenstagen die Spreu vom Weizen trennen und jene Welpen eliminieren, deren Biotonus schwach ist.

Eliminieren heißt töten. Jetzt steht der Paragraph 1 des Tierschutzgesetzes vor uns, vor allem auch vor dem Tierarzt, der natürlich allein berechtigt ist, eine solche schmerzlose Tötung vorzunehmen.

Ist das ein »vernünftiger Grund«, Welpen mit einem minderen Biotonus zu töten? Wir können an die vielfältigen Auslese-Mechanismen der Natur denken, die in unserem Wurfzwinger nicht wirksam werden können, wir können aber auch daran denken, daß auch die »kleinen Doofen« im Wolfsrudel zumindest eine Überlebens-Chance haben.

Wir könnten uns die Aufgabe ganz leichtmachen. 1. – Welpen mit zu niederem Biotonus gehen ganz von selber ein. 2. – Welpen mit zweifelhaftem Biotonus, aber Überlebens-Chancen, werden vom Züchter dem Zuchtwart angegeben; oder der Zuchtwart macht den Biotonus-Test in der Zeit, ehe die Welpen die Augen öffnen. Selbstverständlich bekommen die weniger guten Welpen auch ihre Papiere – aber eben mit dem quer über die Ahnentafel laufenden roten Stempel: »Zur Zucht nicht zugelassen!« Es können für den, der nicht züchten will, liebe, gute Hündchen werden – so schlecht sind sie ja schließlich auch wieder nicht.

Jetzt kommt jedoch das große »Aber!«. Das paßt alles recht gut, wenn unsere Hunde wie die Wölfe nur fünf bis sechs, in einzelnen Ausnahmsfällen meinetwegen neun Welpen bekommen würden. Aber speziell unsere größeren Rassen haben sich angewöhnt, mindestens zehn und darüber hinaus dann auch noch zwölf, fünfzehn, ja sogar vierundzwanzig Welpen zu bringen. In einem einzigen Wurf!

Und der ganze Segen für allerhöchstens zehn funktionsfähige Zitzen. Normalerweise funktionieren ohnehin nur acht, und auch das – von vorn nach hinten gezählte – zweite Paar bringt meist nicht besonders viel Milch hervor.

Aus dieser Erkenntnis heraus haben die Hundeverbände bislang die Regelung gehabt, daß nur sechs Welpen aufgezogen werden dürfen. Die anderen müssen getötet werden, es sei denn, man kann noch eine Hundeamme auftreiben, bei der man wieder so-und-so-viele Welpen ansetzen und aufziehen darf. Das ist von Verein zu Verein verschieden gehandhabt worden. Nun aber kam das Tierschutzgesetz, und es hat schon Richter gegeben, die in der Eliminierung solcher »überzähliger« Welpen keinen vernünftigen Grund sehen konnten. Die Freiheit des Hundezüchters – ist sie bedroht?

Ich sah in einem Tierheim drei reinblütige Schäferhundwelpen von knapp mehr als acht Wochen. Erstaunt fragte ich, wieso denn gerade solche Welpen in einem Tierheim landen. Überzählige Welpen
Antwort: »Es sind überzählige Welpen.«

Schäferhündinnen sind meist recht fruchtbar, das ist bekannt. Der Verein erlaubt nur sechs Welpen, wenn man keine Amme findet. Er weiß, warum. Früher durfte jeder Tierarzt die übrigen Welpen einschläfern – heute traut sich kaum noch ein

Tierarzt, das zu tun, weil es sehr eifrige Verfechter des Gesetzes gibt, die nur darauf warten, derartiges zur Anzeige zu bringen, obgleich es ihnen an jeglicher Qualifikation mangelt, solche Fragen zu beurteilen.

Fazit: die für die Tierheime Verantwortlichen fragen sich jetzt verzweifelt, wohin das führen soll. Die Kapazität eines Tierheimes ist begrenzt, die dort Asyl findenden Hunde gehen meist nicht weg wie die frischen Semmeln – also muß dann eines Tages doch der Tierarzt gerufen werden, um die Reihen der »Überzähligen« zu lichten. Der Präsident eines Tierschutzverbandes sagte einmal gedankenschwer: »Ich fürchte, unsere Tierheime werden noch Tier-Tötungsheime werden!«

Nun, ich habe solchen Zahlen wie »sechs Welpen« niemals große Sympathien entgegengebracht. Es kann ja mal vorkommen, daß eine Hündin von kräftiger Konstitution in der Lage ist (wie das ausnahmsweise auch mal Wölfinnen leisten), ohne Beschwerden acht bis zehn Welpen aufzuziehen. Hat man einen Wurf größerer Stückzahl und stellen der erfahrene Züchter, der erfahrene Zuchtwart oder meinetwegen der Biotonus-Test fest, daß diese Welpen nicht besser sein könnten und auch der Hündin zumutbar sind – dann sollte es doch erlaubt sein, diese Welpen aufzuziehen, denn wir können es uns in der Hundezucht wirklich nicht leisten, wertvolle Anlagen zu eliminieren!

Überfruchtbare Hündinnen

Das ist das eine. Dazu muß aber bedacht werden: war es nun wirklich so erstrebenswert, derartig »über-fruchtbare« Hündinnen zu züchten? Viele Schäferhündinnen – wie Hündinnen anderer Rassen – begnügen sich mit der Urzahl sechs oder allenfalls acht. Das reicht ja schließlich. Alles, was darüber hinausgeht, sollte aus der Zucht eliminiert werden. Das bedeutet, daß eine Hündin, die zu viele Welpen bringt, nicht mehr zugelassen werden darf. Roter Stempel – aus. Solche Fehler der Vergangenheit lassen sich heute, wenn auch nicht sofort, so doch langsam und mit sorgfältiger Abwägung der Verhältnismäßigkeit wieder eliminieren. Man hat züchterisch schon viel mehr fertiggebracht – warum nicht auch das?

Ein anderer Weg ist unter den heute vorgegebenen gesetzlichen Einschränkungen, der Hündin schlicht und einfach alle fünfzehn oder zwanzig Welpen zu belassen und es den Welpen anheimzustellen, zu sehen, wie sie damit fertigwerden.

Allerdings – vielleicht fände sich dann ein Jurist, der nachweist, daß das »vorsätzliche Tötung eines Tieres« ist. Denn daß dabei eine ganze Zahl kaputt geht, liegt auf der Hand. Anzunehmen ist, daß sich nur die stärksten und kräftigsten Welpen am Gesäuge durchsetzen.

Aber auch hier kommen mir schon wieder Bedenken. Sind es wirklich immer die kräftigsten Welpen, die einmal die besten Hunde werden? Man denke an die dicken Faulpelze, die zwar dank ihrer Masse die anderen verdrängen, nicht aber dank ihrer Aktivität. Ob eine derartige Auslese sinnvoll ist? Wir wissen heute, daß das Geburtsgewicht nicht entscheidend ist für die künftige Konstitution des Hundes. Einer, der in einem Normalwurf von sechs oder sieben Welpen bei der Geburt der Kleinste ist, kann sich innerhalb von einer Woche zum Stärksten entwickeln. Kann er das aber auch in einem Wurf, in dem zwanzig Welpen versuchen, an die Milchquellen zu gelangen?

Aktivität des Welpen ist wichtiger als das Geburtsgewicht

Gewiß, es gibt Hündinnen, die bei größeren Würfen sehr bald zwei »Trinkstuben« einrichten, indem sie den Wurf trennen, einen Teil der Welpen in ein anderes Lager tragen und nun abwechselnd beide Gruppen zum Säugen aufsuchen. So belästigen sich die Welpen beim Saugen nicht zu sehr. Nun haben viele Züchter Angst, daß bei einer größeren Zahl von Welpen zu viele zu kurz kommen. Das ist sicher auch der Fall. Aber durch Zufütterung nach dem sechzehnten oder siebzehnten Lebenstag läßt sich das wieder ganz gut ausgleichen.

»Trinkstuben«

Wie das auch immer ist – eines muß auch unter dem Druck eines gesetzlichen Ausdruckes wie »vernünftig« in die Hand des ehrlichen Züchters gegeben sein: zu entscheiden, wann es »vernünftig« ist, so viele oder so viele Welpen aufzuziehen, und wann es »vernünftig« ist – bezogen auf die Gesunderhaltung der Rasse –, einzelne Welpen töten zu lassen. Zur Absicherung vor Mißbrauch einer solchen Freiheit müßten natürlich der zuständige Zuchtwart und ein Kleintierpraktiker als Tierarzt zugezogen werden. Ganz klar, daß eine solche Eliminierung konstitutionell geringerer Welpen noch vor dem Tag des Augenöffnens, also dem Erwachen der eigentlichen Sinne, durchgeführt werden muß.

Ein anderes Kapitel ist die Eliminierung von sogenannten »Fehlfarben«. Bei vielen Hunderassen schreibt der Standard

Eliminierung von Fehlfarben?

vor, welche Farben erlaubt sind. Wenn Welpen geboren werden, die anders gefärbt sind, können sie dem Standard nach nicht anerkannt werden. Es war bislang üblich, solche Welpen einschläfern zu lassen, auch wenn sie sonst hervorragende Eigenschaften erkennen ließen. Heute weigern sich Tierärzte auf Grund des neuen Tierschutzgesetzes, solche fehlfarbenen Welpen einzuschläfern, wenn sie voll aktiv, das heißt, konstitutionell völlig gesund sind. Sie sagen, die vom Standard nicht zugelassene Farbe sei kein vernünftiger Grund, einen Welpen einzuschläfern.

Ich gebe ihnen durchaus recht, auch wenn ich weiß, daß die Standard-Vorschriften meistenteils (ich möchte das Wort »meistenteils« dabei betonen!) aus gewissen Erfahrungen heraus entstanden sind. Es gibt Farben, die mit konstitutionellen Mängeln erblich gekoppelt sein können, Mängeln, die man vor der dritten Lebenswoche überhaupt nicht erkennen kann – wie Taubheit oder Blindheit. Hier wird die Entscheidung für den Tierarzt wirklich schwierig, denn diese Begleiterscheinungen treten nicht unbedingt vorhersagbar auf. Andererseits gibt es solche Fehlfarben, die keineswegs mit minderen Nebenerscheinungen gekoppelt sein müssen, es in der Regel auch nicht oder auch nur ausnahmsweise sind.

Warum sollte man solche Welpen nicht am Leben lassen? Da die Erfahrung in solchen von mir hier angesprochenen Fällen zeigt, daß diese Fehlfarben die Zucht ungünstig beeinflussen können, so wäre hier doch der Weg frei, den schon mehrfach zitierten roten Stempel auf die Ahnentafel zu drücken – womit der züchterischen Auslese Genüge getan wäre.

Auch hier also wieder die Notwendigkeit, diese Dinge neu zu überdenken und nach Wegen zu trachten, die allen Seiten gerecht werden.

Übrigens sind bereits etliche Rassezuchtverbände dazu übergegangen, ihren Hündinnen nur ab und an die Fortpflanzung zu erlauben – so nach ganz bestimmten Regeln. Alle eineinhalb oder alle zwei Jahre einmal ... ich weiß nicht, ob diese Lösung aus biologischer Sicht heraus wirklich besonders glücklich ist. Mag sein, daß sie besser ist als gar keine Lösung in dem komplexreichen Konflikt.

Nicht-Eliminieren

Das abgrundtief Böseste, was ein Hundezüchter jedoch tun kann, ist, unter dem Vorwand der »Tierliebe« jeden von der Hündin verstoßenen oder gewichtsmäßig bedrohlich hinter seinen Geschwistern zurückbleibenden Welpen künstlich aufzuziehen. Damit wird die Saat des Bösen gesät!

Der vorige Abschnitt sollte dazu dienen, dem potentiellen Hundekäufer einen Einblick in die Schwierigkeiten der Hundezucht zu geben. Womit natürlich lange nicht die ganze Problematik erfaßt ist, sondern nur einige Kernpunkte bezüglich des notwendigen oder nicht notwendigen Eliminierens.

Die »schwere Geburt«

Eigentlich fängt alles schon da an, wo der Züchter mit deutlichem Hinweis auf seine großartige Tierliebe erzählt, was er alles getan hat, um der Hündin den so schweren Geburtsvorgang zu erleichtern, wie er den Tierarzt holte, wie der seine Spritzen gab und dies und jenes tat, und wie es dann zuletzt – natürlich nur und allein durch sein großes Verständnis – doch noch gut ausgegangen sei. Man denke – der Tierarzt hat ein halbes Vermögen gekostet, denn er mußte fast achtundvierzig Stunden ... na ja, was tut man doch nicht alles als idealistischer Hundezüchter! Man will ja nur das Allerbeste, schließlich und endlich.

Gleich ein Tip: seien Sie freundlich zu dem Züchter, aber kaufen Sie ihm um Himmels willen keinen Hund ab!

Eine Hündin, die sich bei der Geburt plagt, ist konstitutionell geschwächt. Sie gehört raus aus der Zucht! Und der Züchter, der meint, das gehöre dazu, gehört aus dem Zuchtverband rigoros ausgeschlossen, denn er ist kein Züchter, sondern ein Tierschinder – auch wenn das im Tierschutzgesetz nicht zum Ausdruck kommt.

Genauso sollten Sie von dem Kauf eines Welpen absehen, wenn Sie erfahren, daß es bereits der zweite Kaiserschnitt war, der die Welpen zutage gefördert hat. Beim ersten Wurf kann so etwas mal passieren – es kann auch einmal notwendig sein, obgleich die Hündin einige Würfe vorher ohne Komplikationen zur Welt gebracht hat. Unfälle gibt es eben auch bei ganz gesunden Tieren ab und an. Das läßt sich auch vom allerbesten Züchter der Welt nicht vermeiden. Aber wenn man erfährt, daß die Mutterhündin immer schon Schwierigkeiten bei der Geburt hatte, dann fördern Sie auf keinen Fall die Skrupellosigkeit eines solchen »Auch-Züchters« durch Kauf eines Welpen.

Gewöhnlich kauft jeder seinen ersten Welpen nicht mit der Absicht, selber einmal zu züchten. Aber viele packt es vor allem dann, wenn sich herausstellt, daß aus dem Welpen ein besonders schönes Exemplar seiner Rasse geworden ist, und man will nun nicht zurückstehen und es auch mal versuchen. Es kann aus einer Hündin, deren elementarste Funktion – Junge zu kriegen – stark geschwächt ist, dennoch so mancher auf Ausstellungen hochprämiierte Hund hervorkommen. So schön, daß es in den Augen jener Leute, die von den Qualen seiner Mutter nichts ahnen, direkt kriminell wirkt, wenn man mit diesem Hund nicht züchtet. Nach dem Zufälligkeitsprinzip der Vererbung kann es sogar sein, daß die Nachwuchsgeneration keine solchen Konstitutionsmängel (und regelmäßige Geburtsschwierigkeiten sind das!) zeigt, aber sie trägt sie – verdeckterbig – weiter. Hier beginnt die ganz große Tierquälerei – eine, die vom Tierschutzgesetz nicht erfaßt worden ist, die von Tierschutzvereinen nicht strafverfolgt wird.

Falsch verstandene Tierliebe

Ganz im Gegenteil – wer alles tut, was er tun kann, um einer solchen Hündin zu helfen, wer keine Kosten für den Tierarzt scheut, wird bewundert – als Tierfreund. Auch dann, wenn man ihn deswegen Jahr für Jahr, Wurf für Wurf aufs neue bewundern und loben muß!

Freilich – es wird sich bald herumsprechen, was ich da sage, und dann werden plötzlich alle unsere Hündinnen offiziell nur mehr ganz einfache Geburten haben ...

Man wird dann natürlich auch nichts mehr davon erfahren, daß einzelne Welpen mit der Hand aufgezogen werden mußten, weil die Hündin sie (aus gutem Grund!) nicht annehmen wollte. Was viele naive Züchter als tierliebevolle Handlung bislang sogar ausführlichst in Hundezeitschriften darstellten, um der staunenden Welt zu zeigen, was ein braver Züchter alles tut, wird dann wohl im geheimen erfolgen, denn das Geld, das man für einen solchen Welpen bekommen kann, ist doch mehr wert als Ruhm.

Welpen mit der Hand aufziehen?

Ich spreche nicht davon, daß es tatsächlich die Pflicht eines Züchters ist, Welpen von Hand aufzuziehen, wenn die Hündin

verunglückt oder zufällig erkrankt sein sollte. Es ist auch ganz richtig, daß er sich diese wirklich große Mühe macht, wenn es sich um an sich kerngesunde Welpen handelt, die wegen der großen Kopfzahl des Wurfes von der Hündin nicht mehr verkraftet werden könnten, und er auf diese Weise die Hündin schonen will.
Wenn ein solcher Züchter seinen Erfahrungsbericht veröffentlicht, gebührt ihm zweifelsfrei Dank. Und zwar in zweifacher Hinsicht: einmal, weil er im Dienst der Rasse eine derartige Mühe auf sich genommen hat, was ich »angewandten Tierschutz« nennen möchte, und zum zweiten, weil wir anderen aus seinen Erfahrungen lernen können, und so Fehler vermeiden, wenn wir selber einmal in eine derartige Zwangslage kommen.

»Züchterberichte«?

Es hat eben alles seine zwei Seiten. Ich denke da an die oft sehr ausführlichen »Richterberichte«, die bei manchen Zuchtverbänden sorgfältig abgedruckt und veröffentlicht werden. So kann jeder nachlesen, wie »Hasso von der Wasserburg« oder »Mira von Waldshausen« vom Richter in körperbaulicher Hinsicht bewertet worden ist, und man liest dann etwa »schöner, ausdrucksvoller Kopf – Fang sollte im Vergleich zum Oberkopf breiter und voller sein – elegant getragener Hals, gerader Rücken, gute Brusttiefe usf. usf.« Gewiß, das ist alles sehr nützlich für den, der sich ganz ernsthaft mit der Rasse beschäftigt.

Richterberichte

Aber wie wäre es denn, wenn es auch »Züchterberichte« geben würde? Ich komme da nochmals auf etwas zurück, das ich weiter vorne schon so ein wenig angespitzt habe. Ein Züchterbericht könnte dann einmal so aussehen:

Züchterberichte

»Mutter: Astra von Bergburgen, geb. 4.2.74 (Nr. 74/257), aus Diana von Hallberg nach Emmerich von Seitenstetten. Vater: Dionys von Berneck, geb. 9.1.73 (Nr. 73/3429), aus Renate von Osterberg nach Nestor von Freienhausen. Decktag: 14. u. 15.11.1976. Wurftag: 17.1.1977. – Geburtsdauer: 18 Uhr 12 bis 20 Uhr 54. – Welpenzahl: 4:3. – Geburtsverlauf: ohne Besonderheiten. – Biotonus: 3:3=Note 1. 1:0=Note 2+.

– Erstes Augenöffnen: 30.1.77. – Erstes Lagerverlassen: 7.2.77.«

Hier könnte man noch bei jenen Rassen, in denen es farblich gemischte Welpen gibt, die Verteilung der einzelnen Farben angeben. Vielleicht noch ein paar Worte zur Erklärung für den, der solche Schreibweisen nicht gewohnt ist. Es werden also zunächst neben dem Namen der Hündin, die geworfen hat, die Namen der Mutter und des Vaters dieser Hündin genannt. Gewöhnlich setzt man noch die eingetragenen Zuchtbuch-Nummern der drei genannten Tiere dazu. Aufgrund der Deck- und Wurfdaten kann man sich die Tragzeit ausrechnen, über deren Dauer man sich bisweilen auch so seine Gedanken machen kann (siehe nächstes Beispiel!). Dann kann man sich auch ausrechnen, wie lange die Hündin für die Geburt gebraucht hat – die im Beispiel genannte Dauer ist ideal. »4:3« heißt dann, daß vier Rüden und drei Hündinnen im Wurf sind; die Rüden werden stets vorangestellt. Biotonus 1 für 3 Rüden und 3 Hündinnen bedeutet, daß die Welpen gleich oder doch zumindest recht bald nach der Geburt hoch aktiv wurden und die Zitzen der Hündin schnell fanden, daß sie lauthals schreien, wenn man sie fester anfaßt, kurz, daß sie stark und lebenskräftig sind. Aber einer der Rüden hat nur »2+«, das heißt, er brauchte etwas länger als seine Geschwister im Schnitt gebraucht haben, um zum Trinken zu kommen, zeigte sich dann aber in dieser Hinsicht doch noch recht gut. Also noch lange kein Versager, sondern immer noch im obersten Biotonus-Niveau.

Auswertung für weitere Zuchtversuche

Nehmen wir nun an, ein Jahr später wird die Verbindung wiederholt, und der »Züchterbericht« ist gleichlautend, oder weist diesmal nur Biotonus-Werte 1 auf, dann hat dieses »2+«, das damals gegeben wurde, für den vergleichenden Züchter dieser Rasse überhaupt nicht die geringste Bedeutung – es kann sich nur um einen Zufall gehandelt haben, der belanglos ist. Kommt es aber anders, etwa so, daß diesmal drei Welpen nur mit 2+ oder gar einer von jenen nicht einmal das »plus« dazubekommt, so kann man sich sagen: Eine Verbindung zwischen dieser Diana mit diesem Dionys ist zwar ganz ausgezeichnet, aber noch nicht so ganz Spitze. Jedenfalls kann man Nachkommen aus dieser Verbindung für seine eigenen Zuchtpläne zur Wahl ziehen, falls sie dann in den

»Richterberichten« auch gut abschneiden. Man kann aus solchen »Züchterberichten«, wie oben als Beispiel gebracht, doch schon eine ganze Menge über die Konstitution oder biologische Leistungsfähigkeit der Vorfahren herauslesen.
So ein Bericht könnte natürlich ganz anders aussehen, etwa so:
»Mutter: Astra von etc. – wie gehabt. Decktag: 14. u. 15. 11. 1976. Vater: Dionys etc. – Wurftag: 19. 1. 1977. Geburtsdauer: 18 Uhr 12 bis 20. 1. 1977, 10 Uhr 16. Welpenzahl: 4:3. – Geburtsverlauf: Hündin winselt viel, plagt sich. Läßt die drei ersten Welpen zunächst nicht an das Gesäuge. – Biotonus-Schätzung: 1:1 = 2+. – 1:2 = 2. 1:0 = 2–3. Entwickelte sich in den Folgetagen kaum, blieb stark zurück, trank nicht mehr, eingeschläfert. – 1:0 = bereits bei Geburt tot. – Erstes Augenöffnen: 31. 1. 77. – Erstes Lagerverlassen: 10. 2. 77.«
Es blieben also von sieben Welpen nur fünf am Leben, und angesichts dieses Ergebnisses hat der Züchter nun, wenn jene Hündin Astra zum ersten Mal geworfen hat, die Möglichkeit, es mit einem anderen Rüden nochmals zu probieren. Bleibt der Geburtsverlauf wieder so kompliziert und ist das Ergebnis wieder so negativ, was die Welpen betrifft – nun, dann wird ihm der zuständige Zuchtwart raten müssen, diese Hündin nie mehr decken zu lassen. Hat sie einen liebenswerten Charakter und schließt sie sich leicht anderen Menschen an, dann wird man bestimmt einen guten Platz bei Hundefreunden finden, die weder züchten wollen noch es sich leisten können, die Mühe und Plage auf sich zu nehmen, die ein achtwöchiger Welpe nun mal so mit sich bringt.

Der Zuchtwart

Es sei denn, daß man als Erstlingszüchter nun alle Zuchtambitionen aufgibt und lieber mit dieser Hündin ein zufriedenes Leben bis zu ihrem seligen Ende führt. Sie wird es zu danken wissen.
Ich kenne eine Menge versierter Hundeleute, die sich, wenn sie diesen Abschnitt über meine Vorstellungen über Züchterberichte lesen, halb totlachen werden. Sollen sie doch das von mir bewußt weggelassene Kapitel über Züchterehrlichkeit schreiben!
Warum soll man immer das Kind mit dem Bade ausschütten. Es ist doch nicht die ganze Welt schlecht, und ich kenne viele, viele Hundefreunde, die zumindest sich selber gegenüber

ehrlich sind (wenn sie auch da oder dort mal aus praktischen Gründen anderen Leuten gegenüber ein wenig mogeln) und zunächst einmal für ihre eigenen züchterischen Ziele mit solchen Protokollen sich selbst Grundlagen schaffen, auf denen sie aufbauen. Man soll die Hoffnung eben nie aufgeben – es kommt sicher auch die Zeit, in der Hunde kein gutes Geschäft mehr sein werden, und dann werden nur mehr die züchten, denen es um den Hund und nur um den Hund geht. Mein Optimismus ist nicht so leicht zu erschüttern!

Der unvoreingenommene Leser, der zum ersten Mal den Gedanken erwägt, sich einen Hund zu kaufen, wird aber auch aus diesem Abschnitt erkennen, daß man eine ganze Menge wissen sollte, ehe man den Sprung ins kalte Wasser wagt.

Wie man den Biotonus mißt

Im Jahre 1971 habe ich in »Mit dem Hund auf du« erstmals den Gedanken einer Biotonus-Messung geäußert, und ich kann mit großer Freude sagen, daß er inzwischen von vielen Züchtern aufgegriffen worden ist und praktiziert wird.

Natürlich habe ich in der Zwischenzeit auch einiges unternommen, neue Versuche angestellt sowie die Erfahrungen meiner Freunde kennengelernt. So nimmt die Sache langsam Form an, auch wenn ich nicht so viel tun konnte, wie notwendig gewesen wäre.

Demjenigen also, der das erstemal eine Hundegeburt erlebt oder sich mit Züchtern unterhält, die sich mit der Sache auch schon beschäftigt haben, möchte ich hier noch ein paar Hinweise geben und einiges sagen, was ich früher selber noch nicht so genau wußte. Es soll sich ja alles weiterentwickeln.

Zunächst die Frage, wann man den Biotonus mißt. Ursprünglich, ausgehend von meinen Dingos, war ich der Meinung, daß man schon in den ersten Sekunden nach der Geburt alles sieht. Inzwischen habe ich mehrere Geburten von Haushunden verschiedener Rassen oder Rassenmischungen miterlebt und beobachtet, daß durch allerlei widrige Umstände – zum Beispiel einer der Geburt vorangegangenen Unpäßlichkeit der Hündin oder bei großer Welpenzahl – es auch vorkommen kann, daß die erste Stunde der Welpen zwar den Eindruck macht, daß ihre Konstitution mangelhaft sei, der Biotonus also ganz niedrig erscheint. Aber das kann sich bald zum Positiven hin wenden – die Welpen waren nur ein wenig »gestreßt«. Daher zur Vorsicht nunmehr mein Rat, die erste Beurteilung des Biotonus erst zehn bis zwölf Stunden nach der Austreibung des letzten Welpen vorzunehmen. Wer mithelfen will, Daten zu sammeln, kann natürlich auch jeden Welpen sofort nach dem Trockenlecken einem solchen Test unterziehen, aber dann nach der angegebenen Zeit wiederholen. Lassen wir es dabei, daß wirklich aussagekräftig der Test erst dann gemacht werden kann. Außerdem ist es notwendig, um ja nicht zu Fehlschlüssen zu kommen, den Test nach weiteren drei Tagen – also am vierten oder fünften Lebenstag – nochmals zu wiederholen. Sollte man nicht zu denselben Ergebnissen kommen wie am ersten Lebenstag, dann sollte man ihn nach weiteren drei bis vier Tagen – also am siebenten oder achten Lebenstag – nochmals wiederholen. Stimmen dann die Daten vom ersten oder vom zweiten Test mit den neuen Daten überein, ist alles klar.

Wiederholungsmessungen

Wer meinen Film »Verhaltensforschung beim Wildhund – Geburt und Frühentwicklung des Welpen« schon gesehen hat, kennt die Versuchsanordnung. Sie ist so einfach, daß sie jeder ohne Kostenaufwand nachmachen kann. Es genügt eine rauhe Unterlage (ein Brett) mit einer Seitenlänge von jeweils 70 oder 80 Zentimetern, bei ganz großen Rassen auch größer, und die teilt man durch Striche in »Planquadrate« ein. Also

Die Versuchsanordnung

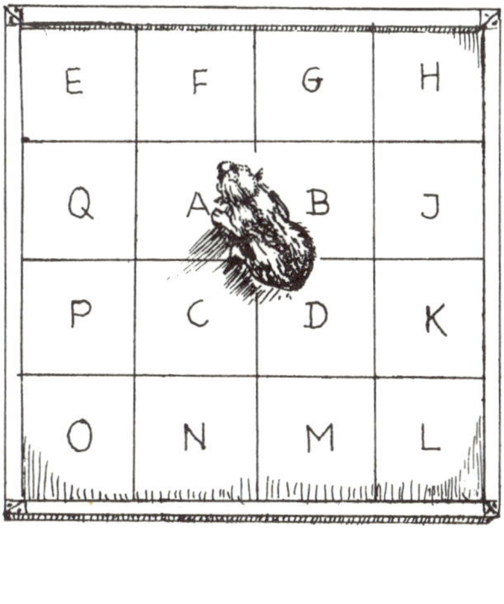

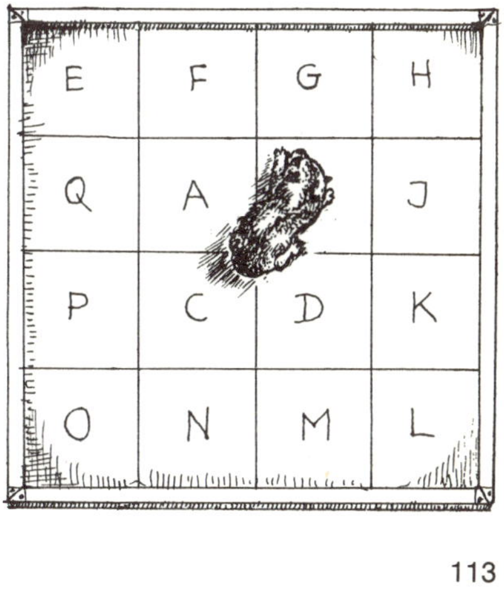

etwa vier Unterteilungen pro Seite, das sind dann 16 Quadrate. Man kann sie mit Zahlen versehen oder mit Buchstaben. Ursprünglich habe ich es so gemacht, daß ich mir dann diese Zahlen oder Buchstaben der Reihe nach untereinander in ein Heft eingetragen habe. Dann setzte ich den Welpen genau in die Mitte des Brettes – das ich an den Rändern mit Holzleisten benagelt habe, die überstehen und so eine Bordwand bilden, damit der Welpe nicht herunterfällt – und machte drei genau gestoppte Minuten lang einfache Striche in meine Quadratliste, wenn der Welpe von einem zum anderen Quadrat kam. So konnte ich hinterher erkennen, ob er viel oder wenig auf dem Brett umherkrabbelte.

Je mehr er umherkrabbelt, um so größer ist die ihm innewohnende Lebenskraft, eben der Biotonus. Gerät er nur auf die umliegenden Felder, dann ist der Biotonus geringer. Begnügt er sich mit dem allen Welpen üblichen »Suchpendeln« (einem Von-links-nach-rechts-bewegen des Kopfes), dann ist der Biotonus sehr gering.

Suchpendeln

Man kann es auch anders machen. Man zeichnet sich in verkleinertem Maßstab diese Quadrateinteilung auf ein Blatt Papier und beobachtet nun den Welpen, die Bleistiftspitze genau dort, wo seine Nase ist. Nun fährt man mit dem Bleistift auf dem Schema genau nach, wo sich seine Nase jeweils befindet. Bei einem Welpen, der lebhaft umherkrabbelt, erhält man ein praktisch über das ganze Brett verteiltes, weit offenes Liniengewirr, bei einem inaktiven Welpen konzentrieren sich die Bleistiftlinien auf ein kleines, enges Feld.

Natürlich kann man die Methode noch verbessern. Wer eine Schmalfilmkamera hat, kann sie senkrecht über dem Test-Brett montieren, so daß er das ganze Brett im Bild hat, und läßt nun bei jedem Welpen die drei Minuten laufen. Da genügt natürlich der billigere Schwarz-Weiß-Film. Den projiziert man dann auf ein Blatt Zeichenpapier und fährt mit dem Bleistift an der Nasenspitze des gefilmten Welpen mit. Wer einen Projektor mit Geschwindigkeits-Verlangsamung hat, tut sich da besonders leicht. Das ist dann absolut exakt. Wer ein Tonbandgerät einsetzen kann, ist noch besser dran, denn er kann so auch die Lautäußerungen des Welpen registrieren. Je lebhafter ein Welpe auf der Suche nach seiner Mutter schreit, um so besser veranlagt ist er.

Um die Note zu ermitteln, hat man dann folgenden Maßstab: ein Welpe, der fast die ganzen drei Minuten Laut gibt und dabei lebhaft über das ganze Brett krabbelt, hat natürlich eine »Eins mit Stern«. Selbst bei eintägigen Dingos ist das auch nicht immer der Fall!

Hier gibt es einen Einwand von Züchterseite, der nicht überhört, sondern auch noch geprüft werden sollte. Er besagt, daß solche Welpen »überaktiv« sind, was auf hochgradige Nervosität schließen lassen könnte. Ich persönlich kann es aufgrund meiner Erfahrungen nicht glauben, denn es muß einfach in einem Welpen drinstecken, daß er mit aller Kraft versucht, die Wärme und Anlehnung bei seiner Mutter zu finden.

Nervosität?

Das darf man nicht mit der späteren übersteigerten Aktivität verwechseln. Es gibt nämlich Welpen, die bei diesem Test nicht besonders gut abschneiden – nach der dritten Lebenswoche aber hochaktiv werden, also tatsächlich eine Art »Hysterie« erkennen lassen.

Hysterie

Hierzu habe ich schon ein Beispiel in »Hunde ernst genommen« gebracht. Die Mischlingshündin Stella würde es nicht geben, wenn wir nicht diesen von der Mutterhündin verstoßenen Welpen handaufgezogen hätten. Stella war einfach zu »müde«, um sich besonders um das Gesäuge zu bemühen. So flößten wir ihr – entgegen jeder züchterischen Vernunft – die Nahrung mit der Pipette ein, halfen ihr, die schwächliche Konstitution zu überwinden, und kriegten dann sogar ihre Mutter dazu, wieder Milch zu produzieren und diesen Welpen sowie zwei weitere Geschwister von ihm aufzuziehen. Nun, Stella lebt heute noch und ist ein ausgesprochen gesunder Hund – aber sie ist bis heute eine komische Hysterikerin, die davonläuft, wenn man sie ruft, aber zwischendurch Anfälle von Kontaktfreudigkeit bekommt, über die sie dann hinterher wieder schrecklich erschrocken ist. Ich habe noch nie einen derart seltsamen Hund gesehen – als Rassehund hätte er dem Image des ganzen Verbandes schweren Abbruch getan.

Anfänglich inaktive Welpen werden nervöse Hunde

Jedenfalls dürfen wir daraus schließen, daß der Biotonus wirklich aussagekräftig ist. Was hilft es, wenn man einen inaktiven Welpen vor dem vierzehnten Lebenstag am Leben erhält – er wird kein besonders angenehmer ruhiger Hund, sondern ein schlimmes Nervenbündel von übertriebener

Aktivität. Solche Beobachtungen haben auch schon Freunde von mir gemacht, die den Hund ernst nehmen.

Freunde, die zwar auch einmal den Lohn für ihre Arbeit bezahlt haben möchten – aber erst dann, wenn sie es geschafft haben, mit ihrer Hundezucht auf einem fundierten, wenn auch mühsamen Weg zum gesteckten Ziel zu kommen: Hunde zu züchten, die nicht nur vor dem schönheitsbegierigen Auge des Richters bestehen, sondern auch vor dem kritischen Blick von Leuten, die Leistung und Wesensfestigkeit sowie Intelligenz zum Maßstab nehmen. Solchen Leuten viel Erfolg und auch Honorar zu wünschen, ist kein Verrat am Hund. Jeder, der dazu in der Lage ist, sollte solche echten Hundefreunde unterstützen! Er sollte mithelfen, ein solches Ziel zum Wohle unserer schönen Hunderassen zu erreichen.

Gesunde Aktivität zeigt sich von Anfang an

Noch einmal kurz zurück zu der Frage der Aktivität. Ein Welpe vor der dritten Lebenswoche, der hochaktiv ist, also einen guten Biotonus zeigt, verspricht, ein nervlich gesunder Hund zu werden. Ein Hund, dessen Biotonus gering ist, kann zwar gelegentlich auch ein körperlich gesunder Hund werden – aber sein Nervensystem ist nicht in Ordnung, in der Regel wird aus ihm ein »Hypertoniker«, ein Hund mit erhöhtem Grundumsatz, Schilddrüsenvergrößerung, Übersensibilität. Aktivitätsmessungen nach der dritten Lebenswoche – wie sie z. B. Professor Martinek in Prag ausführt – geben einen anderen Aufschluß als der Biotonus, denn die Aktivität in der ersten Lebensphase – der sogenannten »vegetativen Phase«, wie das die Doktores Menzel, die leider nicht mehr leben, einst bezeichnet haben – hat eine andere Aussage. Nämlich die über das Nervensystem erblich festgelegte grundsätzliche Konstitution des künftigen Hundes. Das wage ich heute schon, vor Abschluß ausreichend beweiskräftiger Versuche, zu sagen.

Sehr erfahrene Pferdezüchter erkennen innerhalb der ersten drei Lebenstage eines Fohlens (das eine ganz andere Jugendentwicklung hat als ein Hund – es kommt ja als fast fertiges Pferd zur Welt), was einmal aus ihm werden soll. Bei unseren Hunden haben wir 14 Tage Zeit zu erkennen, was der erwachsene Hund einmal sein wird.

Entwurmung und Schutzimpfung

Im Kaufpreis eingeschlossen ist normalerweise die vor dem Verkauf durchgeführte Entwurmung und Schutzimpfung.

Zunächst die Würmer. Jeder Welpe hat normalerweise »seinen« Spulwurm von der Mutter mitbekommen, eine sinnvolle Einrichtung der Natur, weil dadurch der Welpe im frühesten Alter Abwehrstoffe gegen diese alltäglichen Würmer entwikkeln kann. Dieses System funktioniert aber nur in der freien Natur, wo die Wölfin oder sonstige Wildhündin ihre Welpen nach drei bis vier Wochen aus dem Wurflager entfernt und in ein neues Lager transportiert. So wird vermieden, daß sich die Welpen erneut mit Wurmeiern infizieren.

Spulwurm

Im Zwinger des Züchters geht das freilich nicht – so ist es unbedingt notwendig, daß der Züchter frühzeitig mit den Welpen eine Wurmkur durchführt, wozu er den Tierarzt braucht, da die entsprechenden Mittel rezeptpflichtig sind. Viele Tierärzte untersuchen zuvor den Kot der Welpen. Finden sie keine Anzeichen einer bedrohlichen Verwurmung, raten sie von der Wurmkur ab, denn schließlich ist auch das beste Anti-Wurmmittel kein Leckerbissen, sondern Gift – Gift in verträglichen Dosen und besser als das Gift der Würmer. Aber wenn man es vermeiden kann, ist es noch besser. Doch das muß man unbedingt dem Tierarzt überlassen, so man nicht zufällig von Beruf aus Wurmspezialist ist.

Wurmkur

Ist die Wurmkur durchgeführt – möglichst eine, die nicht nur die in kleinen Dosen an sich harmlosen Spulwürmer, sondern auch die gefährlicheren Hakenwürmer und sogar die für den Menschen lebensbedrohenden Bandwürmer vernichtet –, kann die generelle Schutzimpfung durchgeführt werden.

Hakenwurm, Bandwurm

Die üblichen Schutzimpfungen sind völlig harmlos und ohne Schmerz für den Welpen durchführbar. Nur sehr wehleidige Welpen quietschen dabei kurz auf. Diese Impfung bildet im Blut des Welpen die notwendigen Antikörper gegen die drei gefährlichsten und üblichsten Hundekrankheiten aus: Staupe, Hepatitis und Leptospirose. Je nach dem verwendeten Präparat muß nachgeimpft werden oder nicht. Daher bekommt der Hund einen eigenen Impfpaß mit, in dem das eingetragen wird. Ohne einen solchen Impfpaß würde ich keinen Hund kaufen.

Impfung gegen Staupe, Hepatitis, Leptospirose, Tollwut

Der Züchter ist nicht verpflichtet, auch gegen Tollwut schutzimpfen zu lassen. Es gibt zwar heute Präparate, in denen die zuvorgenannten Schutzimpfungen gleich auch mit einem Tollwut-Schutz verbunden sind, wie etwa Candivac.-SHL. Wurde nur gegen die drei genannten Krankheiten schutzgeimpft, dann rate ich jedem, sofort nach dem Kauf auch gegen Tollwut schutzimpfen zu lassen. Es gibt eine Verordnung vom 7. 11. 1975, »Tollwut-Ausnahmegenehmigung vom Revakzinierungsverbot«, derzufolge man einen Hund, der in Verdacht steht, mit einem tollwuterkrankten Tier in Berührung gekommen zu sein, nicht mehr – wie früher einmal – töten lassen muß. Allerdings ist dabei Voraussetzung, daß die Schutzimpfung gegen Tollwut nicht länger als ein Jahr zurückliegt. Sie muß daher – wie auch die meisten übrigen Schutzimpfungen – alle Jahre wiederholt werden. Man muß dabei daran denken, daß Welpen ungemein neugierig sind und ihre Nase überall haben, auch mal an einem verendeten Hund, Fuchs, Reh, Hasen – oder an einer verendeten Maus, die ebenfalls tollwutverdächtig sein kann. Man muß das gar nicht beobachtet haben – man spielt mit dem Hund, hat an der Hand einen leichten Hautritzer, der gar nicht beachtet wurde – und schon ist es passiert, denn die Tollwutviren werden mit dem Speichel leicht übertragen, wenn auch nur die minimalsten Hautabschürfungen oder Hautrisse vorhanden sind. Ist der Hund aber schutzgeimpft, kann da nichts passieren. Die Behörden sind bekanntlich mehr als vorsichtig – was auch die Einjahresfrist verrät, denn einige Herstellerfirmen verweisen darauf, daß ihre Schutzimpfung grundsätzlich für zwei Jahre vorhält –, und man kann sich darauf verlassen, daß die überall in unseren Landen grassierende Tollwut durch eine solche Schutzimpfung für uns und unseren Hund unproblematisch wird. Also alle Jahre wieder, solange die zuständigen Behörden nicht die Zweijahresfrist anerkennen. Warten Sie dabei bitte nicht bis auf den allerletzten Tag. Passiert gerade an dem was, können Ihnen die Behörden nachrechnen, daß das letzte Jahr unter Umständen ein Schaltjahr war mit 29 Februartagen – die können da sehr penibel sein!

Der Impfpaß

So erinnere ich nochmals daran, mit dem Welpen vor oder sofort nach dem Kauf zum Tierarzt zu gehen und ihm auch den vom Züchter übergebenen Impfpaß vorlegen. Ich weiß, warum ich das sage. Auch ich habe einmal drei Hunde übernommen, Welpen von acht Wochen, mit Impfpaß versehen. Der Züchter war Tierarzt. Auf die Frage, ob eine Nachimpfung erforderlich sei, kam eine eindeutig verneinende Antwort. Kurz darauf erkrankten die Hunde – an Staupe. Unser zuständiger Tierarzt schlug entsetzt die Hände über dem Kopf zusammen und raufte sich das Haar. Die in den internationalen Impfpaß eingetragene Schutzimpfung war mit einem ausländischen Präparat vorgenommen worden, das unbedingt einer Nachimpfung bedurft hätte. Ein ganz billiges Präparat, versteht sich, denn ich bekam die Hunde ja geschenkt. So konnte zu meinem Leidwesen nur die am wenigsten verseuchte Hündin ohne schwerwiegende Folgen gerettet werden – aber so ganz ohne Folgen war es halt doch nicht abgegangen.

Wenn man einem geschenkten Gaul auch nicht ins Maul schaut, so sollte man einem Hund – egal, ob gekauft oder geschenkt – doch in den Impfpaß gucken. Aber nicht selber, falls man kein Fachmann für Impfstoffe ist. Tierärzte kennen sich da wirklich besser aus – die Eintragung einer Impfung mit Stempel und Unterschrift eines Tierarztes sagt noch nichts darüber aus, was wir nun tun müssen. Diese Daten kann nur ein Tierarzt lesen!

Mir ist auch zu Ohren gekommen, daß ein Welpe einen Impfpaß mitbekommen hatte, in dem ein Datum stand, das einige Wochen vor seiner Geburt lag. Allerdings handelte es sich da um einen Welpen, der nicht beim Züchter, sondern bei einem gerichtsbekannten Hundehändler gekauft worden war.

Jeder Tierarzt – und das ist sein freies Recht – verwendet diesen oder jenen Impfstoff. Es gibt solche, bei denen eine Nachimpfung erforderlich ist, es gibt solche, bei denen das vor Ablauf eines Jahres nicht erforderlich ist. Wenn man also alles tun will, um keine Krankheit des Welpen zu riskieren, wird man den Impfpaß so schnell wie möglich dem nächsten Tierarzt vorlegen. Der kann dann besser Auskunft geben als der Züchter. Er gibt Ihnen dann auch Anweisungen, was Sie tun können, um den Gesundheitszustand des neuerworbenen Welpen optimal zu beeinflussen.

Das alles braucht kein Mißtrauen gegen den Züchter zu

sein, auch kein Mißtrauen gegen den Tierarzt des Züchters, der die Schutzimpfung vorgenommen hat – es ist einfach eine Maßnahme, die zum Hundekauf genauso dazugehört wie der Kaufpreis.

Damit haben wir uns ausreichend Gedanken darüber gemacht, ob wir einen Hund kaufen sollen oder nicht, ob wir ihm die notwendigen Voraussetzungen für ein zufriedenes Leben bei uns und mit uns bieten können, und was wir alles überlegen und bedenken müssen, ehe wir uns schließlich selber überreden, »Ja« zum Hund zu sagen.
Nun kommt also das kleine Geschöpf zu uns ins Haus – jetzt geht es erst richtig los!
Was uns nun erwartet, soll der zweite Teil des Buches schildern, wobei – von kleinen Nebenbemerkungen abgesehen – in erster Linie von einem gesunden, sorgfältig ausgesuchten Welpen und seiner Entwicklung die Rede sein soll.
Wenn etwas anders verläuft, als da festgehalten, rufen Sie mich bitte an – die Nummer gibt Ihnen der Verlag. Briefe – das sei gleich gesagt – kann ich nur in seltenen Ausnahmefällen beantworten, denn wenn man 40 Hunde betreut, dann bleibt nicht viel Zeit!

II. Der Hund bei uns zu Hause

Der erste Hauptabschnitt dieses Buches sollte die Frage klären, ob man überhaupt in der Lage ist, einen Hund zu halten, und auch willens, sich allen hiermit verbundenen Notwendigkeiten zu beugen. Dabei schien es mir wichtig, neben allen praktischen Fragen dem potentiellen Hundekäufer auch einen Einblick in Dinge zu geben, die gewissermaßen vor dem Kauftag liegen, an dem wir den Welpen oder Hund aus zweiter Hand nach Hause bringen – also in die mitunter recht komplizierten Verhältnisse der Hundezucht im allgemeinen und besonderen. Auch eigentlich mehr als Vorwarnung gedacht als im Sinne einer praktischen Zuchtanleitung. Aber ehe man einen Hund kaufen kann, muß er zunächst gezüchtet worden sein; also ist es gut, wenn wir hier nicht ganz unbedarft an den Züchter – den Verkäufer – herantreten.

Ich habe also sehr bewußt einen ziemlich langen Vorbereitungsweg geboten, einen, der auch später einmal nützlich sein kann, wenn wir einen herangereiften Hund als Hausgenossen haben und vielleicht auch an uns die Frage herantritt, ob man züchten soll oder doch lieber nicht. Erfahrungsgemäß ist es besser, sich bereits beim Welpenkauf darüber klarzusein, ob man den Gedanken an späteres Züchten völlig ausschließen will/muß oder nicht. Wer weiß, was noch kommt, ob man es sich nicht doch anders überlegt, wenn man einmal sein Häuschen im Grünen hat... Wer dann einen Hund hat, der zuchtuntauglich, wenn auch sonst sehr lieb ist, kommt damit in schwerste Gewissenskonflikte. Die kann man sich aber ersparen, wenn man sich von vornherein darauf einstellt, daß man vielleicht doch einmal züchten möchte. Das aber bedingt, daß wir in der Wahl unseres künftigen Gefährten noch vorsichtiger zu sein haben.

Selber züchten?

Vergessen wir eines nicht – auch der beste Hund wird einmal alt! Viele Rassen haben eine durchschnittliche Lebenserwartung von acht Jahren, viele von mehr – bis zu vierzehn – Jahren, Ausnahmshunde werden sogar noch um ein oder zwei Jahre älter, ohne an besonderen Altersbeschwerden zu leiden. Aber auch fünfzehn Jahre sind schneller um, als man

Die durchschnittliche Lebenserwartung

denkt. Es gibt Menschen, die sich allein deswegen keinen Hund anschaffen, weil sie Angst davor haben, daß das gute Tier, an das man sich so gewöhnt hat, eines Tages nicht mehr sein wird. Das stimmt traurig.

Konrad Lorenz hat für solche Leute den Rat gegeben, zu züchten – dann lebt der treue Gefährte in einem seiner Nachkommen für uns weiter.

Das ist ein guter Gedanke, ein sehr verlockender Gedanke. Wer eine zuchtfähige Hündin hat, erlebt dann das großartige Geschehen der Geburt und Welpenaufzucht, wer einen Rüden hat, der als Zuchtrüde angekört wird, hat immer noch die Freude, zu erleben, wie der dann seinen Welpen aufzieht, den wir vom Züchter mitgebracht haben. Alle diese Dinge sind so herrlich schön, daß man sie sich nicht versagen sollte, wenn man nur irgendwie die Möglichkeit hierfür in der Zukunft sieht. Darum also prüfe, wer sich ewig bindet...

Der zweite Hauptteil des Buches will sich ja mit dem neuangekommenen Welpen befassen. Doch schon bevor dieser bestimmte, sorgfältig ausgesuchte Hund bei uns eintrifft, gilt es einiges zu überlegen und vorzubereiten.

Das Heim des Hundes

Von der allerersten Minute an muß der Welpe (genau wie ein erwachsener Hund, den wir erwerben) wissen, wo er im Bereich der neuen Wohnsituation und räumlichen Rudelverteilung seinen Wohnplatz hat. Das muß unbedingt vorher festgelegt sein, um den erwarteten Neuankömmling nicht von vornherein zu verwirren.
Nun gibt es grundsätzlich drei Möglichkeiten, je nach den vorgegebenen Lebensbedingungen des zum Welpenkauf entschlossenen Hundefreundes. Bei allen diesen Möglichkeiten gehe ich zunächst vom etwa acht Wochen alten Welpen aus.

Erstens: Die Stadtwohnung ohne Garten

Das »Heim erster Ordnung«, wie man in der Sprache der Verhaltensforschung jenen Lebensraum bezeichnet, in dem sich eine Tierart sicher und geborgen fühlt und der auch den Schlafplatz umfaßt, ist in diesem Fall also eine kleine oder größere Wohnung. Jetzt kommt es darauf an, was aus dem lieben, kleinen Welpen einmal werden soll – ein Zwergpinscher vielleicht, ein Windspiel, ein Toy-Pudelchen, ein Pekinese; oder ein Schäferhund, ein Riesenschnauzer, ein Boxer, ein Dobermann, eine Dogge?
Bei der ganzen Formenmannigfaltigkeit Hund muß man sich zunächst über eines klar sein: Welpe ist gleich Welpe, ob er von den Zwergen, den mittel- oder ganz großen Rassen stammt. Das bedeutet, daß er dank seiner allen intelligenteren Lebewesen innewohnenden Neugier über alle Maßen daran interessiert ist, seine neue Umgebung gründlich zu analysieren. Er geht dabei mit wissenschaftlicher Akribie vor, und Gegenstände, die ihm rätselhaft erscheinen, werden unbedingt auf ihren chemo-physikalischen Zustand hin untersucht. Er macht freilich keine Analysen mit Hilfe von Reagenzien und Retorten – ihm genügen hierfür die Milchzähne, die

Neugierverhalten

völlig ausreichen, einen echten Buchara oder Perser durch mechanische Zerkleinerung auf die Wollqualität zu prüfen, den flandrischen Gobelin an der Wand prüft er auf dieselbe Weise, und ebenso macht der Wissensdurst vor antiken oder modernen Möbeln nicht halt. Vor dem Zahntest ist überhaupt nichts sicher, es sei denn, es ist aus Eisen, Stahl, Granit oder ähnlichen unzerlegbaren Materialien.

Man darf auch nicht glauben, daß alles außerhalb der Reichweite eines so kleinen Hündchens sicher sei. Grundsätzlich ist nichts sicher, denn ein Welpe kann klettern und springen – anfänglich zwar noch sehr unbeholfen und mit geringerem Erfolg, aber das wird dann von Tag zu Tag besser, und irgendwann schafft er es auch, das wertvolle Ölgemälde aus dem Nachlaß von Tante Ida von der Wand zu holen.

Ein wenig Schwarzmalerei sei mir gestattet. Ich bin schließlich nicht nur ein gebranntes, nein, ein bereits fast verkohltes Kind. Ich habe durch das Neugierverhalten von unzähligen Welpen im trauten Heim schon soviel von meiner selbsterworbenen oder ererbten Habe eingebüßt, daß man damit einen Zehnpersonenhaushalt komplett ausstatten könnte – vom Teppich angefangen über die Polstersessel hin zum China-Geschirr und dem ganzen Bettzeug. So ein liebes, kleines Kerlchen mit den unschuldigen großen Kinderaugen und den unsichtbaren Teufelshörnern zwischen den Öhrchen braucht ja nur einmal am Tischtuchzipfel zu ziehen – es hat meist viel Kraft! –, und schon liegt das ganze schöne Porzellan in kleineren oder größeren Scherben am Boden. Wenn sich dann der Inhalt der Suppenterrine über den besten Teppich ergießt, wird es erst so richtig lustig für unseren Kleinen.

Denken Sie also unbedingt zuerst an solche Schreckmomente, ehe Sie den Welpen holen. Auch hier, wie immer, zwei Möglichkeiten: Sie nehmen mit einem stillen Gebet Abschied von Ihrer Wohnungseinrichtung, denn vermutlich können Sie sie nicht von der Steuer absetzen. Oder Sie sagen sich, daß es ohnehin langsam Zeit wird, die alte Möblage zu erneuern – so mit einem Seitenblick auf den letzten, sehr zufriedenstellenden Kontoauszug Ihrer Bank.

Nehmen Sie Abschied von Ihrer Einrichtung

Nur die dritte denkbare Möglichkeit darf es um keinen Preis der Welt geben: daß Sie den süßen Welpen nach seinen ersten Schandtaten rigoros in das Badezimmer oder Klo verbannen.

Wer dazu fähig ist, hat von vornherein verspielt und erweist sich als Mitmensch, der nicht »hundeführerscheinberechtigt« ist.

Welpen sind durchaus in der Lage, einen Ortswechsel zu verkraften. Ich erzählte schon davon, daß eine Wolfsmutter (ebenso wie Schakal- oder Kojotenmutter) ihre Welpen nach zwei bis vier Wochen aus dem Geburtslager in ein anderes Lager transportiert. So lernen die Kleinen frühzeitig, daß man gelegentlich auch umziehen muß. Auch ein Frühjahrshochwasser kann so einen Umzug erzwingen – das ist für jeden Welpen durchaus verkraftbar, möglicherweise sogar sehr spannend, weil es wieder etwas Neues zu erleben gibt.

Was ein Welpe aber nicht verkraften kann, ist, wenn er aus einem neuen Familienverband, an den er sich soeben anzuschließen bereit war, ausgestoßen wird, um in einem einsamen Raum zu leben, ohne jede »Ansprache«.

Das Bedürfnis nach »Ansprache«

Versuchen wir, uns bei einem so kleinen Welpen das Wort »Ansprache« zu verdeutlichen. Wir müssen da zunächst davon ausgehen, daß der Welpe, beziehungsweise Jungwolf, mindestens bis zu seinem zehnten Lebensmonat zusammen mit seinen Geschwistern und Eltern lebt. Er wird in dieser Zeit nicht nur zum erfolgreichen Jäger ausgebildet, sondern kann seine angeborenen sozialen Bedürfnisse in der Wirklichkeit der vorgegebenen Rudelstruktur erproben und einspielen.

Die Natur hat ihm alles mitgegeben, um sich einer wie immer gearteten Gemeinschaft einzugliedern. Sie bringen ihn also nach Hause, losgelöst nun vom bisherigen Eltern- und Geschwisterverband – dabei ist er bestrebt, und zwar mit allen Mitteln seiner infantilen Überredungskunst, seinen festen Platz in der neuen Gemeinschaft, die aus einer größeren Familie oder auch aus einer Einzelperson bestehen kann, zu erobern und zu behalten.

Für einen so kleinen Welpen sind 24 Stunden wie ein ganzes Jahr. Er lebt im Vergleich zu unseren Zeitvorstellungen viel schneller. Der Weg von den Sinnesorganen über das verhältnismäßig noch kleine Gehirnchen bis zu den Pfoten und der Schwanzspitze ist für Nervenimpulse sehr kurz. Die Atemfrequenz ist genau wie der Herzschlag schneller als bei uns. Für einen Welpen sind einige Stunden bereits ein langes Stück Leben, in dem man unheimlich viel erleben kann.

Normalerweise fängt er nicht gleich am ersten Tag im neuen Heim mit seinen destruktiven Untersuchungsmethoden an – er hat genug zu tun, um sich die neue Umgebung erst geruchlich und optisch einzuprägen. So geht also die ersten zwei, drei Tage alles noch recht gut. Ein gut geprägter Welpe wird auch innerhalb der ersten vierundzwanzig Stunden die Mitglieder der neuen Rudelorganisation im übertragenen Sinn »ins Herz geschlossen« haben. Er weiß: Ich gehöre dazu! Es ist – man verzeihe mir diese Vermenschlichung! –, als hätte er einen Treueid auf die neue Fahne geleistet.
Am dritten Tag zerschellt die kostbare Vase aus der Ming-Zeit. Er wollte wissen, was die Obstbaumzweige darin ernährungsphysiologisch zu bieten haben – nicht mehr. Was versteht er schon von altchinesischen Kulturen! Außerdem ist er doch selber bei dem lautstarken Zerbrechen und dem Wasseraustritt, der sich wie eine Sturzflut über den guten Teppich ergoß, entsetzlich erschrocken. Was sind das nur für Rudelgenossen, die so unpraktische Dinger herumstehen haben! Gestern die Sache mit den Teppichfransen, heute früh diese widerlichen Federn, die aus dem umhergebeutelten Zierkissen flogen – jetzt diese Bescherung!

Strafen, die der Welpe nicht versteht

Aber nun platzt irgendeinem der neuen Lebensgemeinschaft – gewöhnlich dem jeweiligen Rudelführer, gleich, ob er kurze oder lange Haare hat – der Kragen. Die destruktive Wirkungsweise des Welpen ist nicht länger tragbar – schafft das Vieh in einen Raum, wo es nichts anstellen kann.
Das übliche Ergebnis nach drei Tagen Freude und Sonnenschein. Mit eigenen Sinnen dem wahren Leben abgelauscht, nicht erfunden ...
Spätestens nach achtzehn Monaten werden dann Leute, von denen man meint, sie verstünden was von Hunden, entsetzt gefragt: »Was soll ich tun? Mein Hund – wir kommen nicht mehr zurecht mit ihm – wir lieben ihn, nein, einschläfern kommt niemals in Frage – aber er ist unerträglich geworden, er hat schon die ganze Familie gebissen!«
Was soll man dann sagen, wenn man Takt und Höflichkeit zugunsten einer primitiven Ehrlichkeit beiseite läßt? Nun, schlicht und einfach: »Der Hund hat völlig recht!«
Wie durch ein magisches Fernrohr sieht man bei solchen Schilderungen in die Vergangenheit. Süßer kleiner Welpe

– Freude und Glück einiger Tage. Und dann die brutale Unterdrückung ohne jede Konsequenz, ohne klares Ziel, Umhergeschubse, die Oma ist lieb, der Hausherr flucht über seine zerfetzte Tageszeitung, Klein-Eva weint, weil der geliebten Puppe ein Arm fehlt, die Frau des Hauses wischt deprimiert die Häufchen und Pfützchen ...

Der Hund wird erwachsen und gelangt in ein Alter, wo er unter anderen Umständen – etwa als Wolf – selber allmählich zur Familiengründung schreiten würde und damit die Rudelführerschaft erreicht. Er begreift irgendwie in einem Winkel seines Gehirns, daß dieser vorgegebene Saustall ein anderer werden müsse. Es muß doch endlich einer hier für Ordnung und Disziplin sorgen. An sich wäre es ihm viel lieber gewesen, wenn das derjenige getan hätte, der ihn seinerzeit aus dem elterlichen Verband geholt hatte – wie hat er ihn doch damals »angebetet«. In der Zwischenzeit aber hat er erfahren, daß diese Menschen selber nicht wissen, was sie wollen. Also entschließt er sich schweren Herzens (ich glaube wenigstens, das so deuten zu können, es soll ja nur die Grundsituation vielleicht sprachlich – nicht aber inhaltlich! – übertrieben darstellen), das Heft selber in die Hand, beziehungsweise Zähne zu nehmen. Was wir Menschen mit unseren Händen für gewöhnlich tun, macht der Hund – der seine Vorderpfoten zum Laufen benötigt – gewöhnlich mit den Zähnen. Ob es um die Analyse der Wollqualität des Teppichs geht oder um die notwendig erscheinenden Maulschellen. Wir verstehen darunter das nachdrückliche und beschleunigte Auflegen der Hand auf eine möglichst unbedeckte Hautfläche desjenigen, der zur Ordnung gerufen werden muß. Der Hund macht das anders. Er faßt mit dem ziemlich großbezahnten Mund einen praktikablen Körperteil des zu Züchtigenden, faßt hart zu (allerdings so unblutig wie eine Ohrfeige auch ist) und schüttelt nachhaltig. Je nach Bedeutung der Verfehlung.

Der Hund wird zum Rudelführer der Familie

Hinterher heißt es dann gewöhnlich, der Hund hätte gebissen. Hat er gar nicht – er hat schlicht und einfach diszipliniert. Was ich hier zeigen will, ist, wohin unsere Inkonsequenz notwendigerweise führt. Wobei niemand sich einreden sollte, diese Inkonsequenz sei durch die uns unliebsamen Betätigungen des Hundchens ausgelöst worden – sie war schon längst vorhanden, nur hatte sie nicht solche offensichtlichen Folgen.

Disziplinieren mit Hilfe der Zähne

So also sehe ich das, wenn man sich für den Kauf eines Welpen entschlossen hat: Was er uns einmal sein wird, hängt davon ab, ob wir schon vor seinem Einzug in das neue Heim und die neue Lebensgemeinschaft alles auch gut vorbedacht haben.

Wenn ich mir das alles so vor Augen halte – seitdem ich auf den Hund gekommen bin, lebe ich wie einer, der auf den Hund gekommen ist. Penible Leute, die mich besuchen, blicken stets verwirrt in die Runde, und einer meiner ganz alten Freunde, der für gewöhnlich unter Papuas, Buschmännern und Orinoko-Indianern lebt, behauptet doch ganz brutal: »Bei dir stinkt's!« Hauseigentümer oder Hausverwalter sehen eigene Überlebens-Chancen nur dann, wenn sie mir kündigen. Verständlicherweise vor allem dann, wenn sie in meiner Wohnung gleich mehr als zehn Hunde antreffen.

Aber auch ein einziger Hund kann da schon die eigene Lebensqualität unterminieren, und – hat er das geschafft – auch die unserer lieben Nachbarn, Hausbesitzer und was es noch so an Mitmenschen gibt, die nicht gewillt sind, unser eigenes Versagen in punkto Hundehaltung zu schlucken.

Die »Welpentauglichkeit« der Wohnung

Also nochmals und zum letzten Male: Inspizieren Sie Ihre Wohnung sehr genau und prüfen Sie diese auf Welpentauglichkeit. Halten Sie sich dabei vor Augen, daß für einen gesunden, lebenstüchtigen Welpen nichts, aber auch gar nichts unerreichbar ist. Legen Sie jeden Pessimismus, der Ihrem Denken nur möglich ist, in Ihre Überlegungen, und glauben Sie mir nicht, daß ich um der Sache willen übertreibe. Es kann schon sein, daß Ihre Möbel, Ihre Teppiche, Ihre Couch unverletzt bleiben – aber von vornherein dürfen Sie damit nicht rechnen!

Außerdem würde ich sagen: ein Welpe, der nicht bestrebt ist, soviel wie möglich kaputt zu machen – mit dem sollten Sie nochmals ganz schnell zum Tierarzt gehen, denn dem fehlt was!

Ja – das war nun eine sehr massive und recht ausführliche Denkhilfe für Sie. Versuchen wir, das positive Ergebnis zu sehen: Erstens muß die Wohnung so gestaltet sein, daß der kleine Kerl nicht allzu viel kaputt machen kann. Zweitens – und das ist viel wichtiger! – muß er immer Gelegenheit haben, seinen oder seine zweibeinigen Freunde um sich zu haben. Das ist ihm viel wichtiger als alles, was sein neuer Lebensraum an nicht-lebendigen Dingen umfaßt.

Der Schlafplatz

Der Welpe braucht seinen festen Platz in der neuen Lebensgemeinschaft – und er braucht einen Platz, an den er sich zurückziehen kann. Welpen werden oft müde und brauchen viel Ruhe – sie müssen also von der ersten Minute an wissen, wo dieser Platz ist. Er wird ihnen dann besonders gut gefallen, wenn er ganz dicht an der neuen Gruppe, noch besser so richtig mitten drin ist. Auch wenn der Welpe schläft, spürt er die Sicherheit, die ihm die neue Rudelgemeinschaft gibt.

Immer in Ihrer Nähe

Ich kann es nicht lassen, immer wieder auf Kinder – so als Vergleich – zurückzukommen. Vielleicht haben Sie schon gesehen, wie Frauen der sogenannten »Primitiv-Völker« nach unserem überheblichen Sprachschatz – ihre Säuglinge am Rücken oder auf der Hüfte reitend tragen, wenn sie Feste feiern, bei denen es ziemlich laut hergeht und auf denen sie tanzen. Unsere europäische bürgerliche Erziehung verbannt die Knirpse in einen dunklen Raum, damit sie schallisoliert ruhen können. Vorzeichen ist angeblich »Kinderliebe« – die Wahrheit ist, daß man das Baby auch mal los sein und ohne den kleinen Schreihals leben und feiern will. Wie primitiv sind eigentlich diese Primitivvölker? Sollte man nicht zu dem Schluß kommen, daß sie noch alle Tassen im Schrank haben? Menschen, die zwar noch mit Stein- und Holzwerkzeugen ihre Lebensbedürfnisse befriedigen – die aber ihre Kinder auch nach der Geburt noch am Körper tragen? Es gibt auch fernöstliche Hochkulturen, wo man dem Kind gibt, was des Kindes ist. Kinder, die sich in Höflichkeit voreinander verneigen, ehe sie ein Spiel beginnen, und nicht danach trachten, dem anderen Kind mit der Faust auf die Nase zu schlagen. Kinder, die in dem übervölkerten Inselstaat Japan zum sozialen Füreinander aufwachsen, um überleben zu können.
Ein Freund hat ein Experiment gemacht, das für mich vorbildlich ist. Ein Experiment, das mir geholfen hat, auch das Leben eines Hundewelpen besser zu verstehen, so grotesk das jetzt auch erscheinen mag. Er hat sein erstes Kind niemals

Auch im Schlaf nicht allein

isoliert. Als Freischaffender hatte Fritz auch einen Hang zur Geselligkeit und feierte gelegentlich lautstarke Parties unter Gleichgesinnten. Friedlich und zufrieden schlummerte die Kleine inmitten des Lärms und Trubels. Denn was kann schon da passieren, wo Feste gefeiert werden? Da, wo man die Umgebung der Großen spürt, auch wenn sie sich – wie das schon mal in einem höheren Stadium des Alkoholkonsums passieren kann – selber ziemlich infantil benehmen?

Wir sehen glücklicherweise anders aus als Schimpansen, aber es läßt sich nicht leugnen, daß wir doch ziemlich enge Blutsverwandte sind. Wer die Forschungen der beherzten Engländerin Jane Goodall kennt, die mit diesen Affen zusammengelebt hat und sogar mit gut gemeinten Annäherungsversuchen eines schimpansischen Oldtimers fertig werden mußte, der wird aus ihren Schilderungen des Schimpansenlebens auch erfahren haben, wie die Schimpansenmütter mit ihren Kindern umzugehen pflegen. Der enge körperliche Kontakt, das Leben in der Gruppe, der gesunde Schlaf inmitten der ganzen Schimpansengesellschaft – das ist die einzig vertretbare Form der Kinder-»Aufzucht«, die sozial hochstehenden Lebewesen von der Natur aus verständlichen Gründen mitgegeben worden ist.

Unsere Hunde sind aufgrund ihrer Gehirnentwicklung nicht so hochstehend wie Schimpansen – aber sie haben aufgrund ihrer Lebensbedingungen, die sie auch aus den Wolfszeiten ererbt haben, noch mehr Sozialverhalten als Schimpansen. Den Menschenaffen geht es im tropischen Wald gut, da sie vorwiegend Pflanzen fressen. Wölfe haben es als Tiere, die hinter der Beute herhetzen müssen und sich nicht die Bananen vom Baum pflücken können, wesentlich schwerer. Also muß auch ihr Sozialleben strenger organisiert sein. Um das zu gewährleisten, müssen die Kleinen sozusagen vom ersten Tag an – dem Tag, an dem sie ihre Umwelt erkennen können – richtig aufgezogen werden, damit später einmal alles klappt.

Dazu gehört also auch der ständige enge Kontakt mit der Gruppe. Ob diese nun aus einem Wolfsrudel besteht, aus Mutter und Geschwistern – oder aus der menschlichen Familie, der Einzelperson Mensch.

So muß eben auch ein achtwöchiger Welpe so gut wie

ununterbrochen – von seinen eigenen Schlafstunden abgesehen – diesen Kontakt haben. Nicht anders als ein Kind.

Wir wissen genau, daß Kinder im Säuglingsalter, die in einem Säuglingsheim landen, wo je zwölf oder mehr Kinder von einer einzigen Schwester betreut werden –, daß diese Kinder alle schwere Verhaltensstörungen bekommen, die sich später kaum noch beheben lassen.

Verhaltensstörungen

Wir wissen zwar nicht alles, aber doch eine ganze Menge – zumindest so viel, daß man vieles besser machen könnte, wenn dieses Wissen auch genützt würde. Leider wird es das nicht, weder in den Bereichen der Kindererziehung, noch in den Bereichen der Hundeaufzucht. Beides läuft von Natur aus so parallele Wege, wenigstens bis zu gewissen Entwicklungsstufen, denn die sozial lebenden Geschöpfe dieser Welt – egal ob Hund, Elefant, Schimpanse oder Mensch – benötigen in der Frühentwicklung gewisse Grundlagen, die deswegen so ähnlich sind, weil ihr »Ökosystem« – nämlich die Lebensgemeinschaft – sich grundsätzlich ähnelt. Das muß man so verstehen, wie das leicht erklärbare Phänomen, daß der Fisch, ein im Wasser lebender und diesem Lebensraum angepaßter Saurier aus dem Geschlecht der Reptilien, oder ein Säugetier wie Delphin oder Wal im Prinzip die gleiche Körperform haben, wenn auch auf gänzlich verschiedenartiger Organisationsstufe.

So ist eben auch die Jugendentwicklung eines Hundes als Anpassung an bestimmte Umweltverhältnisse genau so zu verstehen wie die eines Kleinkindes, wobei in beiden Fällen die Gruppe der Artgenossen auch als »seelischer Lebensraum« verstanden werden muß. Aus ihm entfernt zu werden, führt unweigerlich zum »seelischen Trauma«, das zeitlebens Nachwirkungen zeitigt. Also auch der Hund braucht seine Nestwärme, wie er sie haben würde, wäre er im Kreise seiner Familiengruppe geblieben.

Der »seelische Lebensraum«

Dieses unmittelbare, ganz enge Kontaktbedürfnis beginnt sich zwar so in der Zeit des sechsten Lebensmonates zu verlieren, es wird merkbar weniger Anlehnung gesucht, aber dennoch bleibt das festgeknüpfte Band der Familientreue erhalten. Wenn auch die Jungwölfe zur Fortpflanzungszeit gewöhnlich die Eltern verlassen – sie kommen einmal wieder zurück. Außerdem hat dieses erfüllte Welpendasein in der

Kontaktbedürfnis

Nestwärme für alle Zeit auch die Kontaktfreudigkeit, das Bestreben, in soziale Bindungen einzugehen, zur unabdingbaren Folge. Ich erwähnte das schon von der Prägungsphase, dem grundlegenden Abschnitt in der Jugendentwicklung. Aber auch der folgende Lebensabschnitt des Welpen, den wir eben jetzt in unser Heim bringen, ist für sein weiteres Dasein von wesentlicher Bedeutung.

Daher also ist es einfach unmöglich, den Welpen einfach abzuschieben. Er muß die Möglichkeit haben, mit seinen Betreuern Kontakt aufzunehmen, wann immer es ihn danach drängt. Also auch keine verschlossenen Türen zu jenen Räumen, in denen man sich gerade aufhält. Wie sehr es den Welpen drängt, Kontakt zu bekommen, merkt man ohnehin deutlich genug, wenn er mit zunehmender Intensität ruft, scharrt und in die Türe beißt. Ihn deswegen zu bestrafen, ist purer Unsinn, denn er könnte das nie verstehen – schließlich wollte er doch nichts Böses, sondern zu Ihnen.

So sollte auch sein Schlafplatz in dem Raum sein, in dem man sich am meisten aufhält. Hält man sich tagsüber in einem, nachts in einem anderen Raum auf, so gehört sein Platz eben in das Schlafzimmer, noch besser, man weist ihm einen für den Tag und einen für die Nacht an.

Der Schlafplatz im Schlafzimmer

Hund im Schlafzimmer ist nicht nach jedermanns Geschmack – aber an sich folgerichtig. Wildhundeltern schlafen auch nicht woanders als ihre Welpen. Natürlich besteht dagegen keinerlei Notwendigkeit, den Hund mit in das Bett zu nehmen. Man kann das als Unsitte bezeichnen – wenn man will. Man muß das aber nicht so auffassen; da kann man tolerant sein, und das muß jeder mit sich und seinem Hund ausmachen.

Offenes Lager oder Körbchen

Wie soll nun so ein Platz, den wir nach so vielen Überlegungen endlich einrichten wollen, aussehen?

In dieser Richtung gibt es keine Probleme. Soll es ein großer Hund werden, wählt man ein offenes Lager, für ein kleines Hündchen vielleicht ein Körbchen – die Zoohandlungen und Hundefachgeschäfte bieten da ein schier unerschöpfliches Sortiment an, sozusagen für jeden Geschmack. Wichtig ist nur, daß sich das Lager leicht reinigen läßt und nicht gar zu weich ist. Wer noch am Dachboden Matratzen lagern hat, kann diese nehmen.

Auf jeden Fall aber darf dieses Lager nicht so untergebracht werden, daß man beim Vorbeigehen darüber stolpert, sondern es sollte sich möglichst in der dunkelsten Ecke des Raumes befinden. Für Bastler bietet sich die Möglichkeit an, ein vorne offenes Schränkchen zu bauen, das der Größe des Hundes angepaßt ist und als eine Art »Zimmerhütte« vom Hund späterhin auch dann besonders geschätzt wird, wenn er auf dem Flachdach nochmals einen Liegeplatz vorfindet. Sehr viele Hunde lieben es nämlich, möglichst hoch zu liegen, um bei Tag eine bessere Übersicht zu haben. Damit vermeidet man auch, daß der Hund die Polstermöbel benutzt.

Zimmerhütte

So erübrigt sich in der Wohnung natürlich bei einer solchen Hütte ein »Schlupfloch«, wie es im Freien stehende Hütten aus Witterungsgründen haben. Sonst erlebt man, daß der Hund seinen Kopf immer in diesem schmalen Eingang hat und nicht den ganzen Raum ausnutzt, denn er will ja sehen, was um ihn herum vorgeht.

Der Futterplatz

Dann ist noch zu überlegen, wo die Futter- und Wasserschüssel stehen soll. Letztere muß für ihn natürlich jederzeit zugänglich sein. Die allermeisten Hunde spritzen nun beim Trinken oft wild umher – also werden wohl Küche oder Bad die Orte sein, die durch wasserfesten Boden »pflegeleicht« sind. Das wird auch für die Futterschüssel gut sein. Hierzu noch ein Hinweis: wenn der Hund den Ort der Futterschüsselaufstellung zu wenig geschützt befindet, gewöhnt er sich schnell an, das Futter herauszuholen und es an einem anderen Platz, an dem er sich wohler fühlt, zu verzehren. Das liegt in der Natur der Sache – im Rudel trägt sich auch jeder sein Futter an einen Platz, wo ihm der andere nicht aufs Maul schaut und auf den Einfall kommt, ihm das Futter zu klauen. Das hat man nicht so gern, und da man als Welpe mit seinen Geschwistern schon genug Erfahrungen mit »Mundraub« gesammelt hatte, wird das zur lieben Angewohnheit. Man kann sie also eindämmen, wenn man die Futterschüssel so aufstellt, daß der Hund sozusagen versteckt seine Mahlzeit einnehmen kann.

Vier Mahlzeiten pro Tag

Bleiben wir gleich bei dem Thema Fütterung, und denken wir daran, daß ein Achtwöchner viermal pro Tag Futter bekommen muß, und zwar jeweils in solchen wohldosierten Mengen, daß er nicht auf den Einfall kommt, den Überfluß zu verstekken. In der Natur würden die Welpen sich mit einem Fleischstück oder Beinchen ganz vorsichtig und heimlich – damit es ja keiner sieht! – davonschleichen, ein Grübchen scharren (mit den Vorderpfoten), das Futter reinlegen und mit der Nase wieder zuschaufeln. Ersteres – das Davonschleichen – gelingt im trauten Heim auch, wenn wir nicht genau aufpassen. Allerdings hat das Scharren keinen Erfolg – daher geht man bald zur Nasenarbeit über und schiebt das Fleisch unter den Teppich oder hinter das hinterste Bein der Couch. Sie wollen ja wohl nicht auch von einem alten Freund gesagt bekommen: »Bei dir stinkts!« Also gut aufpassen.

Welches Futter?

Das Futter sollte übrigens auch schon vor dem Hund da sein, weswegen man zunächst einmal den Züchter fragt, was er denn seinen Welpen füttert. Auch wenn man andere Futterpläne hat, sollte man auf jeden Fall mit der gewohnten Kost anfangen und erst danach langsam auf die neue umstellen. Das hat seinen guten Grund. Die Übersiedlung in das neue Heim wird für den Welpen ohnehin ein ausreichend großes Abenteuer. Findet er nun auch noch unbekanntes Futter vor, so wird er es zumeist nicht annehmen. Schon vielleicht deswegen, weil sich ihm die Aufregung tatsächlich auf den Magen geschlagen hat. An vertrautes Futter geht er dann sicher leichter.

Man kalkuliere auch ein, daß der Welpe in den ersten ein bis drei Tagen Durchfall bekommt – wegen der Aufregung. Also alles schön vorbereiten: Putzlumpen, Sägemehl, Putzeimer, Schrubber, alte Zeitungen – alles klar?

Gäbe man ihm überdies auch noch ein Futter, an das sein Magen noch nicht gewöhnt ist, käme der Durchfall mit absoluter Gewißheit. Außerdem schaffen Sie es mit Sicherheit nicht, den Welpen gleich am ersten Tag stubenrein zu machen – also Vorsorge treffen! Ohne nassen Fleck im Teppich, ohne Häufchen, ob fest oder weich, geht es nun einmal nicht ab. Auch nie vergessen, daß Hunde weichen Boden für diese Dinge jedem anderen vorziehen. Aber davon später noch mehr, denn das gehört in das Kapitel über die allerersten Erziehungsmaßnahmen.

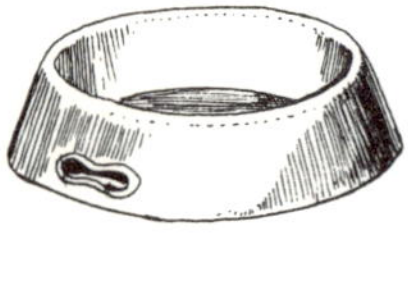

Bleibt noch die Form des Futter- und Wassernapfes. Gewöhn-

Form des Futter- und Wassernapfs

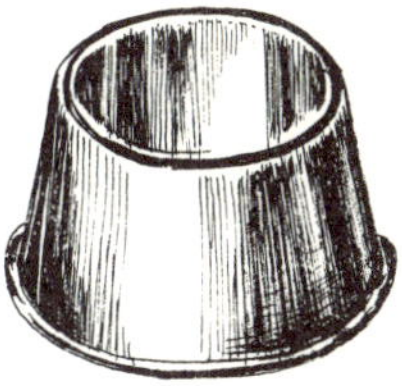

liche Schüsselchen, wie man sie aus Plastik gefertigt für Küchenzwecke benützt, eignen sich überhaupt nicht. Sie müssen so sein, daß sie weder umfallen noch weggezogen werden können. Am besten sind die aus emailliertem Metall, deren unterer Rand breit absteht und an deren Unterseite noch ein Anpreßsauger oder zumindest ein Material angebracht ist, das die Schüsseln rutschfest macht. Das ist nicht ganz billig – aber für jeden, der auch nur den leisesten Wert auf einen gepflegten Haushalt legt, unentbehrlich.

Toilettenartikel und sonstige Ausstattung

Da Sie das alles schon vor dem Welpenkauf im Fachgeschäft besorgen, nehmen Sie gleich auch das weitere Zubehör für den Hund mit. Erzählen Sie dem Fachhändler, welchen Hundewelpen Sie erstehen, und er gibt Ihnen die geeignete Bürsten- und Kammform, aber auch ein passendes Brustgeschirr samt Leine, denn einem so jungen Welpen soll man noch kein Halsbald zumuten. Er zieht ja doch an der Leine und schnürt sich den Hals ab, was wirklich nicht das Gesündeste für ihn ist. Haben Sie aber ein Brustgeschirr, dann können Sie den Welpen, wenn es einmal dringend not tut – weil er zum Beispiel gerade auf dem Bürgersteig in Hockstellung geht – kurzfristig daran hochheben und ein passendes Stückchen weiterbefördern. Natürlich ist auch das beste Brustgeschirr keine Tragevorrichtung für Welpen, auch wenn man das manchmal auf der Straße so sieht.

Kamm und Bürste

Brustgeschirr

Das Baden

Kaufen Sie auch ruhig ein Shampoo zum Baden des Welpen – aber kaufen Sie nicht gleich einen Jahresvorrat! Baden muß man den Welpen wirklich nur dann, wenn er übelriechenden Schmutz auf sich hat. Welpen wälzen sich gern in solchen Duftquellen, da Hunde grundsätzlich eine ganz andere Vorstellung von dem haben, was gut riecht und was nicht, als wir verständnislosen Menschen. So kann es also schon vorkommen, daß wir beim Spaziergang zuwenig aufgepaßt haben und den Welpen einmal baden müssen. Sonst aber erübrigt sich für Welpen wie für erwachsene Hunde das Baden weitgehend und sollte sich auf die Osterfeiertage oder sonst ein merkbares Datum, also einmal im Jahr, beschränken. Kommt der kleine Hund einmal mit ganz gewöhnlichem Schlamm aus irgendeiner Pfütze bekleckert nach Hause, dann gut mit einem alten Lumpen abtrocknen und später kräftig ausbürsten. Das hat den Vorteil, daß dabei das alte, abgestorbene Haar ausgeht – was beim Baden nicht so der Fall ist. Kämmen und Bürsten heißt das eigentliche Bad bei Hunden! Wenn Sie unbedingt wollen, lassen Sie sich dazu

Trockenshampoo

noch einen Trockenshampoo mit einpacken – mag sein, daß

es bei gewissen Rassen mit komplizierterem Fell ganz zweckmäßig ist – hier, auf diesem Gebiet, versage ich als »Ratgeber«. Fragen Sie den Züchter der Rasse Ihrer Wahl, der weiß das ganz genau, weil er ja auch auf Ausstellungen gehen muß, und dort gehören bei gewissen Rassen Haar- und Schönheitspflege an die Spitze allen Denkens.

Mäntelchen und Schühlein

Mäntelchen und Schühlein wären ein eigenes Kapitel wert, ich verkneife mir das aber, weil ohnehin schon soviel darüber in der Öffentlichkeit geredet wird. Die Unbelehrbaren bleiben

bekanntlich unbelehrbar. Nur soviel: wollen Sie Ihren Hund verwöhnen (wie schon eingangs erwähnt), dann werden Sie um einen solchen Kauf nicht herumkommen, aber das hat noch Zeit, denn erst muß der Hund einmal so verwöhnt sein, daß er bei jedem Lufthauch zittert. Wollen Sie ihn nicht verwöhnen, sollten Sie als Stadtmensch daran denken, daß im Winter Salz gestreut wird. Müssen Sie umweltbedingt öfter durch solches Streusalz laufen, dann ist gegen eine das Salz abhaltende Fußbekleidung des Vierbeiners nichts einzuwenden – es ist sogar notwendig, da sonst die Zehenballen und vor allem die empfindliche Haut dazwischen gefährlich angegriffen werden. Gleich hier der Rat: Geraten Sie einmal unvorhergesehen mit Ihrem ungeschützten Hund in Streusalz, dann bei nächstbester Gelegenheit dem Hund die Pfoten gut abwaschen. Das muß sein!
So – das war ein langes Kapitel und ich hoffe, daß ich trotzdem nichts vergessen habe. Es muß eben alles vorher bedacht werden – und denken Sie daran, wie es ist, wenn ein Baby erwartet wird. Dann kaufen alle Onkel und Tanten vorsorglich bereits Schaukelpferde und Spielzeugeisenbahnen, bloß an die Windeln hat keiner gedacht!

Spielzeug

Nun – wir haben an die »Windeln« zwar gedacht, aber wirklich nicht an das Spielzeug, und was bei einem Neugeborenen noch unnötig ist, ist für unseren Welpen beim ersten Einzug ins Heim das Nonplusultra. Es bietet nämlich die Möglichkeit, ihn gleich von vornherein von unserem bedrohten Mobiliar abzulenken.

Spielzeug ist für einen Welpen einfach alles, vom zusammengeknäuelten Zeitungsblatt bis zu Luxusspielwaren für Hunde, die man zu kaufen bekommt. Aber wie Kinder nun mal sind – man darf nie glauben, daß so ein einzelnes Spielzeug dem Welpen nun über die nächsten Monate hinweghilft. Wenn er es am zweiten Tag noch anschaut, hat man Glück gehabt.

Zeitungsknäuel

Am besten, Sie durchsuchen Dachboden und Keller. Da stehen noch einige Holzleisten, die man in Stücke brechen kann, dort findet sich ein Tennisball aus der Zeit, wo man ihn

Holzleisten

Alte Kleidung

noch verwendet hat, einige alte Jacken, die man vergessen hat, bei der Kleidersammlung abzugeben – alles ganz herrlich! Immer dabei aber auf das Material achten – es darf nicht zu hart sein, damit die unersättlichen Zähne unseres Welpen auch damit fertigwerden können. So hat er vielleicht dann doch ein Einsehen mit unserer übrigen Habe, und wir brauchen nur mehr die Reste dieses ohnehin wertlosen Zeugs ab und an auf die Kehrichtschaufel zu fegen. Aus dem Hundespielzeugladen des Fachgeschäftes also nur so Dinge, die man zu Hause nicht ersetzen kann. Bälle benötigt der Welpe in jeder Zahl. Ein Trick noch am Ende: sperren Sie alles Spielzeug, das der Welpe länger als zwanzig Minuten (bitte nicht auf die Uhr schauen – ich meine das nur ein wenig symbolisch) benützt hat, weg. Es ist drei Tage später wieder neu für ihn. Ein Spielzeug, das dauernd herumliegt, verliert jeden Reiz! Eigentlich gehört das schon zum Erziehungsprogramm, aber es ist zweckmäßig, eben auch das Spielzeug unter solchen Überlegungen vorbereitet zu haben.

Bälle

Zweitens: Die Wohnung mit Garten

Hier sei zunächst festgehalten, daß der Überbegriff für alle Rasse- und Nichtrassehunde grundsätzlich »Haushund« lautet. Einen »Canis hortenis«, einen Gartenhund, gibt es nicht. Ein Hund ist auch kein Gartenzwerg, den man zwischen Blumenrabatten stellen kann. Daher gilt also alles, was zur Wohnung ohne Garten gesagt worden ist.

Der Garten soll und kann nicht anders aufgefaßt werden denn als Erweiterung des Lebensraumes über die Wohnung hinaus. Ist er groß genug, ersetzt er teilweise den täglichen Spaziergang. Er wird zum »Heim zweiter Ordnung«, und kann nur dann für den Hund »Heim erster Ordnung« werden, wenn wir selber es vorziehen sollten, im Garten zu zelten.

Man muß sich eben immer vor Augen halten, daß die eigentliche Umwelt des Hundes, sein wichtigster Lebensraum, die Gemeinschaft ist. Der schönste und größte Garten der Welt kann ihm das nicht ersetzen.

Natürlich ist es eine wundervolle Sache für den Hund, wenn so ein Garten zum intimen Lebensraum Haus dazukommt. Da

kann er jederzeit hinaus und umhertollen, was natürlich noch viel schöner ist, wenn jemand von der Familie mitmacht. Hier kann er auch überschüssige Kräfte abreagieren, seinen Spieltrieb ausleben, und er wird dann die Wohnungseinrichtung viel weniger strapazieren. Freilich kann man einen Hund nicht davon überzeugen, daß die Fußmatte zum Füßeabstreifen gedacht ist, und er wird mit verschmutzten Pfoten unseren Teppichen oder Teppichböden nichts Gutes antun. Speziell dann, wenn es geregnet hat oder er im Garten nach einer Maus gewühlt hat. Wer derartige Probleme als unüberwindbar betrachtet, darf sich keinen Hund anschaffen.
Man könnte es aber damit probieren, dem Hund die Pfoten abzuwischen, ehe er das – in dem Fall erlaubterweise verschlossene – Wohnheim betritt. Er meldet sich schon, wenn er wieder hinein will.

Der Kotplatz

Ein weiterer Vorteil des Gartens ist, daß die Stubenreinheit viel unproblematischer wird, weil man den Hund bei drohenden Anzeichen schnell hinausführen kann, wo man ihm sogar eine umrandete Sandkuhle als Toilette anzubieten hat. Die meisten Hunde akzeptieren eine solchen Kotplatz, falls er einigermaßen saubergehalten wird. Es gibt aber auch Hunde, für die es jeden Tag ein anderer Platz sein muß. Ohne es für jeden Fall behaupten zu wollen, halte ich es für möglich, daß hier Anzeichen einer generellen Besitzergreifung vorliegen, die letztlich wieder einer Unsicherheit entspringen – nämlich einer, die in der Struktur des Familienverbandes zu suchen ist. Geltungsbedürfnis und Besitzstreben entspringen immer einer inneren Unsicherheit. Nicht bloß beim Hund.

Der Ruheplatz

Natürlich sollte der Hund auch im Garten einen eigenen Ruheplatz haben, der ihm ganz allein gehört. Wird der Hund langsam älter, wird er immer lieber diesen Ruheplatz aufsuchen, denn schließlich ist ein Garten doch viel interessanter als die bis zum letzten Winkel durchschnüffelte Wohnung. Hier, im Freien, gibt es immer wieder mal was Neues zu sehen, sei es ein kleines Vögelchen, einen Passanten am Gartenzaun oder gar einen anderen Hund.
So sollte man gleich von vornherein auch dieses Heim im Garten gut vorbereiten und auf die künftigen Maße des Hundes abstimmen. Außerdem sollte es auf einem Platz stehen, von dem aus er sehen kann, was außerhalb vorgeht

(dichte Hecken stören ihn nicht – das meiste »sieht« er doch mit der Nase und den Ohren). Vor allem aber will er wissen, wer zum Gartentor hereinkommt und wer aus dem Haus kommt oder in es hineingeht. Um das alles zu ermöglichen, mag da manche gartenarchitektonische Umgestaltung notwendig sein. Zwar muß das noch nicht sein, wenn der acht Wochen alte Welpe geholt wird, der ja doch zunächst vorzugsweise im Haus leben soll – aber man sollte sich doch schon vorher zumindest Gedanken darüber machen.

Schafft man einen solchen Gartenplatz nicht, besteht unweigerlich die Gefahr, daß der umweltisolierte Hund soziale Störungen entwickelt und, vor allem, zum unentwegten Kläffer wird, der Hausbewohner und Nachbarschaft in die Verzweiflung treibt.

In Deutschland gibt es eine »Verordnung über das Halten von Hunden im Freien vom 6. Juni 1974« (Bundesgesetzblatt I S. 1265). In ihr wird sehr genau dargelegt, wie eine geeignete Hütte beschaffen sein soll. Das gilt natürlich vor allem für Hunde, die in unserer Abwesenheit nicht im Haus Witterungsschutz finden können, oder über Nacht im Freien bleiben (Wachhunde).

Hundehütte

Es gibt nun genug Hunde, speziell unter den vernünftig gehaltenen, abgehärteten Hunden, die den Garten dem Haus so vorziehen, daß sie förmlich dort wohnen wollen und uns nur bei Gelegenheit im Haus besuchen kommen. Wer das von vornherein anstrebt, wird dem Welpen diese hübsche, zweckmäßige Hütte so schmackhaft machen, daß er sehr bald gern seinen Platz im Haus zugunsten dieses »Eigenheimes« aufgibt, ohne dabei die enge Bindung zur Familie abzubrechen. Schließlich trifft man sich draußen ja auch oft genug. Aber mit Gewalt erreicht man das nicht. Versucht man es, wird der Hund alles daransetzen, das Haus nicht zu verlassen – er hat immer die unterschwellige Angst, daß er verdrängt werden soll, verbannt. Dann wird der Garten für ihn zum Kerker, zur Einzelhaft.

Wühlen im Garten

Der Garten kann aber auch viel an Reiz verlieren, wenn man wegen der unseligen Blumenrabatten nirgendwo vernünftig wühlen darf. Man kann – wieder eine Erziehungsfrage, die wir gleich hier abhandeln wollen – natürlich verbieten, daß er die schönen Blumen zerstört. Er läßt es sich auch sagen, wenn man es vernünftig anfängt. Aber irgendwo soll er dann auch sein eigenes Stückchen Garten haben, in dem er sich auf seine Art nach Herzenslust betätigen kann. Wo dieser Fleck ist, spielt keine Rolle – er wird als wohlerzogener Hund vom Haus oder von seiner Hütte aus brav zwischen Rosen und Reseden auf dem Kiesweg dorthintraben. Maßnahmen wie Anketten des Hundes sind zwar grundsätzlich erlaubt, wenn dabei gewisse, von obiger Verordnung ebenfalls klargestellte Mindestanforderungen an die Kettenhaltung erfüllt werden – aber eine besonders schöne Lösung der Hundehaltung ist das ja auch nicht gerade.

Die Gartenumfriedung

Bleibt noch die Umfriedung des Gartens selbst. Welpen können viel schlauer sein, als man so denkt, und finden mit Bestimmtheit jedes Loch im Gartenzaun. Klettergewandt, wie sie meist sind, überwinden sie auch das niedrige Umfassungsmäuerchen, auf dem der Zaun steht. Da heißt es unbedingt Ausbessern, ehe der Welpe hier laufen darf – ist er nämlich einmal draußen, dann kann das sehr böse ausgehen, denn er weiß nichts von den Autos und anderen Gefahren der großen Welt. Ich erwähnte schon, daß es sogar verhaltensgestörte Hunde gibt, die Welpen töten – auch davon weiß der Kleine nichts – er nähert sich selbst dem größten Hund voller Vertrauen!

Maschengitter sind gefährlich

Gefährlich sind auch die üblichen, als Gartenzäune verwendeten Maschengitter, und das aus mancherlei Gründen. Sind sie nicht im Boden versenkt, unterwühlt sie der Welpe unter Garantie – draußen ist er! Bei kleineren bis mittelgroßen Rassen kann der Welpe ganz leicht seinen Kopf durch die Maschen strecken – auch das kann recht gefährlich werden. Ich habe schon einmal das entsetzliche Bild eines abgebissenen Nasenschwammes gesehen, ebenso zerbissene Pfoten, die durch so ein Gitter gestreckt worden sind.

Wenn der Welpe älter wird und sein Kopf wächst, kommt auch eines Tages der Augenblick, wo er ihn zwar noch durch die Gittermasche durchzwängen kann – will er ihn aber zurückziehen, dann sind plötzlich die Ohren im Weg, die lockere Kopfhaut bildet außen einen dicken Wulst – kurz, der Kopf geht nicht mehr zurück. Gewiß, gewöhnlich hilft es, wenn man in einem solchen Fall den Kopf des kleinen Hundes, der natürlich voller Angst nach hinten drängt, nach außen

vorschiebt, die Kopfhaut nun erstmal zurückzieht, die Ohren vorsichtig niederdrückt und damit das Hindernis überwindet. Häufig bleibt aber dann jedoch nur die eilendst geholte Drahtschere oder Kneifzange, wonach der Zaun kaputt ist.
Auch an solche Möglichkeiten sollte man also denken, ehe der Welpe geholt wird. Aber auch hier wüßte ich einen Rat. Wem die Erneuerung seines möglicherweise sogar tausend oder mehr Meter langen Zaunes – mit Recht – zu kostspielig erscheint, der kaufe sich ein Weidestromgerät üblicher Marken, das an das Lichtstromnetz angeschlossen werden kann. Der Stromverbrauch ist so minimal, daß der Zähler ihn gar nicht bemerkt. Empfehlenswert ist es, sich von der Herstellerfirma oder einem versierten Elektrobastler einen kleinen Umbau vornehmen zu lassen. Normalerweise geben diese Geräte Stromimpulse in Abständen von knapp einer Sekunde ab. Das ist für einen Hund ein wenig zu langsam – mit seiner spitzen Nase kann der Welpe zwischen zwei solchen Stromimpulsen den Draht berühren und seine »Gefährlichkeit« gar nicht erfassen. Zwei bis drei Anschläge pro Sekunde sind da weitaus besser. Die hierfür notwendigen Litzendrähte werden nun an Isolatoren rings um den Zaun angebracht, je nach Welpengröße zwei oder drei in Abständen von wenigen Zentimetern übereinander. Es muß halt so sein, daß er weder drunter noch dazwischen noch drüber hinweg kann, ohne mit der Nase anzukommen. Ich selber verwende ein System, bei dem dazwischen noch zusätzlich geerdete Drähte dieser Art gespannt werden – etwas davor oder noch besser hinter den stromführenden. So wirkt der Zaun auch bei sehr trockenem Boden, bei dem die hornigen Zehenballen des Hundes relativ gut isoliert stehen, er also keinen Schlag abbekommt.

Weidestromgerät als Absicherung

Ist der Zaun des Grundstückes niedrig und besteht die Gefahr, daß der Hund darüberklettert, kann man sich ebenfalls mit solchen Weidestromdrähten helfen, die dann oberhalb des Zaunes – auf der Innenseite des Grundstückes – laufen.
Solche Weidestromdrähte sind, wie sich jedermann gefahrlos überzeugen kann, nicht schmerzhaft, sondern nur ausgesprochen widerlich, und die Hunde lernen es sehr schnell, daß man diesen gelben oder rötlichen Drähten unbedingt aus dem Weg gehen muß. Wer das System kennenlernen will, sollte sich einmal bei mir umsehen.

Drittens: Der Hundezwinger

Natürlich gilt auch hier das, was ich auf all den Seiten zuvor bis zur Ermüdung des Lesers wiederholt habe: der Hund ist ein Familientier.

Zwinger – ja. Warum auch nicht, er ist auch von der obigen Verordnung durchaus amtlich genehmigt, wenn man auch hier wie bei der Kettenhaltung gewisse Mindestvorschriften erfüllt. Das soll aber nun wirklich nicht heißen, daß ich behaupten möchte, diese Mindestvorschriften (und sie verstehen sich auch nur als solche) seien das schönste, was der Hundehalter seinem Hund zumuten kann.

In den Mindestvorschriften heißt es, daß für einen mittelgroßen, über 20 kg schweren Hund eine Grundfläche von »mindestens 6 qm erforderlich« ist, wozu dann natürlich nochmals die für eine vorschriftsmäßige Hütte erforderliche Bodenfläche hinzukommt.

Wenn ich einen Hund das eine oder andere Mal – etwa weil eine Tante kommt, die so schrecklich Angst vor Hunden hat, weil der Gartenzaun umgebaut wird, also aus irgendeinem kurzfristig gegebenen Grund – wegsperren will, dann bin ich mit so einem Zwingerchen durchaus einverstanden, und der Hund sicher auch, weil ihn die Erfahrung lehrt: »Das dauert ja nicht lange.« Wer aber meint, daß er seinen Hund grundsätzlich und das ganze Jahr hindurch in einem solchen Behältnis konservieren darf, der ist schwer im Irrtum. Man kann ihm zwar gesetzlich kaum etwas anhaben – aber in meinen Augen, die da doch ein wenig mehr sehen, als das Gesetz es befiehlt, bleibt das immer noch eine unverzeihliche Tierquälerei. Gerade ich kann das sehr genau beurteilen, denn ich habe selber wegen widriger äußerer Umstände zeitweilig Hunde unter engen (wenn auch nicht ganz so engen!) Bedingungen halten müssen.

Wer auch nur ein wenig und ganz oberflächlich Hunde kennt, wird sehr bald bemerken, daß hier zunehmend schwerer wiegende Verhaltensstörungen auftreten, je länger die Hunde derart eingesperrt sind. Dabei hielt ich die Hunde nicht in Einzelhaft, sondern paarweise auf mindestens 20 qm, also immerhin noch besser, als die Mindestformel des Tierschutzgesetzes bei zwei Hunden lautet: 9 qm plus Fläche der Hütte.

Wer also darauf spekuliert, daß er in Anlehnung an das Tierschutzgesetz seinem Hund hinten im Garten einfach einen Zwinger bauen kann, womit er ihn vom Halse hat – der darf sich nicht wundern, wenn ihm sein Hund das eines Tages schlecht dankt. Es kann ein Jahr dauern, zwei Jahre oder mehr, es kommt auf die Leidensfähigkeit des Hundes an – aber irgendwann einmal ist es soweit: der Hund besinnt sich auf seine Zähne als letzte Hilfe aus dem Martyrium. Ich bin wirklich ein wenig böse auf die Leute, die das Tierschutzgesetz gemacht haben!

Wer aus bestimmten Gründen seinen Hund den meisten Teil des Tages in einem solchen Zwinger hat, ihn abends in die gute Stube holt, längere Spaziergänge mit ihm macht und vielleicht sogar am Wochenende mit ihm auf den Übungsplatz geht – der ist frei von Schuld. Der Hund nutzt dann die Zeit zum Schlafen und träumt dabei von der Rückkehr seines geliebten Herrn, wenn die Traumwelt eines Hundes nicht anders und noch schöner beschaffen sein sollte.

Als ständiger Lebensraum untragbar

Als Lebensraum ist ein Zwinger aber untragbar, und seien seine Gitter aus purem Gold.

Man beobachte nur einmal erwachsene Hunde in einem solchen Lebensgefängnis. Sie bellen unentwegt, wenn sich irgendwo etwas rührt oder gar jemand vorbeikommt; sie springen an den Gittern hoch, stehen den halben Tag auf den Hinterbeinen. Hinterher wundern sich die Leute, wenn ihre Hunde deformierte Hüftgelenke (Hüft-Dysplasie) haben. Sie beißen in die Gitter und nutzen ihre Zähne in unvertretbarer Weise ab. So werden sie langsam älter, und eines Tages liegen sie nur mehr unbeteiligt, abgestumpft auf ihrem Lager in der Hütte und wedeln bestenfalls müde mit der Schwanzspitze, wenn das Futter gebracht wird. Oder aber, und das ist die weit häufiger zu beobachtende Reaktion, sie werden bösartig aggressiv. Auch nicht das Wahre...

Schlußfolgerung: Zwinger als Notbehelf, weil es immer noch besser als Kette ist, wenn man seinen Hund kurzfristig unterbringen will.

Man sehe sich doch einmal in Tiergärten um. Der mitten in eine Stadt eingequetschte Frankfurter Zoo hält seine Wölfe so, daß zwei Grundbedingungen voll erfüllt sind: erstens ausreichend Raum, zweitens Familienverband. Frankfurts

Wölfe züchten – dabei sind Wölfe gerade in dem Punkt sehr empfindsam; sie züchten grundsätzlich nicht, wenn die ökologische und die soziale Umwelt nicht stimmt.
Es ist übrigens reiner Zufall, daß ich von den Frankfurter Wölfen sprach – es gibt noch mehr Tiergärten auf der Welt, wo es Wölfen auch gut geht...
Wer einem Haushund dagegen – der eigentlich noch viel mehr ist als ein Wolf, so von uns Menschen her gesehen – eine solche Unterbringung nicht zubilligen will, sollte einmal darüber nachdenken, ob er wirklich berechtigt ist, einen Hund zu halten!

Zwei Hunde – eine Lösung?

Es gibt Menschen, die glauben, daß ein Papagei nicht so zahm wird, wenn er einen zweiten dabei hat. Das ist schon möglich, wenn man sich zu wenig mit den beiden beschäftigt. Nicht anders beim Hund.
Ich möchte hier den zum Hundekauf entschlossenen Leser ein wenig zu neuem Nachdenken anregen. So ein Garten (ich meine übrigens keinen 10 qm großen Vorgarten – der ist wirklich nur für Blumen geeignet!) braucht Zeit und dann – man hat ja noch einen Beruf, die Hausfrau ist auch beschäftigt, die Hausaufgaben der Kinder und alles das... Frage: bleibt wirklich genug Zeit für das Hündchen? Die Elektroeisenbahnanlage, an der man schon seit Jahren arbeitet, oder der Modellsegelflugzeug-Bau, vielleicht auch die Briefmarken oder die Käfersammlung.
Es ist bestimmt schon klargeworden, daß ein Hund – besonders ein junger Hund – sehr viel Sozialkontakte benötigt. Um diese Tatsache kommen wir nicht herum. Aber – und das ist das Schöne am Hund – er braucht sie nicht unbedingt ununterbrochen vom menschlichen Freund. Er ist schon zufrieden, wenn er einen echten Artgenossen hierfür hat. Nicht, daß er deswegen bereit wäre, auf seinen großen Freund zu verzichten. Ein gut geprägter Hund kann das gar nicht mehr. Aber er ist gern bereit, einen echten Artgenossen zeitweilig dem Menschen sogar vorzuziehen. Schließlich macht der die Beißspiele viel gekonnter als ein Mensch, er ist

Der bessere Spielpartner

nicht gar so empfindlich, wenn man ihn in die Nase oder Ohren zwickt, sogar die Spielaufforderung macht er unnachahmlich besser als der große Zweibeiner.

An dieser Stelle möchte ich mich also für die Zwei-Hundehaltung einsetzen – natürlich nur für den Fall, daß genügend Raum da ist. Zwei Hunde sind weniger strapaziös als ein Hund, dem man wirklich alles bieten will – ohne einen solchen Vorsatz darf man sich ohnehin keinen Hund anschaffen.

Jedoch muß ich zugleich auf das Kapitel »Rüde oder Hündin« und auf das dort Gesagte zurückverweisen. Es besteht die Gefahr, daß zwei Hündinnen eines Tages, wenn sie läufig werden, ihre geschwisterliche Liebe vergessen. Es besteht die Gefahr, daß zwei Rüden eines Tages bemerken, daß einer von ihnen – vielleicht nur scheinbar – bevorzugt wird, was die geschwisterliche Liebe auch schnell zerstört. Es besteht die sichere Gefahr, daß der Bruder seine Schwester deckt, und wer mag das schon, so er nicht Zuchtexperimente machen will?

Die Bedenken: Ungewollter Nachwuchs, Verfeindung

Es ist ein Rat also, den ich mit sehr gemischten Gefühlen gebe. Es ist herrlich schön, wenn die beiden Welpen oder Junghunde gemeinsam im Garten toben. Schön zum Ansehen, schön zur eigenen zeitlichen Entlastung. Es ist auch schön für die beiden Hündchen, versteht sich.

Nicht so schön ist es aber dann eines Tages, wenn die lieben Geschwister einander in die Haare geraten und der Tierarzt die dabei entstandenen Löcher flicken muß.

In dieser Hinsicht läßt sich nichts vorhersagen. Ein solcher Fall tritt nicht sehr oft auf – aber er kann auftreten. Und was dann? Sich von einem der beiden Hunde trennen? Das ist eine schwere Entscheidung. Das muß auch dazu gesagt werden: Wenn zwei Hunde einmal aufeinander bös geworden sind – dann besteht wenig Hoffnung, daß sie sich danach wieder versöhnen. Sehr, sehr wenig Hoffnung.

Daher ein Rat, der viel leichter und erfolgreicher durchzuführen ist. Man setze alles daran, in der Nachbarschaft nette Menschen zu finden, die einen Hund haben. Hundeleute sind in der Regel alle nett, falls sie kein Geschäft aus dem Hund machen. Ich kann das beeiden, denn ich kenne einige Tausend solcher.

Nachbarshunde

Mit dieser Familie trifft man das Abkommen, daß ihr Hund

möglichst oft zu Besuch kommen darf, um mit dem Kleinen im Garten zu spielen. Das darf natürlich kein eigenbrötlerischer Hunde-Senior sein, der es mit Welpen nicht mehr so recht hat. Am schönsten wäre es ja, man könnte Leute finden, die selber gerade einen Welpen gekauft haben oder kaufen wollen. Rasse spielt keine Rolle. Ein Zwergpinscher-Welpe wird ganz gut mit einem Neufundländer gleichen Alters fertig. Was der eine an Kraft in das Spiel bringt, gleicht der erstere mit Schnelligkeit und Schneid aus. Natürlich muß man sich dabei im klaren sein, daß wilde Spiele einmal ein Hautritzerchen bewirken können, daß der eine mal gellend aufschreit, weil der andere zu grob war. Manche schreien da sogar schon vorher. Also – nicht gleich den Grobian »Köter« heißen und seine Eigentümer aus dem Haus werfen. Hunde sind Hunde und sollen es auch bleiben dürfen – im Eifer des Spieles verpaßte Schrammen gehören einfach dazu. Auch wenn sie, was zum Trost gesagt sei, äußerst selten sind.

Die Freigehegehaltung

Auch in der Freigehegehaltung und erst recht in der problematischen Zwingerhaltung ist die Zweisamkeit mit die beste Lösung. Ich höre zwar schon die Stimmen gewisser Mitmenschen, die sagen werden: »Der Trumler hält seine Hunde auch eingesperrt!« Aber weniger, um hier solchen Anwürfen die Spitze abzubiegen, als eigentlich weit mehr, um Anregung denjenigen Hundehaltern zu bieten, die die Möglichkeit dazu haben, will ich hier das System jenes Freigeheges erklären, das von der »Gesellschaft für Haustierforschung e. V. (Sitz München)« aufgebaut wurde. Ich möchte es jedem zur Nachahmung empfehlen, der über mindestens 500 qm Grund verfügt und der den Wunsch hat, selber einmal zu züchten. Letzteres ist dabei Voraussetzung; im übrigen gibt es Züchter, die in dieser oder ähnlicher Form vorgehen.
Im Freigehege gehen wir davon aus, daß, je nach Größe der Hunde, 500 bis 1000 qm als »Heim erster Ordnung« freilebenden Wildhunden ein gewohntes Maß ist. Der Rudelführer markiert dieses Territorium auf die allen Hunderüden eigene Weise durch »Beinchenheben«, und diese nur geruchlich

500 bis 1000 qm pro Gruppe

wahrnehmbare Grenze wird sowohl von den innerhalb des Territoriums lebenden Gruppenmitgliedern geachtet als auch von vorbeikommenden ortsfremden Wildhunden. Sie setzen bestenfalls ihre eigene Marke dazu, um die Nachricht zu hinterlassen, daß sie da waren. Die Grenze ist heilig.
Farley Mowat, der im Auftrag der Regierung eine Wolfsfamilie in dem Gebiet der Keewatin Barrens beobachtete, richtete sein Lager ganz nahe dem Wolfsterritorium ein, gleich da, wo die Wölfe zur Nahrungsbeschaffung ihren Wechsel zu den Jagdgründen hatten. Mit verständlicher Mühe gelang es ihm, auf Hundeart sein eigenes Territorium zu markieren. Der benachbarte Leitwolf akzeptierte das, hinterließ an Mowats Markierung seine eigene Visitenkarte, wenn er gerade mal vorbeikam, und so arrangierte man sich bestens. Woraus erhellt, daß Höflichkeit bei Wölfen respektiert wird.
Wie ich schon sagte, ist so ein Heim erster Ordnung ein durch Erfahrung vertrauter Platz, man weiß, daß es hier normalerweise keine Gefahren gibt, daß man hier friedlich zusammenlebt mit der Gruppe, in Ruhe schlafen kann und natürlich auch ein geeignetes Gelände vorfindet, wo die Welpen geboren und aufgezogen werden können. Es ist einfach das, was wir als unsere Wohnung verstehen.
Biete ich einer Hundefamilie – die anfänglich natürlich nur aus dem Ehepaar besteht – ein solches Territorium, ist sie voll und ganz zufrieden. Die Weidestromumzäunung wird genauso akzeptiert wie das die Markierung des Rudelführers werden würde, ja sie wird als guter Schutz gegen die Außenwelt betrachtet, die immerhin Gefahren bringen könnte.
Ein Gegentest: umzäune ich nur 50 qm auf diese Weise, habe ich nicht die geringste Gewähr, daß die Hunde nicht alles daran setzen werden, diesen Zaun zu zerstören, um sich ein artgemäßeres Territorium zu suchen. Das ist einfach zu klein. Wir haben es bei unseren Anfangsversuchen ausprobiert – nur dümmere Hunde bleiben da drin.
In solchen großflächigen Freigehegen legen sich die Hunde Wechsel an – sie laufen nur die erprobten Strecken – das übrige Gelände wird kaum betreten, nur ganz ausnahmsweise einmal. So kann hier die Pflanzenwelt bestens gedeihen. Auch dieser Umstand ist wichtig. Hunde mögen nicht auf einem von

allen Seiten überschaubaren »Tennisplatz« leben – sie wollen Deckung in Form von Sträuchern, Bäumen oder Felsen, hochwachsendem Gras dazu. Schatten und auch offene Flächen zum Sonnen. Also schlicht und einfach: Landschaft.

Hunde wollen Landschaft

Man glaube aber nicht, daß das nur ein Rezept für Wildhunde ist. Ich halte alle möglichen Rasse- und Kreuzungshunde auf diese Weise. Sie alle leben ebensogern hier wie geborene Wildhunde. Sie freuen sich natürlich auch, wenn wir vorbeikommen, und wenn man mit der Hand über den niedrigen Weidestromzaun greift, stellen sie sich kurz mal auch auf die Hinterbeine, um an die Hand heranzukommen. Aber sie stehen niemals stundenlang am Gitter wie Zwingerhunde.

Wir bieten, je nach Möglichkeit, Höhlen oder Hütten als Unterschlupf. Sie werden normalerweise nicht benutzt, es sei denn, es gibt Welpen. Auch in der Natur bewohnt allein die Wölfin die Höhle, wenn Welpen geboren wurden – der Rüde darf erst gar nicht hinein, wenn es soweit ist. Die zur Gruppe gehörenden Tiere schon gar nicht – sie liegen sommers wie winters im Freien. Und dabei immer am höchsten Punkt des Geländes – da kann es stürmen und schneien, das hat nichts auf sich. Sie kennen es nicht anders.

Unterschlupf

»Gegen« die Welpen ist es freilich ratsam, ein ganz billiges Gitter von rund 50 oder 60 cm außen herum anzubringen, das fest gegen den Boden gedrückt sein muß. Man kann die stromführenden Drähte wegen der Erdungsgefahr nicht ganz dicht über den Boden führen, und Welpen können das ausnützen und unten durchkriechen. Durch Abtragen der obersten Bodenschicht und festes Begießen mit gelöstem Streusalz kann man verhindern, daß stromableitende Pflanzen von unten her gegen den Zaun wachsen. Man muß halt öfter kontrollieren. Moderne Weidestromgeräte mit Netzbetrieb haben eine elektronische Aussteuerung – kleinere Erdungen werden durch stärkere Stromgaben ausgeglichen. Bei Batteriegeräten ist das heikler, da sich die Trockenbatterien bei zuvielen Erdungen schnell erschöpfen.

Ein solches Großgehege darf natürlich auch nicht den Kontakt mit dem Menschen ausschließen – gut geprägte Hunde werden nie darauf verzichten können. Aber durch ihr paarweises Leben, dann auch durch die Beschäftigung mit den Welpen, sind sie so ausgelastet, daß die Quantität der

Notwendiger Kontakt mit Menschen

Begegnungen mit dem Menschen weit mehr herabgesetzt sein kann.
Wer also ausreichend Grund hat und sich so ein Hundepaar leisten will, hat hier wunderbare Möglichkeiten, seine Hunde in den reizvollsten Situationen zu beobachten, neues über das Leben seiner Hunde zu entdecken und tiefe Einblicke in soziale Verhaltensweisen zu gewinnen.
Es gibt auch Hunderassen, die sich leicht in Gesellschaft halten lassen, wie Beagles und andere Meutehunde; auch viele Windhunde gehören dazu – so muß es nicht immer und unbedingt ein Paar sein –, aber schöner und sicherer ist es auf jeden Fall. Es geht auch so, daß man sich im ersten Jahr einen Rüden kauft, den man aufzieht, mit dem man dann später im Freigehege spielt, und dem man dann ein oder zwei Jahre später einen weiblichen Welpen anderer Abstammung zusetzt. Auch wenn der Rüde vorher das Haus über alles geliebt hatte und nie bereit war, längere Stunden allein im Freigehege zu verbleiben – in dem Augenblick, da er so einen kleinen Welpen zur Aufzucht erhält, vergißt er das alles weitgehend: Zentralpunkt seines Lebens ist nun sein Pflegetrieb. Vorausgesetzt, daß er nie von anderen Hunden isoliert gelebt hatte, sondern zu fremden Hunden gute Kontakte pflegen durfte.
Nun, das soll nicht mehr als eine Anregung sein, verbunden mit einer Einladung in die Hundeforschungsstätte – dort kann man sehen, wie man so etwas macht, besonders aber erlebt man dort, wie harmonisch sich auch hochgezüchtete Rassehunde in eine Naturlandschaft einfügen können, wenn sie keine konstitutionellen Mängel haben.

Der Hundetransport

Sind nun alle Vorbereitungen getroffen und herrscht Klarheit darüber, wie der Hund bei uns leben soll, dann kann es endlich losgehen – der Welpe kann geholt werden!
Da ich nicht glaube, daß jemand, der sich seinen Hund per Post und über Katalog senden läßt, dieses Buch liest, kann ich mich also praktisch an die »Selbstabholer« wenden und deren Möglichkeiten schildern.

Flugreisen

Wenn man in der Nähe einer größeren Stadt mit Flughafen wohnt, der Züchter ebenfalls, aber in einer weiter entfernten Stadt lebt, ist der Flug unbedingt zu empfehlen. Flugreisen innerhalb Westeuropas dauern in der Regel nie länger als etwa eine Stunde, innerhalb Deutschlands fällt dann auch die mitunter doch langwierigere Zollabfertigung weg – es geht also so am schnellsten für den Hund.
Man setze sich aber auf jeden Fall schon eine Woche vor dem Flug mit der betreffenden Luftfahrtgesellschaft in Verbindung. Grundsätzlich darf man einen Welpen in einem geeigneten Behältnis, wie Transporttasche oder -kästchen, als Reisegepäck mit in die Passagierkabine nehmen. Es ist aber ein Gesetz, daß keine zwei Hunde gleichzeitig an Bord einer Maschine sein dürfen – man muß sich also erkundigen, ob schon einer angemeldet ist, und seinen für den betreffenden Flug entsprechend anmelden. Dann geht alles klar.

Transportbehälter

Sonst muß man seinen Hund entweder in dem Transportkästchen oder einem geliehenen beziehungsweise gekauften Transportbehälter der Luftfahrtgesellschaft als Reisegepäck aufgeben. Das ist nicht teuer und auch sehr zuverlässig – dem Hund kann während des kurzen Fluges gar nichts passieren. Er wird gut behandelt, genauso übrigens, wie wenn man einen Hund oder eine Katze per Luftfracht verschickt. Bei längeren Flügen werden zahme Tiere auf Zwischenlandungen stets mit Wasser und Futter versorgt. Die meisten Fluggesellschaften geben sich da große Mühe. Noch ein Hinweis bei Auslandsflügen: die Einreise so wählen, daß man nicht zu spät nachts ankommt und dann Schwierigkeiten mit der nachts meist improvisierten Zollabfertigung bekommt!

Auf jeden Fall ist bei größeren Entfernungen der Flug allen anderen Beförderungen schon wegen seiner zeitlichen Kürze vorzuziehen. Stundenlanges Geratter eines Zuges, vielleicht noch mit mehrmaligem Umsteigen – das ist für das Hündchen und seinen neuen Herrn viel anstrengender.

Dazu muß man wissen, daß selbst das kleinste bißchen Hund auf der Bundesbahn genausoviel kostet wie ein Kind – nämlich den halben Fahrpreis. Wenn man das so zusammenrechnet...

Nie per Bahnfracht

Niemals sollte man einen Hund in einer Transportkiste als Bahnfracht (natürlich expreß!) aufgeben. Frachtauslieferungen haben nachts geschlossen, auf kleineren Bahnhöfen beginnt die Nacht schon sehr früh – ab achtzehn Uhr, Ausgabe dann erst anderntags um 9 Uhr – der Hund muß also volle fünfzehn Stunden in dieser Kiste sitzen! Dabei waren in dem Fall, an den ich hier denke und den ich selber erlebt habe, bereits vier Stunden Bahnfahrt hinter ihm, außerdem ein längerer Autotransport bis zum Aufgabebahnhof, hier in Deutschland.

Eine Katze, die mir ein Zoologe schickte, flog von Puerto Rico über New York in 12 Stunden bis München, wobei sie unterwegs getränkt und gefüttert wurde!

Die Autofahrt

Die meisten Leute holen den Hund natürlich mit dem Wagen. Das geht auch ganz gut, weil man zwischendurch anhalten und dem Hündchen Gelegenheit zum Umhertoben und sonstigen Notwendigkeiten geben kann. Hier ist zu empfehlen, auf solchen größeren Strecken die Tageszeit zu wählen, denn ein Rastplatz in der Nacht bietet dem ohnehin schon durch die Fahrt schockierten Hündchen so viele Schreckmomente, daß es kopflos davonstolpert und im Finsteren nicht mehr zu finden ist.

Übermäßiges Rauchen im schlecht gelüfteten Wagen ist wirklich nicht zu empfehlen, und auch Einsperren im Fahrzeug, während man gemütlich in der Raststätte sein Mittagessen verzehrt, gehört sicher nicht zu den Möglichkeiten, sich dem neuen Hund von der allerbesten Seite vorzustellen...

Nicht im Kofferraum!

Auch der Kofferraum des Wagens als Transportbehältnis wirkt auf den kleinen Welpen ausgesprochen frustrierend. Ein Züchter, der es zuläßt, daß der Welpe auf diese Weise transportiert wird, muß auf der Stelle vom Zuchtverband ausgeschlossen werden! Ein Hund gehört nicht in den Kofferraum, er gehört in den Wagen – ob Welpe oder erwachsener Hund. Es sei denn, man entfernt die Rückbank und ersetzt sie durch ein Gitter, so daß der Hund in das Wageninnere blicken kann. Das geht schon eher, wenn es auch nicht gerade ideal ist.

Bei der Gelegenheit noch ein Hinweis: Wer seinen Hund vorübergehend im Wagen einsperren muß, hat darauf zu achten, daß bei kühlem, sonnenlosen Wetter eine Scheibe ein Stück herabgedreht ist, so weit, daß der Hund seinen Fang – aber nicht den ganzen Kopf! – heraushalten kann. Bei warmem, sonnigem Wetter müssen zwei gegenüberliegende Scheiben leicht geöffnet werden, auch wenn der Wagen im Schatten steht – die Sonne wandert, und wo eben Schatten war, kann in einer halben Stunde praller Sonnenschein sein.

Fenster offen lassen

Es steht das zwar im Gegensatz zu den üblichen Vorschriften, die besagen, daß ein Wagen rundum geschlossen geparkt werden muß – nämlich wegen der »Verleitung zum Diebstahl«. Aber hier geht die Sicherheit des Hundes vor, und außerdem glaube ich nicht, daß jemand einen Wagen klauen will, in dem ein Hund sitzt – und sei er noch so klein –, er würde bei einem Fremden zweifelsohne ein wildes Bellkonzert anfangen, wenn er schon nicht gleich beißt.

Auch die Grenze kann unangenehm sein, falls Sie einen Hund aus dem Ausland holen – also spätestens bei der Ausreise aus Deutschland den Beamten fragen, was ein Welpe an Papieren mitbringen muß, wenn er nach Deutschland will. Ansonsten könnte es auf der Rückreise einen sehr langen Aufenthalt geben. Es kommt auch teurer!

Grenzformalitäten

Normalerweise wird ein Züchter einen bereits ausgesuchten Welpen am Abholtag nicht füttern. Fragen Sie aber vorsichtshalber schon früher diesbezüglich an, denn sonst präsentiert Ihnen der Welpe während der Wagenfahrt seine Speisekarte in vorverdauter und gerade da nicht mehr besonders gut riechender Form. Aber auch, wenn er an dem Abholtag nicht gefüttert worden ist – ein dickes Bündel alter Zeitungen würde ich auf jeden Fall mitnehmen!

Zuletzt noch eine Beobachtung, die vielleicht ganz interessant ist, wenn ich auch nicht weiß, ob das immer und in jedem Fall so sein muß oder ob nicht andere, mir entgangene

Umstände mitgespielt haben. Als ich einmal einen Hund von neun Wochen von einem Züchter holte, hielt ich als Beifahrer den Welpen während der knapp einstündigen Fahrt am Arm. Der Hund schloß sich hinterher eindeutig mir an, obgleich ich mich nicht soviel um ihn kümmerte wie der Fahrer jenes Wagens. Hing das damit zusammen, daß ich dem sicher verstörten Hündchen, das erstmals die Schrecknisse einer Trennung von der gewohnten Umgebung und einer Autofahrt mit vorbeiflitzender Landschaft erlebt hat, Schutz und Zuflucht, körperlichen Kontakt, also Sicherheit, geboten hatte?
Ich kann es nicht beschwören – aber möglich wäre es immerhin, und wer einen Welpen abholt, sollte an eine derartige Möglichkeit denken.

Der erste Tag im neuen Heim

Die vielleicht längere Reise und die neue Umgebung mit den neuen Menschen – das ist für ein so kleines Welpengehirn schon eine ganze Menge Arbeit und kann wohl auch nicht restlos verkraftet werden. Ein gewisser »Übersiedlungsschock« ist jedenfalls anzunehmen.

Übersiedlungsschock

Gehen wir davon aus, daß der Welpe alles bestens vorbereitet findet – Lagerplatz, Wasser- und Futterschüssel, ein Kauknochen, ein Ball.

Nun soll er Zeit finden, sich zu orientieren. Es ist unbedingt erforderlich, daß man ihm diese Zeit gibt und ihn nicht sozusagen von Hand zu Hand reicht. Man sollte auch nicht die ganze Verwandtschaft und Bekanntschaft zum Einstand einladen – der Welpe soll zunächst nur jene Personen kennenlernen, die zum Haus gehören. Aber auch zu diesem Zweck soll er Muße haben – er kommt von ganz allein zu jeder einzelnen Person, und zwar um so vertrauensvoller, je weniger er sich von ihr in seinem Drang, alles in selbstgewählter Reihenfolge kennenzulernen, behindert fühlt.

Der Welpe ist ein zwar noch kleiner, aber doch schon richtiger Hund. Ihm eigen ist daher das Gesetz der Höflichkeit, wie sie unter Hunden herrscht: neue Bekanntschaften werden nicht durch plumpe Annäherung geschlossen, mit sofortigem »Um-den-Hals-Fallen« – man muß sich erst mal beschnuppern, ehe man weitere Freundschaftsbeweise austauscht. Manche Welpen sind da empfindlicher, manche weniger. Kommt der Welpe von einem Züchter, der viele Besucher hat, durch die seine Welpen schon ganz früh daran gewöhnt worden waren, auf den Arm genommen zu werden, ist das weniger heikel. Ich sehe das auch so, daß Welpen vor der siebenten Lebenswoche noch viel undifferenzierter sind und alles, was sie erleben, einfach als ganz normale Umwelt und als normales Umweltgeschehen auffassen. Erst danach beginnen sie, die Umweltgegebenheiten kritischer zu betrachten. Auch das mag dafür sprechen, Welpen lieber am Anfang der achten Lebenswoche als später zu holen, was freilich auch vom jeweiligen Entwicklungsstand abhängt.

Bekanntschaft schließen

Lassen wir ihn also zunächst weitgehend in Ruhe, schauen wir ihm zu, wie er seine neue Umgebung in sich aufnimmt und warten wir darauf, daß er sich uns zuwendet. Er sucht dann Augenkontakt und wedelt – ein Zeichen, daß er in so einem Moment wirklich nichts dagegen hat, auf den Arm genommen zu werden. Er wird seiner Neugier wegen sehr bald wieder auf den Boden wollen, um weiterzuforschen – da lassen wir ihn natürlich gewähren.

Trotzdem sollten wir ihm nicht zuviel gewähren. Sobald er anfängt, etwas zu tun, das er künftig nicht wird tun dürfen, wäre es völlig verkehrt, ihm das zur Feier des ersten Tages nachzusehen. Schließlich interessieren den Welpen die neuen Gegenstände seiner Umwelt fast ausschließlich unter dem Gesichtspunkt: »Was kann man damit anfangen?«, – die zweibeinigen neuen Freunde weiterhin unter dem Gesichtspunkt: »Was darf man sich ihnen gegenüber herausnehmen?« Ja – ein Welpe ist ein kleiner, scharf beobachtender Egozentriker, der in seinem Kopf wohl die Vorstellung hat, daß die ganze große Welt eigentlich nur für ihn allein geschaffen worden ist. Er – der Welpe – ist dabei der Nabel dieser Welt.

Der Nabel der Welt

Das ist durchaus ein gesunder Standpunkt, der für das künftige Leben enorme Bedeutung hat. Man kann schließlich seine eigene Rolle in dieser Welt nur dann voll ausschöpfen, wenn die großen Flausen von der Wirklichkeit auf das passende Maß zurechtgeschnitten werden. Je mehr dabei weggestutzt werden muß, um so weniger besteht die Gefahr, daß man am Ende seine eigene Rolle zu klein sieht. Klingt zwar paradox, müßte aber stimmen. Denn wenn man ohne alle Ambitionen in diese Welt geht, dann bleibt einem praktisch gar keine Rolle mehr. Dann steht man ganz daneben. Umgekehrt bleibt wenigstens ein immerhin noch brauchbarer Rest, mit dem man eine ganze Menge anfangen kann.

Ein konstitutionsmäßig einwandfreier und dabei auch gesund aufgezogener Welpe ist also von vornherein der Meinung, daß diese schöne Wohnung, der vielleicht dazugehörige Garten, sowie die zweibeinigen Artgenossen dieses Territoriums nur und ausschließlich dazu da sind, um ihn und seine Wünsche zu beachten, wenn er sein neues Reich als König in Besitz nimmt.

Was hatte er denn bislang erlebt?

Wenn er quiekte, weil ihm ein anderer Welpe in das Ohr gekniffen hatte – schon war die besorgte Mama da. Wenn er quengelte, weil er Hunger hatte – schon war die Mama da und bot ihm das Gesäuge. War er satt und müde, so wollte er schlafen, und das wurde allgemein respektiert. Wollte er seiner Schwester in die Nase beißen, so tat er es ungestraft. Biß er seine Mutter in die Nase, lächelte sie dazu – der süße Fratz! Wollte er Nahrungsbrei, so brauchte er nur mit seiner Nase an die Mundwinkel von Muttern zu stoßen – schon würgte sie ihm was vor. Hatte sie nichts im Magen, weil sie es schon allen anderen Welpen gegeben hatte, dann lief sie los, stieß den Herrn Papa in die Mundwinkel und führte ihn zu den Welpen – Kulleraugen, Rundköpfchen, dicke Bäckchen und

erbärmliche Laute – wenn doch dieser Lorenz bloß nicht dieses verdammte Kindchenschema erfunden hätte, denkt da der Vater, und – würgt schicksalsergeben Futter vor. Dabei hätte er es viel lieber im Bauch behalten.

Und so geht es weiter und weiter – nicht so ganz beim Züchter freilich. Ich habe hier auf Beobachtungen unter Naturbedingungen zurückgegriffen. Aber schließlich gibt auch der Züchter seinen kleinen Welpen Zusatzfutter, da viele unserer Hunde den Instinkt für das Vorwürgen verloren haben. Oder – nur so eine Frage an Züchter – kann es nicht so sein, daß die Hundemutter deswegen nicht vorwürgt, weil er, der Züchter, zufüttert? Hunde leben nicht bloß von Instinkten!

Vorwürgen

Jedenfalls – soviel steht fest: bis zur siebenten, achten Lebenswoche darf und bekommt der Welpe fast alles, was er will.

Kein Wunder also, wenn er meint, das könnte so weitergehen. Es darf aber nicht so weitergehen, auch wenn sein umwerfendes Kindchenschema uns ans Herz greift, uns mild stimmt und bodenlos nachsichtig.

Werfen wir nochmals einen Blick in das Freigehege, wo Hündin und Rüde gemeinsam die Last des Nachwuchses zu tragen und zu bewältigen haben. Was geschieht hier?

Allmählicher Abbau der Vorrangstellung

Es ist, als würde dem Rüden diese Vorrangstellung der Welpen langsam auf die Nerven gehen. Man kann das sehr gut beobachten: Beißt ihn ein vier bis fünf Wochen alter Sprößling in die Nase, sagt er gar nichts. Macht er es aber später, knurrt er, und er knurrt bei solchen Attacken um so mehr, je älter der Welpe wird. Bis er ihn plötzlich am Kragen packt und mal kräftig durchschüttelt.

Da schreit der Welpe aber gellend auf, und dieser Schrei saust über den Hörnerv des Alten in dessen Gehirn, wo er gleichsam auf einen Knopf drückt, der veranlaßt, daß die Kiefermuskulatur des Rüden erschlafft – er läßt den Welpen aus.

Wie gesagt – so ein Welpe ist nicht blöd und nutzt diese angeborene Beißhemmung des Althundes. Er kommt behäbig und vergnügt schwänzchenwedelnd zum Herrn Papa, der in der Sonne döst. Dann wirft er sich hin und schreit, als zerrisse ihn jemand in Stücke. Der Alte blickt erschrocken auf – kriegt seinen für den Welpen so lustigen Kneifer in die Nase, und ehe er sich über die Situation klar wird, läuft der hoffnungsvolle Sprößling vor Lachen geschüttelt (man verzeihe mir diese dichterische Freiheit!) davon ...

Sinn der Übung? Na ja, es geht einfach darum, dem Alten zu beweisen, daß man auch nicht auf den Kopf gefallen ist. Was dem so übermütig wirkenden Welpen dabei natürlich nicht bewußt werden kann ist, daß er damit genau das erreicht hat, was zur Sicherung seiner künftigen Lebenschancen notwendig ist: daß der Chef sich besinnt und sagt, so kann das nicht weitergehen – diese Kerle gehören endlich mal anständig erzogen!

Erziehung durch den Rudelführer

Natürlich sagt weder der Welpe noch der Vaterrüde was, und das alles ist nichts anderes als der Versuch, ohne langatmige Verhaltensschilderungen das Wesentliche, unserem eigenen Denken Verständliche herauszuarbeiten. Wer diese Dinge sachlicher lesen will, um eigene Beobachtungen vergleichen zu können, der findet genug Sachlichkeit in meinen vorliegenden beiden Hundebüchern.

Hier will ich ohne Forschungsprotokolle, ohne umständliche Beweisführungen nur das allgemeinverständlich machen, worauf es ankommt.

Nämlich darauf, daß wir jetzt genauso vorgehen müssen, wie der Rudelführer, der in der achten Lebenswoche die nunmehr entwöhnten Welpen zur weiteren »Behandlung« von seiner Frau übernimmt.

Um das besser zu verstehen, muß man nochmals auf die Verhältnisse der freien Wildbahn zurückschalten und sich das Ziel vor Augen halten, das es über alle diese Vorprogrammierungen zu erreichen gilt. Dieses Ziel ist, aus kleinen Wolfswelpen dem Lebensraum gut angepaßte, überlebensfähige erwachsene Wölfe zu formen, die einmal selber die Rolle einer Mutterwölfin oder eines Vaterwolfes erfüllen können.

Anpassung an den Lebensraum

Diese Anpassung an den für die einzelnen Wolfsgruppen jeweils verschiedenartig gestalteten Lebensraum mit seinen ebenso von Gebiet zu Gebiet verschiedenen Beutetieren kann nicht in allen Einzelheiten vorprogrammiert sein. Gewiß gibt es eine ganze Reihe angeborener Verhaltensweisen als Grundinventar, die Lücken dazwischen aber müssen durch Lernen ausgefüllt werden. Da Wölfe sehr umweltoffen sind, also sehr große derartige Lücken haben, muß entsprechend viel gelernt werden. Um das wieder zu erleichtern, gibt die Natur den Welpen eigene vorprogrammierte Lernfähigkeiten mit, die nacheinander entsprechend der jeweiligen Altersstufe auftreten und einander vielfach sogar ablösen. Das heißt, wenn das Stadium einer bestimmten Lernbegabung durchlaufen und durch ein anderes abgelöst worden ist, ist damit diese bestimmte Lernbegabung wieder verschwunden. Wurde sie nicht genutzt, so kann das Versäumte kaum noch nachgeholt werden. Wir haben das schon bei der Schilderung der Prägungsphase dargestellt.

Wenn wir nun einen achtwöchigen Welpen übernehmen, so befindet er sich bereits in der eigentlichen Sozialisierungsphase, was bedeutet, daß er es lernen muß, nicht mehr »Nabel der Welt« zu sein, sondern Teil einer Gemeinschaft zu werden, der er sich integrieren, ja unterordnen muß. Er muß ab jetzt alles lernen, was zum Überleben einer Gemeinschaft notwen-

Sozialisierungsphase

dig, und damit das, was grundsätzlich, in höherer Sicht, arterhaltend ist.
Das ist ein wenig so wie bei unseren Kindern, die eines Tages mit der großen Tüte den Ernst des Lebens beginnen. Der erste Schultag, die erste Trennung von der Mutter, der Lehrer wird nun in ähnlichem Sinne die Hauptbezugsperson wie der Vaterrüde bei den Welpen.
Freilich haben es da die Wolfswelpen besser als unsere Kinder, denn ihr Lehrer ist der Vater, das traute Heim, wo sie geboren wurden, ist die Schule – es ist kein so harter Einschnitt wie bei unserem Schulsystem. Doch erinnern wir uns – Schule gibt es eigentlich noch gar nicht so lange. Früher war es doch auch so, daß die Kinder im Hause aufwuchsen und hier ihren Unterricht durch die elterliche Familie erhielten. Der Bauernsohn lernte vom Vater die Landwirtschaft, die Bauerntochter von der Mutter die Hauswirtschaft; eigentlich war das so recht die vielzitierte »heile Welt«, auch wenn man dabei keinen Chemie- oder Physikunterricht hatte und nichts von Integralrechnung erfuhr. Aber das war ja damals alles gar nicht so nützlich – sein Handwerk mußte man beherrschen, und das lehrte einen der Vater, und hatte man bei ihm ausgelernt, dann erst verließ man das Elternhaus, um auf der Wanderschaft bei anderen Meistern noch einiges dazuzulernen, um einmal als Meister ins Vaterhaus zurückzukehren und den Betrieb zu übernehmen.

Unterricht

Genauso ist das bei den Wölfen, die zwar am Ende nicht den väterlichen Betrieb übernehmen, sondern besser vergleichbar dem zweitältesten Sohn sind, der sich einmal anderswo niederläßt, um seinen eigenen »Betrieb« zu gründen – bei den Wölfen eben die Familie, die vom uralten Handwerk des Jagens lebt.
Wie bei den Kindern der alten Zeit, als es noch keine Schulen gab, fließen nun bei den Wölfen Spiel und Handwerk ineinander. Für die Jungs war es herrlich, in der Werkstatt des Vaters zu spielen. So wurden ihre Hände mit den Werkzeugen, mit dem Werkstoff und seiner Verarbeitung wie von selber vertraut. Machten sie dabei was kaputt, nun, dann gab's eine kräftige Ohrfeige. Das wurde von derart unfrustrierten Kindern genau so akzeptiert, wie es der Wolfswelpe akzeptiert, wenn ihn der Altwolf verprügelt; er hat deswegen noch lange

keine Angst vor ihm, sondern es hilft, daß er in seiner Achtung steigt. Wenn der Alte, bei dem und mit dem man so schön spielen kann, eine solche disziplinarische Maßnahme für notwendig hält, wird er schon wissen, was er tut.
Das sind also die Grundlagen, auf denen wir ebenso aufbauen können, wie der Vaterrüde. Das muß der geistige Schlüssel für alle künftigen Maßnahmen sein, die wir treffen, um mit dem Welpen zurechtzukommen und am Ende einen guten, wertvollen und lebensfrohen Hund zu formen.

Disziplinieren

Bleiben wir gleich also beim Disziplinieren, vor dem wir auch am ersten Tag nicht zurückschrecken sollten. Wir tun dem Welpen nichts Böses an, wenn wir ihm etwas verbieten und – falls er nicht begreifen will, hier handgreiflich nachhelfen. Denken wir dabei an den Vaterrüden – der hätte sich das auch nicht bieten lassen, daß der Welpe auf sein drohendes Knurren nicht hört: er packt ihn in einem solchen Falle am Genick und schleudert ihn herum, meist unter lautem Gebrüll. Kaum losgelassen, wirft sich dann der Welpe demütig auf den Rücken, sein zu Herzen gehendes Welpengeschrei aussto-ßend, und wenn sich der Vater zufrieden wieder auf seinen Platz zurückzieht, geht der Welpe frontal auf ihn zu und leckt ihm das Maul. »Sei wieder gut, ich tu's (vermutlich) nicht wieder.«
Jeder Hund – ob Welpe oder Althund – wird, wenn er nie frustriert worden ist, so handeln, wenn er körperlich oder

akustisch zur Ordnung gerufen wurde: Er kommt mit allen Anzeichen der Freundlichkeit auf uns zu, um uns zur Versöhnung die Hand (die bei uns das Hundemaul gut ersetzen kann) zu lecken.

Eine kleine Übungsaufgabe: Beobachten Sie bitte die Hunde ihrer Umwelt, wenn sie von ihrem Herrn zurechtgewiesen werden. Wenn sie danach ängstlich die Rute einziehen und mit schrägem Blick ein ausweichendes Verhalten zeigen, dann wissen Sie, was das bedeutet. Ist es so, wie oben geschildert, dann sprechen Sie den Hundebesitzer sofort freundlich an – als Anfänger können Sie von dem ganz bestimmt eine Menge lernen! Und ein Hundefreund dieser Art hilft Ihnen sicher auch gern dabei.

Bleibt also noch abzuhandeln: wann und wie disziplinieren? Nun, ganz grundsätzlich dann, wenn es um ein Verbot geht.

Verbote und Verbotsworte

Einem Verbot geht allerdings voraus, daß man das, was nicht erlaubt ist, auch für den Hund verständlich tabuisiert. Das macht man vorab stimmlich.

Seien Sie in der Wahl Ihrer Verbotsworte nicht phantasielos. Natürlich ist das allbekannte »Pfui« sehr praktisch und sozusagen kynologisches Traditionsgut. Einmal schrieb mir jemand, daß er dieses Wort nie verwenden würde, weil es für seinen Hund zu ordinär sei. Na ja – das ist Geschmackssache. Wenn wir zu einem Kleinkind, das nach einer weggeworfenen Bananenschale greift, sagen: »Das ist pfui«, so meinen wir damit, daß das unappetitlich oder garstig ist. Teppiche sind das nicht – so mag manch einer, der vielleicht in seiner Kindheit dieses »Pfui« bei überhygienischen Eltern zu oft gehört hat, seinem Hund nicht beibringen wollen, daß der Teppich das sei.

Wortschatz

Dem Hund ist das alles völlig egal, und da er gerade in seiner frühen Jugend einen recht umfangreichen Wortschatz lernen kann, so hat man auch die Möglichkeit, seinen Verbotsruf je nach Situation zu wechseln. Natürlich soll es immer ein kurzes Wort sein. Etwa »Nein!«, oder »Weg!«.

Wollen wir einmal eine praktische Situation des »ersten Tages« in unserer Wohnung ins Auge fassen. Ich denke da immer gleich an die Teppichfransen, weil mir stets die Tränen in die Augen steigen, wenn ich die kümmerlichen Reste meiner von Vorfahren ererbten Teppiche betrachte.

Der Welpe also entdeckt, daß man besagten Teppichfransen mit den Zähnen ausgezeichnet zuleibe rücken kann. Wir sind zuvor ruhig dagesessen und haben ihm bei seinen sonstigen, harmlosen Erkundigungen zugesehen. Jetzt aber haben wir etwas zu tabuisieren, und laut und deutlich klingt unser »Nein!« knallhart durch den Raum. Der Welpe wird uns sofort erstaunt anblicken. Nun heben wir den Finger wie ein guter Lehrer und wiederholen, diesmal langgezogener und betonter »Neiiiiin!«.

Dieses Manöver kann den Welpen von dem Vorhaben bereits ablenken, und es kann sein, daß er neugierig auf uns zukommt. Was für eine Freude: »Ja – so ist er lieb, brav...« und was unser Sprachschatz noch an Freundlichkeiten hervorbringt. Auch hier spielt die Formulierung keine Rolle

Tonfall

– nur auf den Tonfall kommt es an. Wenn ich meinen guten Schäferhund Thomas lobe, sage ich immer »alter Trottel« zu ihm, und er freut sich dann schrecklich.

Merksatz: Die Bedeutung eines Wortes wird vom Hund ganz allein vom Tonfall her begriffen – nicht von seinem sprachlichen Inhalt.

Nun kann es aber auch sein, daß der Welpe unserem Ausruf keine Bedeutung zumißt und weiter – vielleicht nach kurzem Herschauen, vielleicht unter Beobachtung unserer Person – vergnügt an den Fransen herumkaut. Also nochmals den Warnschrei ausstoßen und eine noch drohendere Haltung einnehmen. Hilft das wieder nichts, dann begibt man sich am zweckmäßigsten zu dem Welpen, nimmt ihm das begehrte Objekt aus dem Mäulchen, klopft ihm sanft (!) auf die Nase und wiederholt das Verbotswort. Außerdem nimmt man ihn danach am Nackenfell und setzt ihn an eine andere Stelle.

Griff in das Nackenfell

Beim Griff in das Nackenfell natürlich soviel Fell als man nur in die Hand bekommen kann erfassen, denn sonst tut es dem Welpen weh. Das ist aber in diesem Stadium unseres Tabuisierungsvorhabens nicht notwendig. Er soll nur merken, daß er an dieser Stelle nicht erwünscht ist. So durch die Luft gehoben zu werden, ist ihm nichts Ungewohntes, das hat die Hündin sicher auch schon mit ihm gemacht, und jeder erfahrene Züchter faßt seine Welpen so an – da ist gar nichts dabei, aber der Welpe fühlt dadurch die absolute körperliche Überlegenheit der »Großen«.

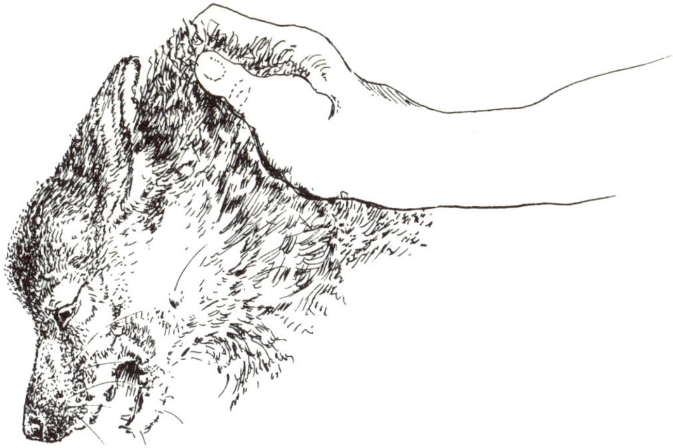

Ein geistig besonders beweglicher Welpe wird jetzt seine großen Kulleraugen auf uns richten, und zwar mit einem solchen Ausdruck, als wolle er den Kopf schütteln. Es arbeitet sichtlich in ihm – er sagt: »Was soll denn das nun wieder?« Folgerichtig wird er, wenn wir uns wieder hingesetzt haben, zu den Teppichfransen zurückkehren, um zu erproben, was das bedeutet. Wieder unser »Nein!«, und jetzt müßte er eigentlich begriffen haben, daß es da etwas gibt, das uns zu komischen und letztlich unangenehmen Reaktionen veranlaßt. Es beginnt zu dämmern. Bleiben wir konsequent, so ist das »Nein« oder »Pfui« innerhalb von 24 Stunden begriffen – wenn er kein Döskopf ist. Der braucht etwas länger.

Nun kann es noch sein, daß er geflissentlich unser Verbotswort überhört und in einer Art Trotzreaktion nochmals dasselbe versucht. Also hat uns nun der Kragen zu platzen und uns zu veranlassen, mit aller Härte des Gesetzes vorzugehen. Hier tut körperliche Züchtigung not: unter einem lauten Verbotsschrei stürzen wir uns auf den Renitenten, packen ihn nun ganz energisch am Nackenfell, heben ihn in Gesichtshöhe und schütteln ganz sanft, wobei wir unser Wort wiederholen. Böses Schauen wird von ihm auch wahrgenommen und mit unserem übrigen Verhalten sowie mit den Teppichfransen verknüpft. Später einmal wird es genügen, ein leises, drohendes »Nein« zu sagen und böse zu blicken. Egal, bei welcher

Trotzreaktion

Gelegenheit – er hat dann begriffen, wenn er an dieses Ding mit den Zähnen rangeht, werden wir böse und könnten zur Züchtigung schreiten. Also läßt er es doch lieber bleiben. Ein Hund kann bei entsprechendem Kontakt und einer solchen konsequenten Grunderziehung so weit kommen, daß man es sich dann auch leisten kann, seinen Namen mit vorwurfsvollem Klang zu nennen und ihn entsprechend anzusehen. Dann weiß er schon, daß er das, was er eben tun wollte, nicht darf und läßt von seiner Absicht bereitwillig ab.
Bis dahin ist es natürlich ein weiter Weg, aber er ist leicht begehbar, wenn man von vornherein Nägel mit Köpfen macht. Vor allem darf da eines nicht passieren. Der Welpe hat noch nicht restlos begriffen, daß das mit dem Zerkauen von Teppichfransen nicht sein darf. Da auf einmal läutet im Nebenzimmer das Telephon oder draußen die Türklingel – kurz, wir lassen den Welpen eine Weile allein. Er beschäftigt sich wieder mit dem begehrten Objekt – und stellt fest: »Wenn der Alte nicht da ist, passiert gar nichts! Da darf ich ...«
Man soll nie vergessen, daß Kindheitserlebnisse wie beim Menschen für alle Zeiten nachwirken. Versuchen Sie einmal, diese neue Erfahrung dem Hund wieder auszutreiben! Eine Sisyphus-Arbeit!

Tabuisieren

Etwas, was man vom Vaterrüden lernen kann. Um seinen Welpen zu verdeutlichen, daß es Dinge gibt, die sie gegen seinen Willen nicht tun dürfen, bedient er sich eines Tricks. Er nimmt einen Gegenstand auf – das ist für gewöhnlich ein alter Knochen, der lange unbeachtet umhergelegen hat – und trägt ihn ganz wichtig vor den Welpen auf und ab, bis er sicher ist, daß es alle gesehen haben. Dann legt er den Knochen ab und legt sich in einiger Entfernung auf einen besonders ausgewählten Platz. Auf einen nämlich, von dem aus er beobachten kann, ob die Welpen diesem Knochen zustreben, ohne daß es die Welpen merken, daß er sie beobachtet.
Die neugierig gewordenen Welpen streben tatsächlich diesem Knochen zu, denn sie wollen wissen, warum der auf einmal solche Bedeutung hat. Kaum sind sie an diesem

Gegenstand, springt der Rüde auf und vertreibt die Welpen sehr nachdrücklich von dem tabuisierten Knochen. Die entsprechenden drohenden Lautäußerungen gehören zu diesem Eingreifen.
Natürlich sind die Welpen nun noch neugieriger geworden, und sie versuchen erneut, sich dem Knochen zu nähern, nur viel vorsichtiger. Der Rüde braucht nur aufzuspringen – schon sind sie weg oder tun so, als würde sie ganz etwas anderes interessieren.
Beim dritten Versuch genügt gewöhnlich ein Kopfheben des Alten, ein schräger Blick, ein leises Knurren – schon tun die Welpen so, als hätten sie ja gar nicht gewollt und seien nur ganz zufällig hier vorbeigekommen.
Der Rüde hält aber den tabuisierten Knochen so lange im Auge, bis kein Welpe mehr wagt, an ihn heranzugehen. Erst wenn er sich vergewissert hat, daß sie auch dann dies nicht mehr tun, wenn er nochmals an dem Knochen war, dann bricht er erfolgreich seine Lektion ab. So gibt es keine Möglichkeit für die Kleinen, die Erfahrung zu machen, daß außerhalb der Sichtweite des Chefs das Tabu keine Gültigkeit hat.
Es geht also um die notwendige Konsequenz – eine Konsequenz, die schon in den ersten Stunden auch bei uns im Heim klar zum Ausdruck kommen und die von allen Familienmitgliedern beachtet werden muß. Hierüber muß innerhalb der Familie, wie groß sie auch sei, von vornherein Klarheit herrschen. Hundeerziehung – genau wie Kindererziehung – ist vorrangig Selbsterziehung.

Konsequenz

Was kann aus einem Welpen werden, dem das Teppichzerstören zwar vom Haushaltungsvorstand verboten, von der siebenjährigen Tochter hingegen erlaubt wird? Klarerweise ein raffinierter Kerl, mit dem später einmal keiner mehr fertig wird. Denn er hat durchschaut, daß es in diesem Familienverband keine einheitliche Linie gibt und jeder macht, was er will – also nimmt er sich dasselbe Recht heraus.
Ich kenne Fälle, wo zwei teilweise verzogene Geschwister, die innerhalb der elterlichen Gemeinschaft in einem gewissen Anerkennungs-Konflikt lebten, einen Hund, der ihnen beiden gehörte, zum Neurotiker machten. Man sollte es sich zum Grundsatz machen, daß der Hund grundsätzlich dem Fami-

lienoberhaupt und niemals dem Kind oder den Kindern gehört. Das ist sogar rechtlich begründbar, denn Jugendliche unter achtzehn Jahren sind nicht geschäftsfähig, und Eigentum kann ihnen von den Eltern nur als Besitz überlassen werden, der jederzeit als das Eigentum der Eltern deklariert werden kann.

Kindern keinen Hund schenken

Man darf eigentlich einem Kind keinen Hund schenken – man darf ihn dem Kind nur zur Betreuung überlassen, über die die Eltern zu wachen haben. Zum Nutzen und Wohle des Kindes wie des Hundes. Die Richtlinien zur Hundeerziehung müssen von der elterlichen Autorität ausgehen. Darum sollte auch niemand einem Kind einen Hund überlassen, der selber überhaupt keine Beziehung zum Tier hat und auch nicht gewillt ist, sich eine solche anzueignen. Würden Eltern so handeln, würden nicht freundliche Verwandte so ein wenig gegen den Wunsch der Eltern ihren Nichten und Neffen einen Hund schenken – die Zahl der von Hunden gebissenen Kinder würde sehr stark zurückgehen! Bedauerlich dabei ist auch noch, daß an sich es wunderbar wäre, wenn alle Kinder dieser Welt mit Hunden aufwachsen dürften – man aber aus Vernunftsgründen immer wieder abraten muß, weil es so vielen Eltern an der Möglichkeit fehlt, ihren Kindern entsprechende Anleitungen zu geben.

Dabei tut es auch jungen Hunden sehr gut, wenn sie mit Kindern spielen können. Kinder und Welpen stehen sich psychisch doch viel näher, die Anpassungsfähigkeit ist größer.

Daher gleich wieder ein Rat: wenn Sie als Neubesitzer eines Welpen in der Nachbarschaft tierfreundliche Kinder finden, die sich unter Ihrer Anleitung mit dem Welpen beschäftigen wollen, machen Sie dem Welpen, den Kindern und sich selber eine Freude. Natürlich muß dem ein ernsthaftes Gespräch mit den Eltern vorangehen, die entweder keine Möglichkeit zur Haltung eines Hundes haben oder auch keinen Hund wollen.

Die Sozialisierungsphase

Damit sind wir wieder bei der Sozialisierungs-Phase, die so ungefähr bis zur zwölften Lebenswoche dauert.

Sie umfaßt zwei Hauptelemente der Jugendentwicklung des Welpen. Das eine haben wir schon ausführlicher abgehandelt: nämlich die Unterordnung, die Erfahrung, daß man einfach nicht alles tun darf, was man gerade will.

Das andere und ebenfalls ungemein wichtige Element ist die Erfahrung, daß gemeinsames Tun schöner und erfolgreicher ist, als allein vor sich hinzuleben. Das ist die Belohnung für die Vertreibung aus dem Paradies der Egozentrik. Man erfährt mit Vergnügen, daß die Welt noch schöner wird, wenn man ein Miteinander hat.

Gemeinsames Tun

Für diese Erkenntnis ist der Welpe in dieser Entwicklungsphase herangereift, und dafür nimmt er in Kauf, daß nun nicht mehr alles nach seinem Willen geht. Es ist die große Zeit des Spielens.

Gewiß spielen die Welpen schon vor der achten Lebenswoche. Das sieht so aus, daß jeder für sich mit einem Gegenstand spielt und es gar nicht gern hat, wenn ein anderer Welpe auch damit spielen will. Es herrscht ja noch das egozentrische Gefühl vor. Er will zwar mit dem anderen Welpen spielen, aber das ist eigentlich kein »mit«, sondern »am«. Er will sozusagen am anderen Welpen spielen, also mit dessen Ohr, Schwänzchen oder Nase. Auch gegenüber den Eltern bringt er dieses Ich-bezogene Spielverhalten im wahrsten Sinne des Wortes »ins Spiel«.

Jetzt aber reift in ihm ein Verständnis dafür, daß es ja noch viel aufregender und – ganz sachlich gesagt: »positiver« ist, wenn man gemeinsam spielt und dem anderen nicht die Funktion eines »Spielzeuges«, sondern die eines »Spielpartners« zugesteht.

Spielpartner

Auch im Erziehungsprogramm des Vaterrüdens steht das als Unterrichtsanleitung, und deswegen fordert er nun seine Welpen von sich aus zum Spiel auf. Das gibt ihm zwei Möglichkeiten: einmal, den Welpen mit Hilfe des Spiels einiges beizubringen, zum anderen, seine Vorrangstellung klarzumachen. Denn er bestimmt nun, wann gespielt wird, und wann das Spiel mit ihm abzubrechen ist. Lernen und Unterordnen – das sind die Ziele.

Freude am Lernen

Freude am Lernen über das Spiel hat nicht nur künftige Bedeutung, es erleichtert auch die notwendige Einfügung in die Gemeinschaft.

Unterordnung

Ich habe öfters den Ausdruck »Unterordnung« gebraucht – er ist an sich dem Jargon des Gebrauchshundewesens entnommen. Gewiß – man muß sich in einer Gemeinschaft unterordnen, und selbst der Rudelführer muß sich dieser Gemeinschaft, also den Notwendigkeiten des Rudels, unterordnen. Aber man sollte dieses Unterordnen nicht im Sinne eines sturen »Strammstehens« sehen, sondern als ein Einsichtsverhalten. Unterordnung sollte keine von »Oben« diktierte Pflicht sein, sondern die freudige Eingliederung in die Gemeinschaft. Und sie sollte nicht bloß für Hunde gelten. Wenn ich so nachdenke, und mir der Satz vom Lektorat nicht gestrichen werden sollte: ich schreibe dieses Buch nicht deswegen, weil ich mich Herrn Piper unterordne, sondern weil ich glücklich bin, in seinem Verlag mitarbeiten zu dürfen.

Ohne in einen Exkurs über Führungsqualitäten überzuleiten, möchte ich jetzt nur sagen: Ein Hund, der einfach mitmacht, was man von ihm will, und zwar gern – der fühlt sich offensichtlich wohl in seiner Haut und lebt im Vertrauen auf die Weitsicht seines Herrn, aber auch im Hinblick auf die Geborgenheit in einer Sozietät.

So muß all unser Erziehen darauf abzielen, diese vorgenannte Geborgenheit, unabdingbar verbunden mit der Führungsqualität, auch wirklich zu bieten. Durch eine erzwungene Unterordnung kann man zwar absoluten Gehorsam erreichen, und manche Leute wollen das sogar. Nicht erreichen kann man hingegen so die absolute Zuverlässigkeit. Die erreicht man nur über den Weg der freiwilligen Zuwendung.

Freiwillige Zuwendung

Das ist auch wieder so ein Wort. Aber es ist ein Schlüssel zum eigenen Erfolg mit dem Hund. Eigentlich geht seine Erklärung aus den bisher gesagten Darstellungen deutlich genug hervor, doch möchte ich es eingedenk antiquierter Vorstellungen, daß man einen Hund »dressieren« muß, noch eingehender erläutern.

Es ist ganz einfach. Wenn ein Welpe in der Sozialisierungsphase die Erfahrung macht, daß es nichts Schöneres auf der Welt gibt, als mit seinem zweibeinigen Artgenossen zu spielen und so seine »Nabel-der-Welt-Vorstellungen« aufgibt, dann prägt sich das seinen entsprechenden Gehirnzellen für den ganzen langen Rest seines Lebens so nachhaltig ein, daß er endlich auch als höchstes Glück auf Erden empfindet: »Wenn

ER – oder SIE – etwas von mir will, dann ist das ganz unbeschreiblich schön!«
Kein Hund, der in der Geborgenheit einer wie auch immer gearteten, aber konsolidierten Gemeinschaft lebt, legt jemals Wert darauf, Rudelführerqualitäten zu entwickeln. Das allem Leben eigene Trägheitsprinzip sieht hier seine Chancen: Wer es besser macht, ist König, und das entbindet mich der Eigenverantwortung, die meist recht unbequem ist.
Sehr gut sozialisierte Hunde werden in bestimmten Teilbereichen ihres Lebens nie so recht erwachsen. Man kann das als Retardation bezeichnen, muß sich dabei aber im klaren bleiben, daß nicht der ganze Hund retardiert ist, sondern daß er es nur ist hinsichtlich seiner sozialen Einpassung.
Es ist gut, daß Hunde keine instinktmäßig festgelegten »Schienenfahrzeuge« sind, wie etwa Insekten. Ich habe mich schon oft gefragt, wie es kommt, daß ein Hund zwar die Rudelführerschaft des Menschen anerkennt, ihm aber die Aufgabe abnimmt, an Bäumen zu schnuppern und das Beinchen zu heben. An sich eine Aufgabe des Leitrüden. Heute erkenne ich, daß das eben die Plastizität im Bereich der vorgegebenen Verhaltensmuster ist: im Sinne einer Arbeitsteilung übernimmt man Aufgaben – wenn also der Chef mir die Aufgabe überläßt, die Visitenkarte zu hinterlassen, so führe ich sie eben aus. So oder ähnlich mag das im Hundegehirn ablaufen. Ich erwähnte es schon – Markieren ist Aufgabe des Rudelführers, und kein rudelangehöriger untergebener Rüde würde es je wagen, dasselbe zu tun. Er bleibt in dieser Richtung retardiert, ähnlich wie hinsichtlich des Paarungsverhaltens. Unsere Hunde hingegen übernehmen diesen Teilbereich der Führerschaft und bleiben in anderer Richtung retardiert.

Arbeitsteilung

Auch hier sollte man noch prüfen, ob man das wirklich als »Retardation« bezeichnen darf, oder ob das nicht auch zum sozialen Agreement gehört, als freiwillige Anpassung an die Gemeinschaft, im Sinne der »freiwilligen Zuwendung«, wie ich das zuvor gesagt habe.
Unser eingefleischtes »Untertanendenken«, das durch eine wohlorganisierte Bürokratie sorgsam gehegt und gepflegt wird, macht es uns mitunter schwer, das friedliche vierbeinige Soziallebewesen Wolf und seine domestizierten Nachfahren

richtig zu verstehen. »Unterordnung«, »Abrichtung«, »Gehorsam«, aber auch Ausdrücke wie »Leinenführigkeit« oder »Arbeitswilligkeit« und vieles mehr sind das Ergebnis einer Fehleinschätzung des Hundes, wenn sie im Sinne menschlicher Überheblichkeit gebraucht werden.

Kein Zweifel, daß wir Menschen gescheiter sind als ein Hund. Aber wenn wir diese Verstandesfähigkeiten in Verkennung der wahren Natur des Hundes allein dazu benützen, ihn zu unterdrücken und zum willfährigen Objekt unserer Wünsche und Bestrebungen zu degradieren, dann sind wir eines Geistes mit den Diktatoren dieser Welt. Urteil: Kein Hundeführerschein!

Wer glaubt, daß mit der Ausbildung eines Hundes der »Ernst des Lebens« für ihn beginnt, hat die wirkliche Natur des Hundes nicht begriffen. Der Ernst des Lebens beginnt für den Hund bei der Geburt und endet mit seinem Tod. Nur – ist sein Leben zwischen diesen beiden Daten hundegerecht, dann kommt ihm nie zu Bewußtsein, daß es zweierlei Formen von Leben gibt. Eine nichternste und eine ernste. Ich möchte denjenigen Menschen, der das Wort vom »Ernst des Lebens« aufgebracht hat, gern einmal in einer dunklen Seitengasse treffen ...

Wie sinnvoll ist eine »unbekümmerte« Jugend?

Es ist tatsächlich so, daß manche Gebrauchshundeleute – zum Glück heute wirklich nur noch manche – der Meinung sind, man müsse einem Welpen eine »unbekümmerte« Jugend erlauben, in der man nicht an ihm herumerzieht. Und daß man erst dann, wenn der Hund zwölf, vierzehn oder gar sechzehn Monate alt geworden ist, mit der Ausbildung zu beginnen habe – eben in dem Sinne, daß nun dieser widersinnige »Ernst des Lebens« beginnen müsse.

Dressur mit Gewalt

Es ist doch nach dem bislang Gesagten wohl nun jedem klar, daß ein derartiger Einschnitt in das Leben eines Hundes von diesem überhaupt nicht verkraftet werden kann und daß man dann zu dem Mittel einer ziemlich gewaltsamen Dressur greifen muß, um die gewünschten Erfolge zu erzielen. Derartiges kann doch wohl kein vernunftbegabter Mensch gutheißen!

Richtig an einer solchen Altersangabe ist freilich, daß man erst von da an die schwereren Übungen beginnen soll, die ein jüngerer Hund körperbaulich noch nicht verkraften kann, wie

der Sprung über eine zwei Meter hohe Sprungwand. Aber das versteht sich wohl von selbst.
Überforderung der Kräfte körperlicher oder psychischer Natur ist ein sehr schwerwiegendes Problem, auf das ich auch im Folgenden eingehen werde.

Stubenreinheit

Es wäre eine Überforderung der psychischen Kräfte des Welpen, gleich am ersten Tag zu erwarten, daß man dem Kleinen mit – wenn auch vielleicht sanfter – Gewalt Stubenreinheit beibringen könnte. Man darf schließlich nicht übersehen, daß doch der Hund in einer ihm völlig neuen Umgebung nicht ahnen kann, wohin er mit seinen in diesem Alter noch recht häufigen Bedürfnissen soll! Von Natur aus ist jeder Welpe stubenrein. Bis zum Tag des ersten Lagerverlassens – gewöhnlich der 21. Lebenstag – sorgt die Mutter für die Abgabe und Beseitigung der Ausscheidungen. Ab da aber krabbelt jeder normale Welpe ganz von selber aus der Hütte, wenn er einmal muß. Er setzt sich dann auch nicht gleich dicht neben die Hütte, sondern sucht einen Platz, der möglichst weit entfernt und von den Alttieren meist schon geruchsmarkiert ist. In der Natur wäre es geradezu selbstmörderisch für Wölfe, wenn die Exkremente dicht neben dem Wurflager abgesetzt würden. Das führt einen Freßfeind direkt zum Lager, wo die kleinen Welpen vielleicht gerade unbewacht sind.
Beim Züchter, der seine Hündin in einem größeren Zwinger hält, können also die Welpen ihren wohl angeborenen Drang, zum Ausscheiden weit weg vom Schlaflager zu laufen, gut einspielen. Ist der Zwinger aber zu klein oder leben die Welpen mit der Mutterhündin in einem Zimmer, dann passiert es nur zu leicht, daß sie sich die natürliche Stubenreinheit abgewöhnen. Es gibt nun Züchter, die es als naturgegeben ansehen, daß die Welpen mangels Auslauf wahllos durch die Gegend machen, und es gibt Züchter, die doch so schlau sind, daß sie unter solchen Umständen einen eigenen Kotplatz anlegen, der bereits von der Hündin benutzt wird, solange die Welpen noch im Lager bleiben. Eine flache, große Kiste mit Sand oder

Der eigene Kotplatz

anderem, leicht entfernbaren Material. Etwa Zeitungspapier, das sich ausgezeichnet bewährt. Die Welpen folgen dann ganz automatisch dem Beispiel ihrer Mutter.
Man sehe sich also um, wie der Züchter, von dem man den Welpen bezogen hat, dieses Problem handhabt. Wer es ganz schlau anstellen will, nehme sich beim Abholen des Welpen ein wenig bereits benutzten Sand, benutztes Papier oder Sägespäne mit dieser Geruchsimprägnierung mit. Nicht gleich einen ganzen Sack voll, es genügen kleinste Mengen, so viel wie in ein Tablettenröhrchen hineinpaßt. Zu Hause angekommen, wird der bereits vorbereitete und mit gleichartigem Material versehene Kotplatz damit bestückt und dem Welpen vorgestellt, indem man ihn draufstellt. Dann geht man weg und begibt sich dorthin, wo man seinen gewohnten Platz eben hat. Ganz sicher interessiert den Welpen dieser »heimische Duft«, und wenn er auch im Augenblick gerade nicht muß, so erkundet er jetzt zumindest den Weg, der von dieser Toilette zum neuen Herrchen führt. Er will ja nicht allein bleiben und hat noch einen ausgeprägten Folgetrieb. Aber ein selbst gelaufener Weg ist ein Erfahrungswert, und so wird ihn der Welpe wieder ziemlich sicher zurücklaufen, wenn er nun doch muß. Also nach Vorstellung der Toilette den Welpen nicht von dieser wegtragen, sondern bestenfalls weglocken.
Sollte der Welpe dennoch vergessen, wo es war, und, immer noch verwirrt von den vielen neuen Sinneseindrücken, die schönste Stelle auf unserem Teppich suchen, ist nichts verloren. Es ist für uns ohnehin selbstverständlich, daß wir mit dem Neuankömmling so lange zusammenbleiben, bis ihn die Müdigkeit übermannt und er sich zum Schlafen legt. Fängt er also an, mit tiefer Nase am Boden zu schnuppern und dabei seinen Kreisgang einzuschalten, sich also an einem Fleck im Kreise zu drehen, dann weiß man, was man zu erwarten hat. Jetzt heißt es schnell handeln. Auf keinen Fall darf man den Welpen jetzt erschrecken, sonst vergißt er, daß er muß. Also reden wir freundlich auf ihn ein, nehmen ihn hoch und bringen ihn zu seiner Toilette, worauf wir uns wieder in Richtung Sitzplatz zurückbewegen, allerdings nur so weit, daß wir sehen können, ob wir mit dieser Maßnahme Erfolg hatten.
Sollte es nicht klappen und der Welpe, ohne sich zu lösen, uns

wieder nachlaufen, müssen wir uns eben in Geduld üben und warten, wann es ihn wieder überkommt.

Wenn trotzdem das Malheur passiert...

Sollten wir diesen Augenblick verpassen, dann können wir wirklich nichts anderes tun als ruhig zusehen. Wenn er fertig ist und den Ort seines Versagens verlassen hat, nehmen wir etwas Saugfähiges, z. B. ein Stück Papiertaschentuch, benetzen es ein bißchen mit dieser Bescherung und legen es in das Kistchen. Hernach putzen wir und übertönen den Geruch der besagten Stelle mit einem scharf riechenden Putzmittel, Ammoniak oder Essig.

Schimpfen, schütteln und anderes hat da überhaupt keinen Erfolg. Das überlieferte Reinstecken der Welpennase ist kein Erziehungsmittel, sondern nur der Beweis dafür, daß Aberglauben in der Hundehaltung nur sehr schwer ausrottbar ist.

Schaffen wir es, daß der Welpe die Toilette benutzt, dann haben wir gewonnen und dürfen dieser unserer Freude laut und für den Welpen verständlich Ausdruck geben. Loben, loben, und nochmals loben. Einen anderen Weg gibt es nicht.

Sich sechs bis sieben Mal am Tag zu lösen, ist für den Welpen ein unabweisliches Bedürfnis und außerdem mit einem gewissen Lustempfinden verbunden. Strafen wir, so ist er nicht in der Lage, unsere Verhaltensweise mit dem Ort seines strafwürdigen Tuns zu verknüpfen – er muß zwangsläufig zu dem Schluß kommen, daß wir böse sind, weil er gemußt hat! Also wird er daraus folgern, daß wir nicht wollen, daß er sich löst. Da er aber – vor allem in diesem frühen Alter – seinen Drang nicht unterdrücken kann, wird er in einen schweren seelischen Konflikt kommen und alles daran setzen, sich bei dieser Notwendigkeit unseren Blicken zu entziehen. Dann haben wir die Bescherung unter der Couch oder draußen im Flur. Das bringt ihm zweierlei Erfahrungen: erstens die, daß es in unserer Wohnung sehr geeignete Möglichkeiten gibt, wo er hinmachen kann, ohne daß wir es bemerken, zweitens, daß er unseren Unwillen erregt, wenn er macht. Also wird er ganz folgerichtig bei einem Spaziergang alle seine Kräfte zusammennehmen, uns diesen Anblick zu ersparen, und dann, sobald wir wieder zu Hause sind, einen solchen vor unseren Blicken geschützten Ort zwecks Befreiung innerer Dränge aufsuchen. Schließlich will er uns ja zu Gefallen sein, als braver, das Herrchen liebender Welpe!

Ein schlechtes Gewissen ist Strafe genug

Anders ist das, wenn der inzwischen erwachsene Hund etwas Unrechtes gefressen hat, in der Nacht plötzlich Durchfall bekommt und, noch ganz schlaftrunken, am nächst besten Platz das Zeug rausläßt, weil es einfach nicht anders geht. Er ist hinterher so verlegen und bedrückt über ein derartiges Mißgeschick, daß man ohnehin Mitleid mit ihm hat und bereit ist, ihn zu trösten. Kann ja jedem mal passieren! Merksatz: Ein Hund mit unübersehbar zur Schau gestelltem schlechten Gewissen ist bereits bestraft! Ein reuiger Sünder kommt bekanntlich in den Himmel.

Um dieses etwas »anrüchige« Thema fertig abzuhandeln: Wenn ein Hund, der bisher stubenrein war, es auf einmal nicht mehr ist – dann liegt es nicht am Hund, sondern an seiner engeren oder weiteren Umwelt. Hier heißt es, Selbstanalyse zu betreiben unter der Frage: »Was habe ich oder was hat jemand aus unserem Clan dem Hund angetan?« Den Hund nun hart anzufassen, wäre der von vornherein zum Scheitern verurteilte Versuch, den Teufel mit dem Beelzebub auszutreiben. Genau das Gegenteil ist richtig: dieser Hund benötigt dringend Zuwendung in freundlichster Form, wir sollten seine Verfehlungen einfach übersehen (für ihn, nicht für die Wohnung) und möglichst viel mit ihm spielen oder spazieren gehen. Beides zusammen ist natürlich noch viel besser.

Die Stubenunreinheit eines Hundes, der bislang stubenrein war, ist als Protest zu verstehen, ähnlich wie bei Kindern, die sich vernachlässigt fühlen und anfangen, ungezogen zu werden, weil ihnen Strafe für das Ungezogensein noch lieber ist, als gar nicht beachtet zu werden.

Das Schlafen

Damit haben wir die Möglichkeiten des »ersten Tages« wohl so ziemlich beisammen, samt ihren künftigen Auswirkungen. Bleibt vielleicht noch die Frage, wie das mit dem Schlafen ist. Ich sagte weiter zuvor, daß man mit dem Hund so lange zusammenbleiben muß, bis er schläft. Nun aber ist es doch so, daß Welpen mehrfach am Tag schlafen, und ich hoffe, daß das nicht mißverstanden wird. Ich meinte natürlich den Abend. Wir sollten da zunächst auf das Fernsehprogramm verzichten.

Die Schau, die so ein Welpe abzieht, ist ohnehin viel interessanter. Normalerweise haben Welpen – wie auch erwachsene Hunde – ihre Hauptspielzeiten am Morgen und am späteren Nachmittag. Sobald es draußen dunkel wird, begeben sie sich zur Ruhe und schlafen dann die Nacht durch.

Stellen wir also fest, daß er jetzt endlich eingeschlafen ist, sollten wir uns keinen trügerischen Hoffnungen hingeben. In der neuen Umgebung bleiben seine Sinne wacher als in einer längst vertrauten. Er merkt es unweigerlich, wenn wir ihn nun verlassen, um uns ins Bad und Schlafzimmer zurückzuziehen. Worauf er sich ganz nachdrücklich verlassen fühlt und dies auch lautstark zum Ausdruck bringt.

Was ich davon halte, Kleinstkinder abzuschieben und sie nach Omas Rezept einfach brüllen zu lassen (»Das stärkt die Lunge, außerdem gewöhnen sie sich, man darf sie nicht verziehen!«), habe ich bereits ausführlichst dargelegt. Halten wir uns auch bei unseren Welpen daran und beherzigen Sie den Rat, den ich gab: Das Nachtquartier soll er so nahe bei Ihnen haben, wie es nur geht. Ganz dicht neben dem Bett also. Er muß doch wissen, daß er unter dem Schutz des Rudels steht. Nur das verleiht ihm einen tiefen, gesunden Schlaf mit ganz großartigen Träumen.

Und damit ist der erste Tag endlich herum!

Der Weg zum Familienmitglied

War der Welpe mit den Eindrücken des ersten Tages im neuen Heim zufrieden, ist schon viel gewonnen, und der Weg zur glücklichen Zukunft liegt offen. Natürlich muß man auch etwas dazu tun. Ein Hundevater beginnt ja in dieser Zeit mit der eigentlichen Erziehung, und da wir es ihm gleichtun wollen, damit der Welpe das bekommt, was von Natur aus des Welpen ist, geht es jetzt erst so richtig los.

Ich habe schon gesagt, daß die eine Seite das Disziplinieren ist und was wir darunter zu vestehen haben, die andere Seite aber das Spiel, das ich bislang auch nur unter diesem Blickpunkt kurz berührte. Wir müssen uns aber im klaren darüber sein, daß das Spiel mit dem Welpen gerade in der Zeit der Sozialisierungsphase von ausschlaggebender Bedeutung ist und daß sowohl die Bereitschaft, das Leben für die Gemeinschaft unter Hintanstellung des eigenen Egoismus und die damit verbundenen disziplinarischen Maßnahmen hinzunehmen, als auch künftig mehr und mehr zu lernen, von diesem Spielen entscheidend beeinflußt wird.

Gruppenbindende Funktion des Spiels

Spiel ist im Leben sozialer Lebewesen nicht nur ein Kräftemessen, ein Training für Leistungen, ein vergnügliches Unterfangen, Spiel hat vor allem in diesem und in späteren Lebensabschnitten – eigentlich bis in das hohe Alter hinein! – eine ausgeprägte gruppenbindende Funktion.

Auch wenn die hart auf den Tisch knallenden Bauern in der heutigen Form des Männerhauses, dem Wirtshaus, vor lauter »Karteln« derart in Erregung geraten, daß es nicht selten zu aggressiven Verhaltensweisen kommt, hat das eine derartige Funktion. Denn Aggressionen, die im Spiel ausgelöst werden, führen meist schnell wieder zur Versöhnung bis zum nächsten Kartenspiel, bei dem ich es dem Halunken schon zeigen werde.

So ist im Spiel mit einem Welpen auch oft viel Aggression zu entdecken. Er kann sich so richtig hineinsteigern, wenn er an dem Lappen oder Stock hängt, den er haben will. Er muß ihn einfach haben, und wenn es das Leben kostet! Da kann er so richtig wütend werden, knurren, beißen ...

Spiel ist also auch ein Aggressionsventil – wir sprachen schon vom Fußball, dem Blitzableiter der Nation.

Aggressionsventil

Diese im Spiel auftretende Aggression des Welpen sollten wir aber doch steuern. Nicht unterdrücken, denn dieses angeborene Ventil ist recht brauchbar für unsere weiteren Pläne hinsichtlich eines braven, guten Hundes. Aber wir sollten darauf achten, daß es nicht zur Respektlosigkeit führt. Wenn also der Welpe sich in die Aggression zu sehr hineinsteigert und sich von ihr fortreißen läßt, müssen wir ihm klarmachen, daß auch das Aggressionsspiel irgendwo seine Grenzen hat. Er muß unbedingt schon jetzt lernen, daß man Aggression auch beherrschen kann, wo es der Umgang mit dem Sozialpartner erfordert.

Das macht der Rudelführer in der Hundefamilie nicht anders. Wird so ein Sprößling zu frech, dann wird er ganz energisch zur Ordnung gerufen, auch dann, wenn er seine lausbubenhafte Aggression an einem Geschwister auslassen will. Da setzt es dann Prügel – eigentlich nicht anders, wie wenn beim Kartenspiel der eine Spieler den anderen einen Sauhund nennt und ihm den Bierkrug so energisch auf den Kopf setzt, daß der ins Krankenhaus muß. Das gibt nun mal eine strafgerichtliche Verfolgung ...

So lassen wir also nicht zu, daß der Welpe zu lebhaft und wild wird, wenn er mit unserer Hand spielt, es sei denn, wir benützen einen dicken Lederhandschuh. So lernt er frühzeitig gewisse Unterschiede bei den Beiß- und Festhaltespielen. Die menschliche Hand wird bekanntlich für den Hund eine Art von »Schnauzen-Ersatz«. Der ranghöhere, freundschaftlich gesinnte Hund nimmt den Fang eines anderen Hundes ganz vorsichtig in den eigenen Fang und hält dann die Kiefer ganz still, zum Ausdruck der Beißhemmung, also des Wohlwollens. Wir können das mit unseren Fingern nachahmen, und so wird auch unser Hund das alsbald nachahmen: er wird unsere Hand nur mehr ganz »zärtlich« in den Fang nehmen, ohne die

Zähne einzusetzen. Auch die Welpen bringen einander bei, daß man nicht gewaltsam irgendeinen Körperteil des anderen in den Fang nehmen darf. So müssen wir dementsprechend schon dem kleinen Welpen beibringen, daß unsere Hand kein Kauknochen ist, sondern daß sie nur für zärtliche Berührungen geeignet sein kann.
Er macht die Erfahrung, daß wir energisch das Spiel abbrechen, wenn er zu wild auf unsere ungeschützte Hand geht oder unsere Kleidung anfaßt – daß er aber alles darf, wenn wir einen hierfür geeigneten alten Sack verwenden. Das gibt das schönste Kampfspiel um die Beute, bei dem er auch unge-

straft so richtig schön böse werden kann und wild knurren darf.
Zuletzt geht er dann auch einmal als Sieger hervor, weil wir uns die Scheinbeute haben entreißen lassen, und er zieht begeistert damit ab. Aber während er nun allein mit dem Sack spielt, entdeckt er, daß das eigentlich doch bei weitem nicht so aufregend ist wie das »Kampf-um-die-Beute-Spiel«, das man nur zu zweit spielen kann.
So entdeckt der Welpe immer wieder, daß das Zusammenspiel mehr bringt, und bald wird er gespannt auf unsere Spielaufforderungen warten. Dauert es ihm zu lange, dann bringt er auch schon einmal etwas heran, um es blitzschnell wegzuziehen, wenn wir danach greifen. Hier sollten wir auch öfter versuchen, den Welpen zu überlisten und schneller als er zu sein, um ihm unsere Überlegenheit zu beweisen. Hinterher spielen wir wieder gemeinsam mit dem Sack, und er erfährt so, daß das Spiel weitergeht, wenn er uns das Ding überläßt.

Zusammenspiel

Das Apportieren

Von hier bis zum Apportieren ist es kein weiter Weg. Ein geworfenes Holzstück (niemals Steine! Das schadet den Zähnen) wird vom Welpen gern verfolgt. Rüsten wir uns mit mehreren solcher Holzstücken aus und bleiben wir stets am Platz – niemals ein Holzstück selber holen, sonst meint er, das müßte so sein, und erzieht uns sehr schnell zum »Selbst-Apportierer«. Der Welpe läuft also dem Holzstück nach, findet es, beißt hinein, schüttelt es, spielt damit. Aber das wird schnell langweilig. Also kommt er wieder zu uns, um mit uns zu spielen. Wir tun das aber nicht, sondern werfen ein anderes Holzstück. Vielleicht noch weitere drei. Bringt er keines mit zurück, dann tun wir gar nichts mehr mit ihm – wir sind jetzt betont spielunlustig.
So wird sich der Welpe wieder von uns abwenden. Vielleicht fallen ihm die Holzstücke ein, und er geht sie erneut suchen. Schließlich kann man ja daran herumkauen. Sollte er dabei auf den Einfall kommen, eines dieser Holzstücke zu uns zu bringen, eigentlich nur, weil er aus seinem Anlehnungsbedürfnis heraus bei uns abliegen will, um mit dem Ding zu

spielen, dann zeigen wir große Freude; jetzt wollen wir wieder spielen, und, nachdem wir ein wenig mit dem Welpen um das Holz gerangelt haben, werfen wir es erneut. Das Wort »Bring« können wir in dieses Spiel mit einbauen.

Grundsätzlich also spielen wir nur dann weiter, wenn der Welpe den geworfenen Gegenstand wieder zu uns bringt. Sonst brechen wir das Spiel für mindestens zehn Minuten oder – je nach Zeit und Spielbedürfnis des Welpen – ganz ab. In diesem frühen Alter darf das Apportieren jedoch nicht zur Pflichtübung werden. Selbst wenn er begriffen hat, daß wir viel spielfreudiger sind, je schneller er das Holz zurückbringt, werfen wir es ihm nur so lange, als wir merken, daß er es von uns erwartet. Das zeigt er ja sehr deutlich. Aber unser »Bring« soll ihm dabei nur ins Ohr gehen, es soll noch nicht ein direktes Kommando sein, auf das er zu hören hat, auch wenn es ihm gar nicht zum Nachlaufen ist. Es muß unbedingt alles noch reines Spiel bleiben, das nur dem Vergnügen und der Einübung dient.

Einüben

Kaut er einmal allzu lange an dem Holz herum, ehe er sich dazu entschließen kann, es uns trotz unseres mehr noch lockenden »Bring« zu bringen, dann verlieren wir natürlich wieder die Lust, das Bringspiel fortzusetzen – vielleicht übergeben wir ihm seinen Ball und lassen ihn allein damit spielen. Er soll sich nicht angewöhnen, das Holz erst dann wieder zu bringen, wann es ihm gerade beliebt.

Hier muß ich wieder eine Anmerkung machen. In vielen übergescheiten Gehirnen kreist die Vorstellung, daß das Apportieren eine menschliche Erfindung sei, die man dem Hund durch »Dressur« vermitteln müsse. Es ist wie fast überall. Man läßt das, was der kleine Hund von sich aus anbietet, ungenutzt, und kommt sich dann furchtbar schlau vor, wenn man Methoden ersinnt, um dem verdummten, aber erwachsenen Hund nun mit List und Tücke oder gar Gewalt das beizubringen, was man von ihm will.

Apportieren ist angeboren

Apportieren ist grundsätzlich angeboren! Der kleine Welpe übt es im Spiel, der Altwolf benötigt es, um seine Familie mit Futter zu versorgen. Das Wurfholz ist die »Scheinbeute«, die es zu erjagen und zu bringen gilt. Es ist in Wahrheit ein Beutefangspiel mit Konsequenz, also dem »Nachhausebringen« der Beute.

Merksatz: Man kann einem Hund (wie jedem anderen Tier) grundsätzlich nichts beibringen, das ihm nicht grundsätzlich von der Natur mitgegeben ist. Alle Kunst der Ausbildung beruht darauf, daß man angeborene Lernfähigkeiten ausnutzt und nach Wunsch fördert. Etwas anderes gibt es nicht. Auch wenn schon Bücher über angeblich lesende und das Alphabet klopfende Hunde geschrieben worden sind – die darin enthaltenen »Fakten« sind erstunken und erlogen.

Nicht überfordern

Wiederholungen

Beim Spiel mit dem Welpen ist zu beobachten, daß ein- und dieselbe Spielform bald das Interesse des Welpen verliert. Spiel mit endlosen Wiederholungen ist kein Spiel. Spiel zeichnet sich dadurch aus, daß man immer wieder mal was Neues ausprobiert, einmal dies, einmal das, wie es so kommt. Gewiß bilden sich beim Welpen allmählich gewisse Vorlieben

Wie man dem Hund das Kommando »Sitz« beibringt

für bestimmte Spielarten aus, und die können wir dann ganz gut nützen. Aber niemals dürfen wir Wiederholungen erzwingen wollen. Wir dürfen auch beim Bringspiel nicht den Ehrgeiz entwickeln, dieses Spiel so bald wie möglich zum disziplinierten Apportieren zu machen. Das würde den Welpen überfordern, und das ist auch der sicherste Weg, ihm das ganz natürliche, in jedem Welpen angelegte Bringen zu vermiesen.

Wiederholungen sind überhaupt eine recht gefährliche Angelegenheit, solange sie nicht vom unverminderten Spielbedürfnis des Welpen selbst angeboten werden. Hat er also fünfmal das Stöckchen klaglos wiedergebracht und steht danach erwartungsvoll vor uns, den Blick auf das Holz in unserer Hand, dann dürfen wir unbedenklich nochmals werfen. Sieht er sich aber nach etwas anderem um, dürfen wir ihn jetzt nicht extra auffordern, dasselbe nochmals zu tun. Wir haben ihn jedesmal ausreichend gelobt, wenn er das Holz brachte, und damit hat er gesehen, daß auch uns das Freude macht, wenn er sich so verhält. Er bekommt das Empfinden dafür, daß er immer, wenn wir ihn so loben, etwas richtig gemacht hat. Aber wenn wir eine sofortige Wiederholung fordern, kommt er zu dem Schluß, daß wir von einer Sache nicht genug bekommen können und wird, sobald er die Lust zu verlieren beginnt, dieses Bringspiel fortzusetzen, beim letzten Mal das Bringen verweigern, damit wir nicht nochmals werfen können.

Auch später einmal, wenn wir eine neue Sache mit ihm einüben, dürfen wir zwar so lange wiederholen, bis er es gut gemacht hat. Dann folgt das große Lob, und nun wird etwas anderes gespielt, vor allem etwas, das er gerne spielt. Damit hat er begriffen, daß es beim letzten Mal richtig war: das eigene Erfolgserlebnis ist in allem Spiel sozusagen das Nonplusultra. Würden wir die Übung aber nochmals wiederholen (möglicherweise, weil wir uns so freuen, daß es jetzt geklappt hat), dann würde der Junghund verunsichert, er würde zweifeln, ob es das vorige Mal doch richtig war.

Das Erfolgserlebnis

Das gilt natürlich schon für den älteren Hund, der so reif geworden ist, daß er das disziplinierte, von uns gewollte Spiel ebenso vergnüglich findet wie das weitaus ungezieltere und unbeständigere Umhertollen.

Natürlich wird der Welpe beim Bringspiel das Holz nicht so

schnell hergeben wollen. Albert er zu lange herum, so brauchen wir ihm deswegen nicht gram zu sein – schön, spielen wir also Beutekampf. Aber geworfen wird nachher nicht, sonst meint der Welpe, man könnte stets solchen Kampf um das Holz in das Bringspiel miteinbauen. Würden wir ihn bei dieser Meinung lassen, werden wir wohl nie ein sauberes Apportieren erreichen. Noch besser ist es, wir nehmen ihm das zurückgebrachte Holz weg und geben ein anderes zu diesem Kampf her. So lernt er dann, daß mit dem geworfenen Holz nur geworfen wird, während das Beutekampfspiel nie damit, sondern nur mit irgendeinem anderen Gegenstand gespielt wird.
»Aus« als Hörzeichen, daß er nun das Wurfholz auszulassen hat, kann man nun auch zur Verknüpfung zwischen diesem Ruf und dem Auslassen anwenden. Natürlich noch nicht als Kommando – man muß es genau in dem Augenblick deutlich aussprechen, wenn er es tut, nicht vorher, das könnte ihn leicht verwirren, da er ja nicht vorausdenkt.
So enthält also das Spiel für uns sehr viele Möglichkeiten, auf den Welpen erzieherisch einzuwirken, ohne ihm dabei etwas vom Reiz des Spieles zu nehmen. Nur in diesem gemeinsamen Spielen wird die durch die vorangegangene Prägung grundsätzliche Kontaktbereitschaft zur engen Bindung. Das bedeutet, daß wir sehr viel Zeit für den Welpen aufbringen müssen. Das ist auch mit einer der Hauptgründe, warum eine alleinstehende Person, die außer Haus berufstätig ist, keinen Welpen halten darf. Die Anlagen des stets alleingelassenen Hundes würden restlos verkümmern, der Hund muß zwangsläufig zum Neurotiker werden. Es wäre das eine der grausamsten Tierquälereien!

Förderung der Bindung

Spiel mit anderen Hunden

Aber so wie der kleine Hund in der Sozialisierungsphase das gruppenbindende Spiel mit dem zweibeinigen Artgenossen braucht, so wichtig ist für ihn auch das Spiel mit dem vierbeinigen Artgenossen. Ein Welpe, der in dieser Zeit niemals Gelegenheit bekommen hat, mit Hunden zu spielen, wird nach Ablauf dieser Entwicklungsphase niemals richtig mit anderen Hunden spielen können. Für gewöhnlich wird er sogar zu anderen Hunden ungezogen, ja sogar bösartig werden. Letzteres wohl vor allem deswegen, weil er nie gelernt hat, spielerische Aggressionen gegenüber anderen Hunden in die rechten Grenzen zu bringen. In der folgenden Entwicklungsphase, der Rangordnungsphase, nimmt Aggression einen weiten Raum ein. Das ist nur möglich, weil man sie vorher im Spiel erprobt und zu beherrschen gelernt hat. Fällt das aber weg, wird der Welpe in der Rangordnungsphase auf der Straße ganz wild andere Hunde ankläffen – die werden über soviel Taktlosigkeit entsetzt sein, echt wütend werden – und so prägt sich dem vier- bis fünfmonatigen Junghund das Bild ein, daß alle anderen Hunde böse sind. Er weiß ja nicht, daß er selber das provoziert hat.

Gestörtes Spielverhalten

Auch gestörtes Spielverhalten wirkt natürlich auf andere Hunde sehr befremdlich und kann diese zu aggressiven Handlungen herausfordern. Es ist also genau so unmöglich für den Junghund, mit anderen Hunden zu spielen, wie es ihm unmöglich ist, mit dem Menschen zu spielen, wenn er das in der Sozialisierungsphase nicht gelernt hat. Damit wird es aber auch unmöglich, einen solchen Hund ohne Anwendung von Gewalt oder Tricks richtig zu erziehen.

Lernfreudigkeit

Das Spiel mit uns begründet nämlich auch jede spätere Lernfreudigkeit. Das gemeinsame Tun in diesem Alter mit den vielen Erfolgserlebnissen und der Entwicklung seiner Bindung an uns macht es später spielend leicht, dem Hund alles beizubringen, was man einem Hund grundsätzlich beibringen kann. Es wird für ihn dieses Lernen weiter nichts anderes sein als eine Vertiefung des gemeinsamen Tuns, ein Ausbau desselben, eine geordnete Abfolge – also nur eine graduelle Veränderung der Gemeinsamkeit, keine qualitative, wie ich das zuvor gemeint hatte, als ich von dem unsinnigen »Ernst des Lebens« sprach.

So müssen wir bei allem, was wir in diesen ersten Wochen mit dem kleinen Welpen erleben, stets an die Zukunft denken. Alles, was in dem kleinen Kerl an Fähigkeiten steckt, ist zukunftsbezogen, und jede Erfahrung, die er macht, wird sein künftiges Verhalten bestimmen. Ein kleiner Welpe ist also kein niedliches Spielzeug, sondern ein Geschöpf, das auch von uns zukunftsbezogenes Denken voraussetzt und uns eine

ganze Menge an Einfühlung, Wissen, Verantwortung und Konsequenz abverlangt.
Es gehört dabei viel Liebe dazu, einen Welpen aufzuziehen. Liebe zu der damit verbundenen Arbeit, meine ich allerdings – nicht jene perverse Liebe zum Hund, die ihn zu einem Fetisch herabwürdigt, zu einem parasozialen Lustobjekt. Auch ein Welpe darf kein an Kindes Statt angenommenes Streichelobjekt werden, das einem letzlich egozentrischen Verwöhnungsdrang zum Opfer fällt.

Streichelbedürfnis

Gewiß hat jeder normale Welpe ein gewisses Streichelbedürfnis, und er fordert es auch im natürlichen Familienverband heraus. Kontaktwerbende Gebärden, wie Schnauzenstoß, Belecken der Schnauze, Pfötchengeben veranlassen die Mutterhündin, den Welpen zärtlich zu beknabbern oder zu belecken. Er sucht Anlehnung, er will im körperlichen Kontakt ruhen, auch wenn die Alten gar nicht so glücklich darüber sind – er schafft es mit seinem Kindchenschema. Seine »Streicheleinheiten« holt sich der Welpe schon ganz von alleine. Das gehört eben mit zur Gruppenbindung.

Die Fütterung

Ebenso verlangt der Welpe von seinen Eltern das notwendige Futter. Auch hier gibt es für uns zu leicht Möglichkeiten, den Welpen in mancher Hinsicht zu verwöhnen.

Zunächst einmal sei festgehalten, daß die Fütterung eiweißreich sein muß. Kohlehydrate in Form von eigens für Hunde hergestellten Flocken sollen das Eiweißfutter ergänzen – aber nur in Mengen, die dem Verhältnis angepaßt sein müssen, die wir bei einem pflanzenfressenden Beutetier auch vorfinden. Man stelle sich eine Maus vor – wieviel Eiweiß und Fett enthält ihr Körper im Vergleich zu Magen- und Darminhalt? Wieviel Kalk? Knorpel? Keratin? Leber – Nieren – Herz – Lunge – Blut? Wir haben schon davon gesprochen, aber es sei nochmals in Erinnerung gebracht.

Fertigfutter enthalten diese Zusammensetzungen in hohem Maße. Aber wir sollen dabei nicht ganz auf Frischsubstanzen, wie Ei und Innereien, Milch usf. verzichten. Pflanzliche Rohkost in Form von weichem Obst gehört auch zur natürlichen Ernährung. Treiben Sie aber nicht den vielgepriesenen Mohrrüben-Kult. Geschabte Mohrrüben sind nützlich – als Faserstoffe, nicht als Vitaminträger. Immer daran denken – was uns als allesessenden Menschen gut tut, ist für einen Beutetierfresser noch lange nicht gut. Hier herrschen ganz andere Maßstäbe!

Roh oder gekocht?

Soll man für den Welpen das Futter kochen oder nicht – eine tausendmal gestellte Frage. Gewiß – gekochtes Fleisch ist leichter verdaulich als ungekochtes. Aber haben Sie den Welpen mit gekochtem Fleisch verwöhnt, wird er später nie rohes Fleisch zu sich nehmen. Im rohen Fleisch bleiben aber die lebenswichtigen Wachstumsstoffe besser erhalten als im gekochten. Die Lösung aus dieser Streitfrage ist ganz einfach: man gebe dem Welpen nur Fleisch von Jungtieren – es gibt nichts Besseres. Hähnchen, Kalb, mageres Fleisch von Jungschweinen, Jungschafen, Jungziegen. Fleisch von jüngeren Kaninchen – die Auswahl ist groß und kann beliebig genutzt werden. Etwa, so man entsprechende Bezugsquellen hat, durch den sehr leicht verdaulichen Süßwasser- oder Seefisch – eine sehr wertvolle Bereicherung des »Küchenzettels«. Oder haben Sie schon einmal an Tauben gedacht? In

den Geflügelhandlungen erhält man Hühnermägen, Hälse, Leber – kurz und gut, mit etwas Nachdenken kann man auch hier eine ganze Menge tun.
Was aber ebenso wichtig ist, ist die Frage, wie man es tut. Man darf nämlich nicht vergessen, daß der Magen eines Welpen noch ziemlich klein ist. Gewiß, er kann sich dehnen, ganz enorm sogar. Er wird sich auch dehnen, wenn Sie dem Welpen einmal am Tag einen ganzen Futterberg zukommen lassen. Das führt dann so im Laufe der Zeit zu einer Magenerweiterung, und zuletzt haben Sie einen Hund, der Unmengen in sich reinschlingt, Mengen, die er gar nicht richtig auswerten kann. Solche zu Fressern erzogenen Hunde sind es dann auch, die als lebende Speckwürste nach wenigen Jahren auch eine fettige Degeneration des Herzmuskels als Quelle eines prächtigen Herzinfarktes bekommen. Ein idealer Weg, sich so bald wie möglich von dem lästigen Vierbeiner zu befreien – wobei Sie noch das Image eines Tierfreundes erwerben können, denn Sie haben ja bewiesen, daß Ihnen für Ihren lieben Hund nichts zu teuer war!
Nein – so geht das wirklich nicht. Man muß sich schon die Mühe machen, einen Welpen in diesem Alter wenigstens viermal täglich zu füttern, jedesmal in der richtigen Dosis. Es macht nichts, wenn er etwas unbefriedigt von der leergeleckten Futterschüssel weggehen sollte. Es kommt nicht auf die Quantität des Futters an, sondern auf die Qualität. Auch ein Gespräch mit dem Tierarzt wird Sie darüber belehren – dazu sind Tierärzte auch da. Dann finden Sie in den einschlägigen Geschäften Broschüren von den einzelnen Futtermittelwerken, die ebenfalls von Fachleuten erstellt worden sind. Sie können sich darauf verlassen, daß das, was darin steht, wohlüberlegt ist – denn welche Firma will sich schon nachsagen lassen, daß ihre Ratschläge nichts taugen?

Viermal täglich

Ich gebe hier nur ganz allgemeine Richtlinien – die praktische Durchführung muß ich Ihnen überlassen, denn wollte ich alle Möglichkeiten an Futterplänen hier aufführen, die abgestimmt sind auf das, was der Welpe zuerst als Zusatzfutter beim Züchter bekommen hat, was Sie als besterreichbares Futter zur Hand haben, welche Hunderasse Sie aufziehen (eine kleine, eine mittlere, eine große, eine mit Kurz- oder eine mit Langhaar), dann noch, in welcher Kondition Sie den Hund übernommen haben (unterernährt, richtig ernährt, überernährt) – das alles würde ein ganzes Buch ergeben, aus dem Sie sich dann jeweils nur ein für Ihren besonderen Fall passendes Kapitelchen auszuwählen bräuchten, während Sie die übrigen Seiten nicht interessieren. Das wäre sehr unrationell.

Also habe ich Ihnen nur aufgezeigt, wie vielfältig die Möglichkeiten sind, und wie oder wo Sie weitere Informationen erhalten können, die für Ihren speziellen Fall passen.

Wichtig ist eben, daß Sie des Guten nicht zuviel tun, was die Quantität betrifft, und daß Sie des Guten nie zuviel tun können, was die Qualität angeht.

Spielverhalten nach der Nahrungsaufnahme

Dreimonatige Welpen, die mit Ihren Eltern – oder auch ohne diese – in einem Gehege zusammenleben und viermal täglich gefüttert werden, zeigen nach der Nahrungsaufnahme kurzfristig Spielverhalten, wenn sie sich die Bäuche nicht zu voll geschlagen haben. Im Falle der richtigen Quantität entspricht das so in etwa unserem Verdauungsspaziergang.

Ein Verdauungsspaziergang ist kein Gewaltmarsch, und das Spielen der Welpen nach der Nahrungsaufnahme keine körperliche Anstrengung, sondern nur ein wenig Bewegung, die der Durchblutung dienen soll.

Überfütterung

Falsch gefütterte Welpen hingegen – die also zuviel gefressen haben – werfen sich hin und schlafen. Daran kann man am besten ablesen, ob man zuviel gefüttert hat. Welpen, die zu wenig bekommen haben, denken kaum an Spielen – sie suchen. Sie laufen immer wieder zur Futterschüssel und sehen nach, ob nicht doch noch etwas drin ist.

Sie neigen dann dazu, gleich in den ersten Tagen unsere eigene Nahrungsaufnahme zu beobachten. Das sind dann Blicke, die so richtig tief ins Herz gehen.

Nun ist es in der Hundefamilie so, daß Welpen bis zum Ende des dritten Monats das Vorrecht am Futter haben. Sie dürfen ihrem Erzeuger den Futterbrocken direkt aus dem Rachen ziehen. Er zeigt sich nicht gerade beglückt, aber er nimmt es »seufzend« gerade noch in Kauf.

Nach all dem, was ich darüber gesagt habe, daß wir es den Elterntieren gleich tun sollen, muß ich hier allerdings eine Einschränkung machen. Die Nahrungsaufnahme des Althundes und unsere Tischsitten unterscheiden sich ein wenig. Der

Althund liegt auf derselben Ebene, auf der seine Welpen umherlaufen. Hier frißt er genüßlich, und wenn die Zeit gekommen ist, daß er nicht mehr bereit ist, etwas von seinem Futter abzugeben, dann hat er die Welpen direkt vor dem Fang, er kann also sein Vorrecht am Futter unmittelbar den Welpen begreiflich machen.
Wir haben einen Tisch dazwischengeschaltet, so wir nicht wie die alten Römer speisen. Dieser Tisch wird zum Bezugspunkt für den Welpen, wenn wir in den Fehler verfallen, von hier aus dem Welpen unsere für ihn ohnehin nicht gerade ideale Nahrung zuzustecken.
So sollten wir von vornherein den Welpen niemals die Erfahrung machen lassen, daß von diesem Eßtisch etwas für ihn abfallen könnte. So wie jung getan, alt gewohnt, ist auch jung nicht getan, alt nicht gewohnt. Ich habe nicht besonders viel dagegen, wenn mir mal ein Hund in überschwenglicher Freude mit der Zunge übers Gesicht fährt – aber ich kann es wirklich nicht haben, wenn mein Hund glaubt, er könnte aus meinem Teller mitfressen. Oder wenn er mir seine Pranke auf den Unterarm schlägt, mit dem ich den Suppenlöffel zum Mund führen will. Das kleckert dann so. Oder mögen Sie das so gern?

»Betteln« verboten

Es muß also der kleine Hund von vornherein wissen: nur das, was in seinem Futternapf ist, kann als Nahrung angesehen werden. Was da die Großen bei Tisch tun, hat mit der eigenen Ernährung nichts zu tun. Das muß vom ersten Tag an feststehen. Man erspart sich späterhin viel Ärger und dem Hund viel Enttäuschung. Dann wird es auch nicht notwendig, den Hund in einen anderen Raum zu sperren, wenn wir ungestört essen wollen.
Die Knochen von den tiefgefrorenen Masthähnchen, die da überbleiben, können wir sammeln und zur geeigneten Zeit in den Hundenapf tun. Bei Hunden mit einigermaßen normalem Gebiß können wir auch die Röhrenknochen von diesen »Kunsthühnern« ohne weiteres verfüttern – sie sind weicher als die Knochen eines am Bauernhof aufgewachsenen Suppenhuhns, die Splittergefahr ist unbedeutend.

Bewegung

Nochmals – bei der richtigen Quantität pro Mahlzeit ist der kleine Hund immer hinterher zu Späßen und Spielen aufgelegt, aber er ermüdet sehr bald und ruht dann.
Nun ist es doch so, daß wir vor lauter Freude, einen Welpen erworben zu haben, diesen auch in aller Öffentlichkeit vorstellen wollen. Man weiß, ein Hund soll viel an die frische Luft, viel spazierengeführt werden. Man vergißt aber dabei, daß man auch hier den Welpen überfordern kann.
Unter natürlichen Verhältnissen toben die Welpen ihr angeborenes Bewegungsbedürfnis aus. Wird einer müde, dann wirft er sich der Länge nach hin und ruht, bis es ihm wieder nach Bewegung zumute ist. Das alles hängt von vielerlei Faktoren ab: von der Menge der aufgenommenen Nahrung, sicher auch von ihrer jeweiligen Qualität (die auch unter Freilandverhältnissen nicht immer gleich sein mag), von seinem jeweiligen Alter, von der Intensität der jeweiligen Spiele, von der jeweiligen Witterungslage und was es da noch so geben mag. Auch die Individualität spielt hier eine Rolle.

Keine Gewaltmärsche

Wenn wir nun den Welpen einfach an die Leine nehmen, um einen längeren Spaziergang zu machen, wird die Sache kritisch. Zunächst läuft der Kleine begeistert mit. Das neue Erleben rüttelt seine Sinne auch dann auf, wenn es ihm eigentlich gar nicht so sehr danach zumute war. Aber dann folgt die Reaktion – er legt sich hin und will nicht mehr weiter. Ein Lehrstück dafür, daß Konsequenz niemals Sturheit bedeuten darf, denn hier wäre es eine falsche Konsequenz zu meinen, der Welpe müsse grundsätzlich das tun, was wir wollen. Der Welpe legt sich nämlich nicht hin, weil er uns einen Streich spielen will, sondern weil es ihn dazu drängt, weil seine Kräfte verbraucht sind und sich erst regenerieren müssen. Natürlich läuft er weiter, wenn wir jetzt disziplinierend eingreifen – aber wir haben dann auch schon wieder einen Fehler gemacht, der sich in körperlicher wie in psychischer Hinsicht auswirken kann. Unser einzig richtiges Verhalten ist es da, den Kleinen auf den Arm zu nehmen und so lange zu tragen, bis er ganz von selbst wieder seine Beine betätigen will.
Über die psychischen Folgen eines Fehlverhaltens unserer-

seits in einer derartigen Situation brauche ich wohl nicht viel zu sagen. Zweifel an der Unfehlbarkeit des Großen kommen in dem Welpen auf. Kein Vaterrüde wird einen müde gewordenen Welpen hochscheuchen!
Die körperlichen Folgen: denken wir daran, daß die Natur Bewegungsdrang und Leistungsfähigkeit von Gelenken, Bändern und Muskeln aufeinander abgestimmt hat. Überanstrengung unausgereifter körperlicher Strukturen kann zu Entwicklungsschäden führen. Schäden, die sich noch weniger wiedergutmachen lassen, als kleine Verfehlungen im psychischen Bezugssystem Mensch-Hund. Wenn der Welpe überdies noch zu stark gefüttert wird, zu viele Kohlehydrate seinen Bauch unnötig schwer machen (weil er zu deren Verdauung länger braucht), dann kriegen wir auf Gewaltmärschen spielend eine beachtliche Hüftdysplasie zustande! Selbst dann, wenn kaum eine Veranlagung hierfür vorhanden ist.

Hüftdysplasie

Ich habe solche Bilder unzählige Male gesehen – fette Welpen, so dick, daß man sich die Frage stellt, ob nicht doch vielleicht steinzeitliches Denken hier im Spiele ist, so mit leisem Zungenschnalzen und Vorfreude auf den guten Braten. Diese Plumpsäcke werden dann an der Leine hinterhergeschleppt, als wären sie Stoffhunde auf Rädern.
Und nun stellen Sie sich hin und den stolzen Besitzer zur Rede ... sofort werden Sie den Volkszorn erregen, denn das sieht man ja: das ist doch ein Tierfreund! Wie prall und nudelrund dieser süße Welpe doch ist! Man läuft wirklich Gefahr, von der Masse gelyncht zu werden.
Es ist doch so: Gehen Sie mit einem Hund auf die Straße, der durch vernünftige Ernährung schön fit ist, kein Gramm zuviel auf den Rippen – und schon treffen Sie auf mißbilligende Blicke und dürfen sich einen Hundeschinder oder sonst was nennen lassen. Dick ist »in« – betrachten Sie die Mitbürger, vor allem die unseligen Kinder, die mehr breit als hoch sind. Selbst die Gesundheitsministerien machen sich ernsthafte Sorgen heutzutage – und man weiß doch, daß der Weg von der wissenschaftlichen Erkenntnis bis zur Aktivität eines Ministeriums ziemlich lang ist ...

Dicke Hunde sind gefährdet

Natürlich soll ein Welpe im dritten Lebensmonat schön gepolstert sein. Bei ihm braucht man nicht die Rippen zu sehen. Er muß ja wachsen und braucht entsprechende Reserven.

Aber es soll zumindest so sein, daß diese Reserven am Morgen ein wenig aufgebraucht sein dürfen, um sie ihm dann im Laufe des Tages ausreichend zu ersetzen. Wer das nicht glaubt und meint, ein Welpe muß im Fett schwimmen, irrt. Wer meint, er könne es nicht richtig abschätzen, was zu wenig, was zuviel ist – nun, den berät der nächste Tierarzt.

Wie es weitergeht

Nach der zwölften Woche beginnt eine weitere Entwicklungsphase, die rund einen Monat währt. Es ist das die »Rangordnungsphase«, ein Ausdruck, den ich geprägt habe, aber den ich schon wieder fast bereue. Wie ich heute den Begriff Rangordnung sehe, habe ich schon gesagt, und eigentlich hätte mir das mit dem sozialen Agreement schon einfallen müssen, als ich diese Dinge in meinen vorigen Hundebüchern beschrieb.

Die Rangordnungsphase

Das Modell vom »Ranghöchsten« und »Rangniedersten« ist einfach zu simpel. Es ist keine lineare Anordnung kräftemäßig unterschiedlicher Artgenossen eines sozialen Verbandes. Es ist das Anerkennen von unterschiedlichen Fähigkeiten, die man in diesem Alter einspielt und ausspielt. Etwa so, wie wir in der Schule den einen schätzten, weil er in Mathematik besonders gut war, den anderen, weil er in Latein an der Spitze stand, und den dritten, weil er eine unheimliche Begabung zum Schlagzeuger hatte, ein Fach, das mit der Schule wenig zu tun hat. Dann war da einer, der kannte von sämtlichen Automarken Hubraum und Geschwindigkeit, und einer, der konnte prächtig Segelflugmodelle bauen, und dann hatten wir einen mit einer unschlagbaren Schnauze, der als Klassensprecher allgemein geschätzt war, obgleich er sportlich sich als absolute Niete erwies.

Gerade das letztere soll zeigen, worum es geht. Bei den Welpen standen bislang die körperliche Kraft und die eigene Aktivität im Vordergrund. Nun wandelt sich das Bild allmählich im obigen Sinne. Mehr und mehr differenzieren sich die unterschiedlichen Qualitäten des einzelnen in der Welpenschar heraus, und sie werden von den übrigen getestet – und schließlich geachtet.

Schwierigkeiten nur bei überaggressiven Hunderassen

Nur bei gewissen Hunderassen, die in Verkennung der Grundtatsachen auf Aggression gezüchtet worden sind, kommt es jetzt innerhalb von Geschwistergruppen zu ernsthaften Tätlichkeiten. Nur der Mensch in seinem simplen Denken, daß der, der bereit ist, immer und überall zuzubeißen, der größere ist, der bessere, konnte diesen irrsinnigen Fehler begehen, Hunde auf Aggression zu züchten statt auf Intelligenz. Wie sagte doch Erich Kästner vor etlichen Jahren so schön? Wir wissen, daß Alexander der Große den Gordischen Knoten mit einem Schwerthieb durchschlug – aber wer ihn geknüpft hat, diesen unlösbaren Knoten, darüber schweigt die Geschichte.

Dieses Beispiel, daß Gewalt vor Intelligenz geht, zeigt sich sehr deutlich sowohl in der Hundezucht als auch in der Hundeausbildung. Man züchtete schließlich zur bloßen Volksbelustigung Hunde, die allein die Aufgabe hatten, sich gegenseitig zu töten. Man meinte auch, daß Hunde, die Marder oder Füchse »angreifen« sollen, von Natur aus aggressiv sein müßten. Es gab etliche Irre, die meinten, daß nur ein absolut aggressiver Hund ein »Saupacker« sein könnte, also ein Hund, der das immerhin wehrhafte Schwarzwild faßt. Worauf sich allmählich der Begriff vom »Selbstmörder« im Jagdhundgebrauchswesen prägte in der Erkenntnis, daß blinde Aggression doch nicht das Richtige sei.

Ich habe es schon oft gesagt, und bekenne dabei, daß das gar nicht auf meinem eigenen Mist gewachsen ist, sondern daß ich hier nur die Meinung einsichtiger, erfahrener Menschen wiederhole, weil sie das klar ausgesprochen haben, was jedem vernünftig denkenden Menschen einleuchten muß: Übersteigerte Aggression eines Hundes führt nicht zu einem besseren, sondern zu einem schlechteren Hund. Das gilt für Jagdhunde ebenso wie für Schutzhunde.

Wenn mir also gesagt wird, wir müssen unseren Dobermännern deswegen die Kippohren stutzen, weil sie als Welpen in der Rangordnungsphase diese zerfetzen vor lauter Aggression, dann bedeutet das schlicht und einfach: hier läuft etwas schief.

So ist auch in der Rangordnungsphase das Einspielen des sozialen Agreements bei jenen Hunden das Normale, die nicht auf übersteigerte Aggression verzüchtet worden sind. Die Scheinkämpfe in dieser Zeit dienen dazu, auch die Reaktionsschnelligkeit des anderen kennenzulernen, seine psychische Widerstandskraft – das, was wir unter »Wesen« verstehen wollen –, seine Geschicklichkeiten auf diversen Gebieten. Die körperliche Kraft tritt in den Hintergrund – der Schlauere macht das Rennen.

Das Wesen des Hundes

Sechs vier- bis fünfmonatige Junghunde könnten ohne erhebliche Schwierigkeiten ihren Erzeuger in kleine Fetzchen zerreißen. Warum tun sie es nicht, wenn das Leben ein Kampf um die Vorherrschaft wäre? Sie tun es nicht, weil in diesem Alter, in dem ihre körperlichen Kräfte so zugenommen haben, auch das Verständnis für die »Autorität« erwacht. Sagte ich es schon, daß man Autorität nicht mit Despotie verwechseln darf?

Würde sich nun der Alte als Despot erweisen, dann liefe er Gefahr, daß die Jungen nach und nach auf die Barrikaden steigen und zu Terroristen werden würden. Jede Wirkung hat eine Ursache, das ist ein physikalisches Gesetz, das man offenbar noch nicht so ganz durchschaut hat.

Die Junghunde aber haben ein Gefühl für Autorität, für ein Leitbild, das sie achten. In dem genannten Alter suchen sie auch untereinander herauszufinden, wo die Stärke des anderen liegt. Schließlich haben sie ja die Sozialisierungsphase hinter sich, in der das Band geschlungen wird, das zur grundsätzlichen Gemeinsamkeit wird – die Frage ist jetzt nur noch: was kann jeder zu dieser Gemeinsamkeit beitragen?

Probezeit für den Hundehalter

Für uns als Hundehalter, die wir die Rolle des Rudelführers einnehmen, wird das auch zu einer Probezeit. Unser Einzelwelpe kann seine diesbezüglichen Triebe nicht im Kreis seiner Geschwister ausleben. Er konzentriert sie auf uns. Er will jetzt genau wissen, woran er ist. Er will wissen, ob wir wirklich so großartig und so schlau, dabei aber auch konsequent sind, wie er das bislang erfahren hat – oder haben sollte!

Wehe, wir machen jetzt einen Fehler, wenn er sich gewisse »Frechheiten« herausnimmt. Es wird nämlich in diesem Alter auch sein »Vaterbild« geprägt, das wieder Grundlage sein wird für die folgende Entwicklungsphase, die den fünften und sechsten Lebensmonat als »Rudelordnungs-Phase« bestimmt.

Es baut sich immer eines auf das andere auf!

Er beginnt zum Beispiel jetzt, an der Futterschüssel zu knurren, wenn wir uns dieser zu sehr nähern. In diesem Alter haben wir es noch leicht. Wir nehmen ihm mit ein paar freundlichen Worten die Futterschüssel weg. Sobald er sich besonnen hat und sich schwanzwedelnd für sein flegelhaftes Benehmen entschuldigt, stellen wir sie ihm ebenso liebenswürdig hin. Wir zeigen ihm: mit Bluffen erreichst du bei mir gar nichts.

Das ist nur eine der von seiner Seite vorgebrachten Testmethoden. Er wird auch versuchen, erneut Tabus zu überschreiten. Hier sollen wir ihm nun zeigen, daß wir das nicht ernst nehmen, indem wir es einfach verhindern, daß er diese Tabus überschreitet. Zugegeben, das ist leichter gesagt als getan. Man muß sich in der jeweiligen Situation schon etwas einfallen lassen. Aber wir sollten auf jeden Fall versuchen, nicht so sehr unsere körperliche Überlegenheit ins Feld zu führen als unsere geistige. *Wir* müssen nun bluffen!

Damit wir nicht zu sehr in Verlegenheit kommen, sollten wir in diesem Stadium den Junghund ablenken. Das disziplinierte Spiel soll jetzt seine Sinne fordern, damit er nicht auf dumme Gedanken kommt.

Das disziplinierte Spiel

Ein Vorschlag wäre, daß Sie dem Welpen – der nun an der Grenze zum Junghund steht – Aufgaben stellen. Irgendwo in einem geeigneten Gelände – es geht sogar in der Wohnung – verschwinden Sie still und heimlich, während er gerade mit etwas intensiv beschäftigt ist. Verstecken Sie sich so, daß er Sie nicht sehen kann, aber Sie ihn beobachten können. Er merkt es, daß er allein ist, und macht sich auf die Suche. Verhaltenes Rufen nach einer anderen Richtung hin kann ihm die Aufgabe anfangs erleichtern.

Fährtenarbeit

Fährtenarbeit kann man so in diesem Alter ganz gut entwikkeln. Auch hier wird der positive Erfolg – das Auffinden des menschlichen Partners – zum freudigen Erlebnis, das man zur Weiterentwicklung solcher Nasenleistungen verwenden kann. Aber wir wollen uns nicht zu weit in die Bereiche der Schutzhund-Ausbildung oder Jagdhundausbildung hineinwagen – das ist dann schon die »Hohe Schule« des Hundes. Gezeigt werden soll hier nichts anderes, als daß das künftig Erwartete auch jetzt schon spielerisch vorgebahnt werden kann.

Man muß dabei wieder im Auge behalten, daß der viermonatige Welpe immer noch an das Lagerterritorium gebunden ist, das er freiwillig nicht verläßt. Nur die Alttiere verlassen es, ohne Begleitung der Welpen, wenn sie zur Jagd gehen. Wir sollten daher nicht unbedingt einen so kleinen Hund allzu oft in fremde Gebiete außerhalb des gewohnten Lebensraumes bringen, es sei denn, daß wir in der Stadt leben und ihm keinen anderen Auslauf bieten können. Die Anpassungsfähigkeit des Welpen ist groß, und wenn wir schon zu Beginn des dritten Monats mit ihm täglich auf die Spielwiese gehen, so wird das für ihn zum normalen Lebensablauf.

Was ich aber für denjenigen, der sich mit dem Gedanken trägt, einen Gebrauchshund auszubilden, unbedingt empfehlen möchte, ist, daß er bereits jetzt sich mit der Materie befaßt, sei es am Übungsplatz oder bei Prüfungen, sei es über spezielle Veröffentlichungen zur Hundeausbildung. Hinweise wird er bei den entsprechenden Verbänden erhalten sowie in den einschlägigen Zeitschriften finden.

Wenn er sieht, was da alles verlangt wird, kann er seinen Welpen sorgsam beobachten und aus seinem Spielverhalten heraus, das der Welpe ganz von selber anbietet, die Wege finden, wie er dessen künftige Aufgaben spielerisch vorbereiten kann. Dabei geht es nicht darum, eine Art von Übungsaufgaben auszuarbeiten, sondern mit Erfolg und relativ geringen Mühen für Herrn und Hund spielend die Grundsteine für die künftige Ausbildung zu legen.

Förderung der Fähigkeiten

Ich glaube ausführlich genug dargelegt zu haben, daß es uns jetzt noch nicht um eine wirkliche Ausbildung geht, sondern nur um die Nutzung des Spielverhaltens, das zu immer disziplinierteren Formen geführt wird, bis man nahtlos mit der eigentlichen Ausbildung beginnen kann, die von fachkundigen Hundeführern kontrolliert werden muß.

Wichtig für diese Zeit ist jedenfalls, daß wir die Entwicklung des Welpen so weit gefördert haben, daß es zur richtigen, unverklemmten Einstellung zu unserer Person oder Familie kommt, daß das Band des Vertrauens in die Überlegenheit der Rudelführung gefestigt wird. Mit Kraft allein geht das nicht mehr – der heranreifende Welpe will in dieser Phase wissen, ob wir ihm Schutz und Sicherheit bieten kraft unserer psychischen Überlegenheit.

Was passieren kann, wenn das nicht der Fall ist, wenn man das ganze bisherige Erziehungsprogramm mißachtet und dem Welpen weder Kraft noch psychische Überlegenheit gezeigt hat, mag folgendes Beispiel verdeutlichen: ich lasse, um nicht ganz zufällige Ähnlichkeiten zu vermeiden, die Rasse weg. Es ging um einen sehr, sehr großen, mächtigen Hund. Auch er

Das Muster einer falschen Erziehung

hatte einmal als lieber kleiner Welpe angefangen, und weil irgendwo geschrieben stand, man dürfe einen Hund nicht schlagen, so tat man das auch nicht. Der kleine Hund durfte tun, was er wollte – übrigens ein demokratisches Prinzip der ganzen Familie, die auch in dieser Weise lebte – und fand weder einen Rudelführer, noch das notwendige Maß an Disziplinierung in körperlicher wie seelischer Form. Das Hündchen wuchs und wuchs, wurde immer frecher und frecher, und als es mit eineinhalb Jahren seine volle Größe erreicht hatte, war es soweit. Es war ihm klargeworden, daß es hier keinen Rudelführer gab, also biß er in den sauren Apfel und wurde es. Er tat, was er wollte, und wenn ein Familienmitglied das mißbilligte und wagte, es zu verhindern, dann sprang er brüllend auf und schüttelte das ungehorsame Menschlein.

Aus Interesse nahm ich das Untier zu mir, was ich zunächst gleich bereute, denn das erste, was dieser große Hund tat, war, mich wild knurrend anzuspringen und meinen Unterarm, den ich schützend vor meine Kehle gehalten hatte, mit aller Kraft zu packen. Mir zitterten leicht die Knie, aber ich konnte nichts anderes tun, als ihn anzuschreien. Da ließ er los und sprang nochmals an – mir fiel in der Schnelligkeit nichts Besseres ein, als ihm die Faust in den offenen Rachen zu stecken. Sie nahm sich sehr klein und erbärmlich darin aus, und so war mir auch zumute.

Das verblüffte meinen großen Hund – er ließ ab und legte sich, anstandshalber noch etwas knurrend, wieder hin. Das war ihm neu – er war bislang gewohnt, daß die Leute vor ihm davonliefen. Nun, offen gestanden, das hätte ich bestimmt auch getan – aber ich konnte nicht, denn das Zimmer war voll von Besuchern. Ein Hundeforscher, der sich so blamiert und von einem Hund rund um den Tisch getrieben wird – ich glaube, das wäre das Ende gewesen!

Immerhin – die erste Schlacht war geschlagen. Als die Besucher gegangen waren, verhielt sich der Hund recht friedlich. Ich ließ ihn im Wohnzimmer über Nacht. Als ich am nächsten Morgen das Zimmer betrat, ging er wieder böse auf mich los. Da packte ich ein kleines Stühlchen und trieb ihn rund um den Tisch. Der Hund legte sich hin – das war ihm noch nie passiert!

Danach kam meine Frau und ging auf ihn zu – er sprang auf, fast doppelt soviel Masse wie sie, und in der instinktiven Abwehrreaktion steckte auch sie ihm ihr kleines Fäustchen in den riesigen Rachen. Das haute den Hund nun förmlich um. Er setzte sich hin und gab zur Beschwichtigung Pfötchen – sprich Pranke.

Alles vorbei – der Hund verhielt sich von nun an friedlich. Er wurde zwar kein besonders freundlicher Hund, aber er benahm sich gesittet und zeigte keine aggressiven Gelüste mehr. Warm konnte man natürlich mit ihm nicht so richtig werden, ebenso hätte ein Rückversetzen in seine frühere Umwelt mit Sicherheit sein früheres Verhalten wieder ausgelöst, das dann auch mit zunehmendem Alter immer gefährlicher hätte werden können. Was nämlich ein Fremder durch eine mehr oder minder gewollte Standhaftigkeit erreichen kann, das wird ein derartiger Hund bei seinen eigenen Leuten, die er ja durchschaut, nicht akzeptieren, auch wenn diese sich bemühen, ein völlig neues Leben mit dem Hund anzufangen – da ist doch letztlich alles zu spät.

Wenn derartiges bei einem Kleinhund vorkommt, hat es zwar keine so bedrohlich wirkenden Dimensionen – aber ein schönes Zusammenleben zwischen Mensch und Hund ergibt das nie und nimmer. Ich möchte damit nur sagen, daß man ja nicht in den Fehler verfallen soll zu sagen: was geht mich das alles an! Ich will ja nichts anderes als einen netten Hund und keinen ausgebildeten Schutz- oder Jagdhund. Wer so denkt, denkt falsch.

Auch der Zwergpudel ist ein richtiger Hund

Auch der Zwergpudel ist immer noch Hund – auch wenn man es bisweilen nicht so besonders merkt. Wer aber seinen Zwergpudel wie einen richtigen Hund aufzieht, der wird erleben, daß auch er ein richtiger Hund werden kann. Ich kannte einen, der konnte nicht nur viele Kunststückchen, sondern wäre – sozusagen in verkleinertem Rahmen – durchaus imstande gewesen, aufgrund seiner Ausbildung eine Schutzhundprüfung zu machen.

Manche Leute meinen tatsächlich, ich wollte aus Rassehunden wieder Wildhunde machen. Das ist gewollte Naivität, denn was ich allein will, ist nicht mehr und nicht weniger, als daß der Rassehund trotz Stammbaum und Standard ein Hund im besten Sinne des Wortes bleiben kann. Das ist nicht nur eine Frage der konstitutionell sauberen Züchtung – das ist genau so eine Frage der Aufzucht und planmäßigen, der Hundenatur angepaßten Erziehung.

Das Rudel formiert sich

Die Monate fünf und sechs bezeichne ich als die »Rudelordnungsphase«. In der Natur sieht das so aus: die Halbwüchsigen dürfen zum erstenmal in Begleitung ihrer Eltern die vertraute Heimstatt verlassen und mit in die Jagdgründe ziehen.

Die Rudelordnungsphase

Schon allein diese Tatsache soll uns zu denken geben. Solche Jagdgründe sind oft viele Kilometer weit entfernt – das bedeutet, der Körperbau muß jetzt so fit sein, daß derartige Marschleistungen auch für die Jungwölfe zu schaffen sind. Vorbereitet wurde das durch die wilden Verfolgungsspiele in den letzten Wochen, die zunehmend mehr die Kräfte der Jungtiere gestärkt haben. Das soll uns daran erinnern, daß größere Marschleistungen für einen Hund vor diesem Alter unverträglich und unverkraftbar sind. Vor allem dann, wenn er zu wenig trainiert worden ist.

Marschleistungen

Auf der eigentlichen Jagd haben die Halbstarken dann noch nichts zu tun. Sie werden irgendwo auf einem Hügel postiert, wo sie Einblick in das Geschehen haben. Die Alttiere jagen allein, und die Jungen schauen zu. Man kann sich gut vorstellen, wie sie immer aufgeregter werden, je öfter sie ihre Eltern auf diesen Jagdzügen begleiten durften, und daß es sie mehr und mehr drängt, am eigentlichen Jagdgeschehen teilzunehmen.

Früher einmal haben Jäger, die keinen Wert darauf gelegt haben, aus der Hundezucht ein Geschäft zu machen, in Kenntnis solcher Reifungsvorgänge die halbjährigen Junghunde mit den alten, erfahrenen Hunden in das Revier genommen und sie sorgsam beobachtet. Die Junghunde, die am Jagdgeschehen nicht sonderlich interessiert waren oder sich sonstwie »danebenbenahmen«, hatten keine Chance mehr, das Forsthaus wiederzusehen...

Hart, grausam? Gewiß. Aber wenn alte, erfahrene Jäger sagen, daß unsere Jagdhunde lang nicht mehr soviel taugen wie früher, wenn sie sagen, daß sie Probleme mit ihnen haben – dann stimmt das einen doch nachdenklich. Ein Jungwolf, der nicht jagen kann – er müßte langsam, aber sicher

Der Jagdinstinkt

verhungern, was bestimmt noch viel grausamer ist. Alles hat in der Natur durch die Jahrmillionen so wunderbar funktioniert – bis der Mensch kam und in seinem Größenwahn meinte, er sei doch noch viel gescheiter als die Natur! Weshalb er sie ja auch vergiftet, weshalb er sie mit Autowracks, Plastiktüten, Sardinendosen, Marmeladegläsern, Kunststoffbechern, alten Zeitungen und anderem lästigen Zivilisationsmüll schön säuberlich zudeckt, so daß er diese primitive, minderwertige und nichtssagende Natur nicht mehr sehen muß.
Nun, das Töten könnte sich heute dennoch erübrigen, wenn wir, wie ich schon ausgeführt habe, solche untauglichen Hunde sofort an Hundefreunde abgeben könnten, die nicht mit ihnen auf die Jagd gehen wollen und nicht mit ihnen züchten wollen. Aber wenn der Markt durch Massenzüchter »übersättigt« ist – was tun? Ich weiß es nicht.
Ich weiß nur, daß man nichts Besseres tun kann, als alle Menschen, die einen Hund wollen und nicht ein früher oder später wegzuwerfendes Spielzeug, darüber aufzuklären, was ein Hund wirklich ist. Man kann und muß zum Boykott aufrufen gegen alle jene, die im Hund nur ein Geschäft sehen und ihn zum Massenartikel degradieren. Jeder, der diese skrupellosen Zeitgenossen durch den Kauf eines solchen Auch-Hundes unterstützt, macht sich mitschuldig! Er hilft nicht dem gequälten Geschöpf in der Auslage, sondern allein dieser Sorte von Menschen, die angesichts ihres Reingewinnes über unser Mitgefühl lachen.
Wir sind an einer Stelle angelangt, wo diese Gedanken angebracht sind. Bin ich doch von der gesunden, normalen Entwicklung des Welpen ausgegangen, der nun, in diesem Alter, klar und deutlich zeigt, ob wir alles richtig gemacht und ob diese vier bis fünf Monate Arbeit an dem Hund und an uns selber wirklich Erfolg gehabt haben.
Der beste Beweis für unsere geglückte Aufzucht und Erziehung ist, wenn wir nun erkennen können, daß der Halbjährige unsere Existenz als Ziel und Mittelpunkt seiner eigenen Existenz anerkennt und mit Freude akzeptiert. Das zeigt sich vor allem daran, daß er uns ohne unsere ausdrückliche Erlaubnis nicht verläßt und mit unserer Erlaubnis nicht weiter läuft, als Ruf und Sichtweite reichen. Gerade in diesem Alter

nämlich hat der Junghund das stärkste Bestreben, in Wald und Flur umherzustreifen, denn das gehört zu diesem Entwicklungsabschnitt – der Weg in die elterlichen Jagdgründe. Was wäre eine Rudelführerschaft, wenn beim ersten großen Ausflug die Jungwölfe nach ihrer Lust und Laune durch die Gegend sausen würden? Es würde den Erfolg der elterlichen Jagd gefährden, es würde aber auch das Überleben der Jungwölfe gefährden.
Was wir aber wissen, ist, daß das nicht der Fall ist, daß die Jungwölfe vielmehr an einem bestimmten Ort bleiben, um den Alten zuzusehen. Sie denken gar nicht daran, auf eigene Faust umherzustreifen.

Der Streuner

Wenn das aber unser Hund tut, dann ist er kein »Stromer« und »Wilderer«, wie es mit einem Seitenblick auf die Jägernatur des Hundes heißt. Das Problem der streunenden Hunde liegt viel tiefer: Streunen ist ein klarer und ganz eindeutiger Ausdruck dafür, daß der Mensch versagt hat! Der Hund hat bei ihm nicht die notwendige Gefolgschaftstreue entwickeln können, die für dieses Alter charakteristisch ist.

Die Pubertät

»Geborene Streuner« gibt es nicht – es gibt nur unzufriedene Hunde, die es »zu Hause« nicht mehr aushalten, genau, wie pubertierende Jugendliche aus Kontaktschwierigkeiten mit den Eltern zum Streunen, zum Ausreißen neigen. Auch beim Junghund beginnt gegen Ende des sechsten Lebensmonats die Pubertät! Wie sich die Bilder gleichen!
Gewiß, es gibt umgekehrt Hunde, die man noch so falsch behandelt haben mag, und die nicht daran denken, davonzulaufen – meist wohl, weil sie zu wenig Selbstvertrauen haben. Aber ein normaler, gesunder Hund wird unweigerlich zum Streuner, wenn ihn die Umweltsituation nicht befriedigt und die Bindung zum Herrn so schwach ist, daß sich keine echte Gefolgschaftstreue entwickeln kann.
Was aber tut der so kluge Mensch? Er entwickelt nicht seinen eigenen Verstand, sondern Geräte, mit deren Hilfe man einem sich zu weit entfernenden Hund einen elektrischen Schlag versetzen kann – hoch angepriesen als das ideale Instrument für jeden, der Hunde erziehen will. »Nicht Köpfchen – sondern Knöpfchen«, lautete einmal die Überschrift in einer Tier-Illustrierten, und besser kann es wirklich nicht mehr gesagt werden.

Es ist eben immer so: was man als Erzieher versäumt hat, will man hinterher durch Gewalt ausbügeln, wobei man dem schlechten Charakter des Hundes die Schuld gibt, aber natürlich niemals sich selber!

Man würde zu weit gehen, wenn man alles Streunen unbedingt auf Erziehungsfehler zurückführte. Es mag sein – da in der Natur alles möglich ist –, daß es vereinzelt Hunde gibt, bei denen das Wildblut derart zum Durchbruch kommt, daß die menschliche Erziehungskunst trotz allen Fleißes nicht ausreicht. Ich glaube, daß es nur bei Ausnahmswölfen ebenso wie bei Ausnahmsdingos gelingen kann, haushundähnliches Verhalten aufzubauen. Dingos, die ich viel besser kenne, haben bei guter Erziehung eine sehr enge Bindung und Gefolgschaftstreue; ich habe schon öfter Dingos frei laufen lassen, und sie nutzten diese Gelegenheit nicht. Ebenso habe ich erlebt, daß Dingos, mit denen ich engsten Kontakt hatte und die durch andere Umstände freikamen, von dieser Freiheit keinen Gebrauch gemacht haben. Sie suchten dann nichts anderes als meine Nähe – auch wenn sie unterwegs einige Hühnchen, die gerade im Wege standen, umlegten. Man darf hier auch nicht die »heiße Spur« mit Streunen verwechseln. Wenn da gerade eben etwas Erbeutbares gelaufen ist – das kann man doch nicht so einfach laufen lassen. In solchen Situationen kann man vorübergehend jede Einwirkungsmöglichkeit auf den Hund verlieren. Er ist so mit der Spur oder Fährte beschäftigt, daß er es gar nicht begreift, warum wir ihn rufen und das als völlig unsinnig betrachtet.

Gefolgschaftstreue

Ich meine nur das notorische Streunen, gegen das man tatsächlich machtlos ist. Das halte ich für ein Produkt von Fehlerziehung, als Ausdruck dessen, daß es nicht zum Aufbau einer echten Gefolgschaftstreue gekommen ist.

Gefolgschaftstreue ist ein Begriff, den Konrad Lorenz geprägt hat und der genau das bezeichnet, was das Rudel zusammenhält. Sie ist das höchste erreichbare Band zwischen Mensch und Hund, ein Ziel, das wir uns von allem Anfang an stecken sollten – denn haben wir sie erreicht, kann nichts mehr passieren. Ein qualitatives Mehr gibt es nicht – nur noch ein quantitatives, etwa, wenn wir mit dem Hund als Gebrauchshund in irgendeiner Form weiterarbeiten wollen.

Die Stationen der Hundeentwicklung

Die Stationen also sind: Kontaktfreudigkeit über die Prägung

– Freude am gemeinsamen Tun als Grundlage für weitere Lernfreudigkeit – das Knüpfen engerer Bindungen, die über die Anerkennung der körperlichen Überlegenheit hinausgehen – Gefolgschaftstreue als höchster Ausdruck der unverbrüchlichen Zusammengehörigkeit.
Gefolgschaftstreue heißt auch, daß man als Hund so von dem Leitbild seiner Rudelführerschaft geprägt ist, daß man kaum noch je bereit ist, den Eid auf eine andere Fahne zu schwören. Wer dieses Ziel mit seinem Hund erreicht hat – ob es ein Mops, ein Bernhardiner, ein Hovawart, ein Schäferhund oder ein Münsterländer ist –, der hat keine Sorgen mehr für die Zukunft. Alles Weitere läuft wie von selbst, was immer man nun auch von seinem Hund künftig erwartet.

Mit dem Hund leben

Urlaubssorgen

In unserer Zeit des Leistungsdrucks und der Reizüberflutung hat jeder Mensch das Recht, auch einmal ordentlich Urlaub zu machen. Für jeden Hundehalter aber, der dieses Recht wahrnehmen möchte, ergeben sich dabei eine Menge Probleme. Es fängt schon damit an, daß höchstens ein Drittel aller für den Urlaub in Frage kommenden Hotels bereit sind, auch einem Hund Herberge zu bieten. Die Hundefeindlichkeit der meisten Hoteliers hat zweifellos so manchen guten Grund, hauptsächlich den, daß sehr viele Hundehalter die natürlichen Bedürfnisse ihres Hundes nicht örtlich zu steuern vermögen, und gewisse Hinterlassenschaften sind in Hotelkorridoren eben nicht gern gesehen. Rüden haben auch bekanntlich die Neigung, an auffallenden Geländemarken das Beinchen zu heben. Solche sind dann im Vestibül die Polsterstühle, und die halten eine derartige Geruchsimprägnierung dank ihrer Saugfähigkeit so beharrlich fest, daß nicht nur der nächste Rüde sich veranlaßt sieht, ein Gleiches zu tun, sondern auch der Gast, der so ein Möbelstück benutzen will, so er keinen chronischen Schnupfen hat, diese Duftmarkierung wahrnimmt...

Hundefeindliche Hotels

Oder da kommt ein Gast, dessen Hündin läufig ist. Andere Gäste haben Rüden. Man trifft sich zufällig in der Halle ... es ist nicht auszudenken! Man stelle sich vor, wie der Bernhardinerrüde des einen Gastes die Zwergdackeline von Frau Schulze-Mayer umwirbt – selbst Menschen mit dem Gemüt eines alpenländischen Holzfällers würden da neurotische Zustände bekommen!

Mir selbst ist es unbegreiflich, daß es Hotels und Pensionen gibt, die Gäste mit Hunden aufnehmen. An sich wäre das ja völlig unproblematisch, wenn alle Hundehalter mit ihren Hunden umgehen könnten und eben wüßten, daß man seinen Rüden nicht frei in der Hotelhalle laufen läßt oder daß man seine läufige Hündin nicht unbedingt vor die Nase eines Rüden setzt. Es wäre alles ganz einfach, wenn man den Hund

Hotel-ungeeignete Hundehalter

nicht als das andere Ende der Leine betrachten würde.
Ich kann mir nur denken, daß Hoteliers, die das Mitbringen von Hunden gestatten, selbst erfahrene Hundeleute sein müssen, die ihren Gästen einiges über den Umgang mit dem Hund sagen können. Vielleicht wäre da ein »Ratgeber über den guten Benimm im Hotel« für Hundehalter angebracht. Welcher Hotelier macht mit?
Jedenfalls gibt es schon ein Verzeichnis der hundefreundlichen Hotels und Campingplätze in Europa und den USA (»Urlaub mit unseren Kindern – mit unserem Hund«, Verlag Gerd Deußen, Ostwall 212, 4150 Krefeld.

Hunde verlangen beständige Partnerschaft

Grundsätzlich bin ich selbstverständlich dafür, daß man den Hund mit in den Urlaub nimmt. Der Hund ist – zum tausendsten Mal sei es gesagt – ein Familientier und kommt sich verstoßen vor, wenn er nicht überall mit dabei sein darf.
Wenn ich einen Hund aus dem Gehege nehme und mit ihm eine halbe Stunde spazierengehe, wird er danach von den anderen Hunden regelrecht »verprügelt«. Das Gesetz der Hundesozietät lautet: »Alle oder keiner«, und für »Unerlaubtes Entfernen von der Truppe« muß man eben büßen.
Einen anderen Aspekt ihres Zusammenlebens illustriert vielleicht die folgende Geschichte: Mein Pakistan-Wolf »Schah«, von Geburt Rheinländer, da er im Zoo Köln geboren wurde, lebt seit einem Jahr mit einer Dingohündin zusammen, die offenbar von den modernen Emanzipationsbestrebungen der bislang »schwaches Geschlecht« benamsten Damen einiges mitbekommen hat und ihren bald doppelt so großen Wolfspartner verprügelt, sooft es ihr gefällt.
Nun hatte mein Freund Goldhammer, der eine von mir »selbstgestrickte« Elchhündin – eine Tochter meiner an Rattengift eingegangenen Norwegerin »Binna« – mit großem Erfolg jagdlich führt, es sich in den Kopf gesetzt, sie von »Schah« decken zu lassen. Derartiges hätte sicher wissenschaftlichen Wert, wenn auch nicht den geringsten praktischen.
Goldhammer kommt also eines Tages mit der hochläufigen Hündin zu mir. Übrigens, zur Information für Anfänger: sie hat keine hohen Läufe, sondern ihre Läufigkeit (Hitze, Paarungsbereitschaft) war gerade auf der Höhe. Die deutsche Sprache ist manchmal irreführend.

Ich hole die Dingohündin »Botna« (so geheißen, weil sie aus dem Tierheim von Botnang stammt) aus ihrem Gehege und sperre sie weg. Die läufige Elchhündin »Stella« wird »Schah« vorgeführt. Was tut er? Genau das Gegenteil von dem, was wir erwarten!

Die Elchhündin interessiert ihn überhaupt nicht. Er rast wie ein Wilder im Gehege umher, schreit, springt hoch – alles deutet daraufhin, daß er nichts anderes im Sinn hat, als seiner tyrannischen Hündin zu folgen. Wie ein geölter Blitz sause ich zu dem Ausweichgehege und hole »Botna« zurück – und schon herrscht wieder Friede im Tierreich. Wenn das keine Liebe ist...

Sicher – unsere Hunde sind nicht mehr ganz so monogam wie ein Wolf. Dennoch sind die meisten von ihnen sehr partnerschaftsgebunden, und darauf sollten wir Rücksicht nehmen, wenn wir unsere Urlaubspläne machen.

Die Rache des verlassenen Bernhardiners

Ich kenne einen Mann, der viele Jahre glücklich mit seinem Bernhardiner zusammenlebte. Eines Tages wollte er sich einen Urlaub ohne Hund leisten und gab den St. Bernhardshund in eine gutgeführte Hundepension. Als er zurückkam, um den Hund wieder abzuholen, griff ihn der Kerl an und biß ihn.

Daraufhin rief mich der Mann an und fragte, ob die Hundepension daran schuld sein könne.

Meine Antwort: »Nein!«

Begründung: Wenn man so lange mit einem Hund zusammenlebt und ihn dann »abschiebt«, darf man sich nicht wundern, wenn der Hund das übelnimmt.

Wenn ich meinen »Leibhund« Thomas, wie das sehr oft geschieht, zwei oder drei Tage allein lasse, zeigt er nicht die geringste Freude, wenn ich wiederkomme. Ein müdes, halb angedeutetes Wedeln mit der Schwanzspitze ist noch das Beste, was er von sich gibt. Ich muß mich bei ihm entschuldigen – wegen »unerlaubten Entfernens von der Truppe«, damit wir wieder Freunde werden.

Ein Hund ist eben keine »Sache«, wie es uns das von tierfremden Juristen gemachte Gesetz glauben machen will – er ist viel, viel mehr. Daran sollten wir denken, wenn es um den Urlaub geht.

Umgekehrt kann ich aber jeden Menschen verstehen, der

einmal »Urlaub vom Hund« machen will. Ich weiß, was ein Hund, den man ernst nimmt, unseren Nerven abverlangt. Kinder sind da viel leichter zu haben, mit denen kann man zumindest ab einem gewissen Alter, spätestens mit drei Jahren, schon recht verständig reden. Aber wie sagt man es dem Hund? Ein dreijähriger Hund ist ein vollausgewachsener Mann (beziehungsweise eine vollausgewachsene Frau), und da gibt es Schwierigkeiten. »Ich fahre jetzt nach XYZ, und du kommst in eine schöne Hundepension.« Wenn man einem dreijährigen Kind sagt, daß es bei Tante Emma einige Zeit sein darf, ist das ganz einfach. Bei einem Hund, der seine Sinne beisammen hat, ist das nicht so einfach.

Hunde können Trennung nicht begreifen

Daher mein Rat: Tun Sie alles, was nur geht, damit Sie Ihren Urlaub mit dem Hund verbringen können.

Mit diesem gutgemeinten Rat habe ich es mir sicher mit sämtlichen Hundepensionen verscherzt. Dabei kenne ich sehr viele Hundepensionen, wo man alles tut, um den »Hundegästen« das Leben so schön wie möglich zu gestalten. Hundepensionen, in denen die Hunde tatsächlich ein besseres Leben führen als bei ihren Eignern, die im Hund nicht viel mehr als eine »Sache« sehen. Es gibt viele Hundezüchter im besten Sinne des Wortes – was heißen soll, daß sie aus ihrer Zucht kein skrupelloses Geschäft machen wollen –, die eine Hundepension aufziehen, um ihre nicht-gewinnträchtige Arbeit einigermaßen finanzieren zu können. Es sind alles Hundeliebhaber, die das tun. Jedenfalls habe ich noch keine Hundepension gesehen, in der es den Pensionshunden schlecht gegangen wäre. Ich sagte schon: oft geht es ihnen dort besser als bei verständnislosen Hundehaltern.

Pro und contra Hundepensionen

Sosehr ich mich nämlich dafür einsetze, daß man seinen Hund nicht weggibt, wenn man Urlaub machen will, sosehr möchte ich gewissen unbedarften Hundehaltern sagen: gebt den Hund bei Gelegenheit in eine gut geleitete Hundepension, damit er wieder einmal »vernünftig«, d.h. hundegerecht gehalten wird – nicht vernachlässigt und auch nicht verzogen. Weil nämlich die Leute, die das nicht ganz einfache Geschäft einer Hundepension auf sich nehmen, das nur deswegen können, weil sie Hundeerfahrung haben. Weil man von diesen Leuten, die tagtäglich mit vielen unterschiedlichen Hunden zu tun haben, einiges lernen kann.

Das sage ich nicht, um mich mit den Hundepensionsinhabern wieder gut zu stellen.
Ich habe selber oft daran gedacht, nebenher eine Hundepension aufzumachen, um meine Forschungsarbeit zu finanzieren. Ich habe es nicht getan, weil ich Angst habe, eine derartige Verantwortung auf mich zu nehmen. Leute, die davor keine Angst haben, verdienen unseren Respekt, genau wie jene Hoteliers, die das Mitbringen von Hunden erlauben. Sie alle sind besondere Menschen, Ausnahmemenschen, denen unser Dank gebührt.

Reisen mit dem Hund

Damit ist aber dieses Kapitel nicht abgetan. Über das Reisen mit dem Hund habe ich schon in dem Abschnitt »Der Hundetransport« einiges gesagt. Die Bahnen, die Fluggesellschaften insbesondere, machen es uns mehr oder weniger leicht. Aber an den Grenzen stehen weisungsgebundene Beamte, die ihre Pflicht erfüllen müssen. Sie verlangen vom Hundehalter, daß auch er seinen Verpflichtungen nachkommt.

Einreisebestimmungen

Nun ist es heute so, daß viele Staaten, deren Grenzen man mit dem Hund »überschreitet«, dem Urlauber sehr entgegenkommen. Das gilt nicht für England und Skandinavien (außer Dänemark), wo der Hund in eine mehrmonatige Quarantäne müßte. Doch der Süden Europas, wie immer der jeweilige Staat heißen mag, ist an Feriengästen sehr interessiert. Nicht interessiert freilich ist jedes Land, daß der Urlauber mit seinem Hund Krankheiten einschleppt. Das muß man auch verstehen. Also verlangen die Grenzbeamten Bescheinigungen, daß der Hund aus einem seuchenfreien Gebiet stammt – was der zuständige Kreistierarzt bestätigt – und daß er gegen die diversen Hundekrankheiten schutzgeimpft ist. Die Bestimmungen hierüber sind zwar im Prinzip ähnlich, aber nicht völlig gleich. Außerdem wechseln sie von Zeit zu Zeit. Dies bedenkend, setzt man sich am sinnvollsten einige Wochen – noch besser, einige Monate! – vor Beginn der Urlaubsreise mit Hund mit dem jeweiligen Konsulat in Verbindung, um die neuesten Bestimmungen rechtzeitig zu erfahren. Oder man läßt sich für fünfzig Pfennig die Broschüre des Deutschen Tierschutzbundes (Baumschulallee 15, Bonn) schicken, die die Einreisebestimmungen von 30 Ländern enthält. Es soll ja nicht so sein, daß man erst an der Grenze

erfährt, daß man nicht alle notwendigen Papiere dabei hat. Manchen Zeitgenossen macht das bekanntlich nichts aus – sie werfen ihren Hund dann einfach aus dem Auto, um sich nicht den Urlaub verderben zu lassen. So geht es natürlich auch – wenn ich auch der Meinung bin, daß ein solches Verhalten ebenso bestraft gehört wie Kindsaussetzung ...
Ziehen wir Bilanz. Es gibt zwei Möglichkeiten: Urlaub mit dem Hund – und vielleicht sogar für den Hund, der ja auch mal etwas Neues erleben möchte – und Urlaub vom Hund.
Zwei Möglichkeiten. Man muß überlegen, was richtiger ist. Es hängt letzten Endes vom Naturell des Hundes ab. Und überdies von der Mentalität des Hundehalters. Es gibt Hunde, denen es ganz gut tut, einmal in vernünftige Hände zu geraten, damit der Hundehalter was dazulernt, und es gibt Hundehalter, die so gut sind, daß sie ihren Urlaub besser mit dem Hund – dem Familienhund – verbringen sollten.
Aber letzteren brauche ich das nicht zu sagen. Die wissen schon, was ich meine. Vielleicht sogar besser als ich, der sich einen »Urlaub vom Hund« leider nicht leisten kann!

Das letzte Kapitel

Es ist einer der Vorzüge des Lebens, daß wir alle sterblich sind. Wenn ich, zwar noch nicht »steinalt«, aber doch in einem ziemlich vorgerückten Alter, die gegenwärtige Zeit mit der vergangenen vergleiche, dann scheint es mir mitunter, daß das, was man in einem Leben verkraften kann, auch seine Grenzen hat. Der Wandel unserer Lebensgrundlagen, die als »Fortschritt« bezeichneten gesellschaftlichen und wirtschaftlichen oder sonstigen Veränderungen mögen unbestritten positiv sein. Nur – wer in seine Zeit hineingewachsen ist, vermag häufig nicht, diesen »Fortschritt« als solchen zu erkennen. Zumindest nicht in allen Belangen. Wer das Glück hatte, sein Leben auszufüllen, der kann dem Tod ruhig entgegensehen. Wer dieses Glück nicht hatte, wünscht sich ihn mitunter. Doch im allgemeinen erscheint der Tod den Menschen als etwas Unheimliches, Bedrohliches, und sie haben Anst vor ihm. Auch die religiösen Vorstellungen von Himmel, Hölle und Fegefeuer helfen nicht jedem, den Gedanken an den Tod besser zu ertragen.

Ich habe in dem Buch »Hunde ernst genommen« den Ausspruch getan, »seit ich die Hunde kenne, liebe ich die Menschen«. Das bezog sich auf das enorme Sozialverhalten des Hundes, von dem wir Menschen uns eine Scheibe abschneiden können. Zu diesem hochentwickelten Sozialverhalten gehört auch das Töten des eigenen Artgenossen, dann nämlich, wenn dieser durch Krankheit so geschwächt ist, daß durch ihn das Überleben der Gruppe gefährdet wird.

Töten als Sozialverhalten

Zwar gibt es eine Freilandbeobachtung, die augenscheinlich das Gegenteil aussagt: Der Leitwolf war schwer verletzt und konnte nicht an der Jagd teilnehmen. Sein Rudel aber versorgte ihm mit Nahrung, bis er wieder gesund war. Dieser scheinbare Widerspruch läßt sich jedoch leicht entschlüsseln: Ein verletztes Tier kann wieder gesund werden und weiterhin der Gruppe nützlich sein. Ein durch Krankheitserreger – Viren, Bakterien, Würmer – geschwächtes Tier aber ist eine effektive Gefahr für die Gruppe, und daher wird es von der Gruppe getötet.

Uns zivilisierten Menschen ist diese Form des Sozialverhaltens völlig abhanden gekommen.

Humaner Tod?

Wir regen uns auf, wenn ein vom Töten der Beute lebendes Tier ein Beutetier tötet. (Seit ich einmal Meerschweinchen von Hunden habe totbeißen lassen, d. h. sie dem Schicksal übergeben habe, das ihnen in der Natur auch beschieden gewesen wäre, kann ich von dieser »Aufregung« ein Lied singen.) Wir regen uns aber nicht auf, wenn unzählige gesunde, lebensstarke Menschen auf Schlachtfeldern gemordet werden oder sonst eines qualvollen Todes sterben. Rundfunk, Fernsehen, Illustrierte berichten uns jeden Tag davon. Wir dürfen auf bewegten oder unbewegten Bildern sehen, wie das geht. Gleichzeitig halten wir es für »humanen Fortschritt«, daß nicht mehr lebensfähige Menschen mit großartigen Apparaturen als »lebendige Leichname« konserviert werden und daß unsere Gesellschaft mehr und mehr durch erbgeschädigte, unheilbare Degenerationsprodukte belastet wird.

Unsere tränendrüsendrückende Scheinkultur läßt uns dann auch die Tierschutzgesetze von Leuten schaffen, die vom Tier, von den Zusammenhängen in der Natur nicht die leiseste

Ahnung haben, da sie ja nichts anderes gelernt haben, als wieder von naturfremden Menschen gemachte Paragraphen. Kaum ein Tierarzt wagt es heute noch, einen Welpen zu töten, weil er dann mit einem Bein bereits im Gefängnis steht. Und das eben deswegen, weil wir inzwischen ein allzu belastetes, unnatürliches Verhältnis zum Tod haben.
Der Hund gehört als »Haushund« nun einmal in die menschliche Gesellschaft. Ihn auf »Schlachtfeldern« verrecken zu lassen, wäre genauso asozial, wie ihn nicht sterben zu lassen. Da er nicht nur dank seines geringeren Gehirns von gewissen menschlichen Vorstellungen nicht belastet ist, weiß er glücklicherweise ebensowenig wie ein Meerschweinchen, daß es eine »Hölle« und einen »Himmel« geben wird, wenn er »seine Seele aushaucht«.
Anders herum gesagt: Es gibt für ihn nur einen »Himmel«, da es für ihn keine Todesfurcht gibt.
Der Mensch, der das komische Wort »ich« erfunden hat, womit er sich in Gegensatz zur Natur gestellt hat (unsere »Erbsünde«), muß demzufolge den Tod, der ja sein Ich auslöscht, als etwas ihm Gegensätzliches empfinden. Auch dann, wenn es ein natürlicher, sinnvoller Tod ist. Ein Tod nämlich, der das Getriebe der Welt aufrecht erhält. Der natürliche Tod ist nichts anderes, als der Natur das wieder zurückzugeben, was sie zum weiteren Aufbau des Lebens benötigt.

Werden und Vergehen

So sind alle biologischen Gesetzmäßigkeiten, seit Jahrmillionen wirksam und erfolgreich, darauf aufgebaut, daß es ein Werden und Vergehen gibt. Das alles ist keine »Philosophie«, sondern nur das, was uns die Beobachtung der lebendigen Natur lehrt. Es ist Größenwahn zu meinen, daß der Computer Gehirn es besser wissen könnte. Ein paar Geisteswissenschaftler leben von diesem Größenwahn, und es gelingt ihnen auch, andere Menschen mit ihren naturfremden Spekulationen zu verblenden, genau wie das gewisse Religionsgründer, Politiker und Juristen mehrfach getan haben.
Wäre das alles nicht, würden wir Menschen uns auf das natürliche Werden und Vergehen besinnen, würden wir nicht so unser »Ich« wie eine Vereinsfahne vor uns hertragen, würden wir zum Tod eine andere Einstellung bekommen. Auch zum Tod unseres Hundes.

Es ist im höchsten Grade unmenschlich und widernatürlich, wenn man sieht, wie das an sich abgelaufene Leben eines Hundes mit künstlichen Mitteln erhalten wird. »Tierliebe« schiebt man vor, weil man aus purem Egoismus dem Hund das Sterben nicht gönnt. Man will ihn noch behalten, und man will seiner Umwelt zeigen, was man für diesen armen Hund alles tut.

Falsch verstandene »Tierliebe«

In der Natur sucht ein Tier, dessen Zeit gekommen ist, ein Versteck, legt sich hin und schläft sich »hinüber«. Ohne Furcht, ohne die Drohung einer »Hölle«. Es gibt sich dem in der Natur bewährten Kreislauf des Kommens und Gehens zurück.

Wir Menschen aber verwehren dem Hund diesen Frieden des Sterbens. Wenn unser Hund alt wird und an Altersbeschwerden leidet, wollen wir ihn nicht abtreten lassen. Wir zwingen ihn zum Weiterleben, weil wir unsere traditionelle Todesangst auf ihn übertragen. So werden wir Tierquäler aus falsch verstandener Menschlichkeit.

Eine Bitte

Diesmal möchte ich keinen Rat geben, sondern ganz einfach bitten. Lassen Sie Ihren Hund sterben, wenn es soweit ist – sei es, weil er unheilbar krank ist, sei es, weil er ein Alter erreicht hat, das ihn in der freien Natur nicht überleben ließe. Für ihn gibt es ja nur den Himmel.

Die pharmazeutische Industrie hat uns heute Mittel an die Hand gegeben, die das notwendige Sterben erleichtern.

Ich bekenne es ganz offen: Die Hunde, die ich besonders liebte und die natürlich auch mich liebten, habe ich, wenn es notwendig wurde, selber »eingeschläfert«. Das ist sogar gesetzwidrig, da ich kein gelernter Tierarzt bin. Aber ich nehme das auf mich, weil ich erstens gelernt habe, wie man das macht, vor allem aber, weil ich dem Hund die Aufregung ersparen möchte, die der Transport zum Tierarzt, die für ihn fremde Umgebung dort, der für ihn fremde Mensch gerade für einen kranken Hund mit sich bringen.

Wenn er aber zufrieden auf meinem Schoß liegt, die kleine, nur wie eine Schutzimpfung spürbare Injektion aufnimmt wie eine notwendige Maßnahme – im vollen Vertrauen zu seinem »Artgenossen« Mensch; wenn er dann mit sich und der Welt zufrieden müde wird und einschläft, im Tiefschlaf dann erst die eigentliche »Todesspritze« bekommt – dann glaube ich, auch wenn die Augen dabei ein wenig feucht werden, daß ich das Beste für meinen Hund getan habe.

Ein friedlicher Tod

Ihnen aber möchte ich jetzt doch einen Rat geben. Wenn es soweit ist, wenn der Moment gekommen ist – dann lassen Sie sich das Unvermeidliche einige Mark mehr kosten und bestellen Sie den Tierarzt ins Haus. Geben Sie dem Hund die Gewißheit, daß ihm eigentlich gar nichts passiert. Ich weiß, es gehört sehr viel Selbstüberwindung, sehr viel Kraft dazu, beim Sterben dabei zu sein. Aber ein Hund, der sozusagen am Herzen seines großen Freundes gelebt hat, sollte auch das Recht haben, am Herzen seines Freundes einzuschlafen. Und nicht alleingelassen auf dem Operationstisch des Tierarztes.

Und noch einen Rat möchte ich geben: Wenn man, wie üblich, die Spritze intravenös – also in ein Blutgefäß am Vorderlauf – gibt, muß diese Stelle zuvor ausrasiert werden. Dann genügen ganz kleine Mengen des Narkosemittels. Aber einen lebensmüden, alten Hund oder einen unheilbar kranken Hund erst dieser Aufregung auszusetzen, gefällt mir nicht. Es ist nämlich nicht notwendig, wenn man nicht unbedingt sparen will. Der Tierarzt kann auch eine einfache Spritze in die Muskulatur geben, die vom Hund ohne Aufregung hingenommen wird. Wenn er danach tief schläft, bekommt er eine zweite Injektion, die ihn nicht mehr erwachen läßt.

Alles das wird wahrscheinlich dreimal soviel kosten, als wenn sie den Hund auf die Klinik bringen und fortgehen.

Dazu noch etwas. Ein lebensschwacher Hund läßt sich von seiner eigenen Familie widerstandslos töten. Das hat man an freilebenden Wölfen beobachtet, das habe ich in meinen Gehegen gesehen. Töten ist ein Sozialverhalten in dem Moment, wo es dem Überleben der Gruppe dient. Es dient auch dem, der dann getötet wird, weil es ihm ein langsames, qualvolles Siechtum erspart.

Bei gewissen Papua-Stämmen auf Neu-Guinea werden die Großeltern getötet, wenn sie nichts mehr zur Erhaltung der Familiengruppe beitragen können, weil sie zu alt und zu schwach geworden sind. Sie flüchten nicht, sie wehren sich nicht – sie legen sich hin, um getötet zu werden. Wilde? Ich glaube, daß hier mehr menschliche Größe offenbar wird, als unsere verklemmte, naturwidrige »Humanität« uns glauben

machen will. Der Tod dieser alten Leute dient dem Überleben der Gruppe – es ist ein sozialer Tod, einmal, weil er die Alten von ihrer Gebrechlichkeit erlöst, zum anderen, weil ihr Fleisch dem Überleben der Gruppe dient. Für uns ist das unvorstellbar, gewiß. Solche Traditionen sind nicht gerade erstrebenswert, außerdem unnötig, weil wir ja eine hochentwickelte Tierzucht und somit genügend Eiweißlieferanten haben.
Daher werden auch tagtäglich viele tausend Haustiere – Hühner, Enten, Gänse, Tauben, Kaninchen, Ferkel, Schweine, Kälber, Rinder und so fort – getötet. Wir können unsere Alten also ruhigen Gewissens leben lassen, solange sie leben können und wollen.
Sehr makabre Betrachtungen. Aber ist es nicht ebenso makaber, wenn wir alte Menschen in ein »Altersheim« abschieben, weil sie uns zur Last fallen? Und sind wir nicht sehr stolz darauf, daß wir so sozial sind, für viel Geld Gefängnisse für alte Menschen zu bauen, wo sie auf ihren Tod warten dürfen? Altersheime als soziale Einrichtung, Oma und Opa in eine Zelle abgeschoben, weil nicht mehr nützlich für unsere so soziale Leistungsgesellschaft.

Altersheime für Hunde?

Hundefriedhöfe gibt es schon. Der nächste Schritt wäre, Altersheime für unnütze Hunde zu schaffen ...
Ab und zu hätte ich Lust, das oben zitierte Wort aus »Hunde ernst genommen« wieder zurückzunehmen. Aber ich tue das dennoch nicht, weil ich ein unheilbarer Optimist, oder, wie Konrad Lorenz gegenüber einem Journalisten kürzlich sagte, ein »Romantiker« bin. Sei es, wie es sei. Nur eines noch: Auch ein Hund hat das Recht, ohne Qual sterben zu dürfen. Man sollte ihm dieses Recht zugestehen.
Wie gesagt – kein Rat, sondern nur eine Bitte.

Damit will ich dieses Buch beschließen. Mein Wunsch ist es, daß es mit dazu beiträgt, das wirkliche Wesen des Hundes zu verstehen, daß es mithilft, weniger Fehler in der Aufzucht unserer Hunde und im Umgang mit ihnen zu begehen – aber auch, darüber nachzudenken, ob wir züchterisch wirklich genug für das wertvollste Tier, das es für die Menschheit gibt, anstreben und tun. Unter allen Tieren dieser Erde gibt es keines, das dem Menschen so verbunden sein kann wie der Hund.

Wir sollten deswegen nicht aufhören, weiterzuforschen, uns weiterzubilden, denn so viel wir auch wissen mögen – wir wissen längst nicht alles. Vor uns liegt noch ein riesiges Feld, das es zu beackern gilt.

Das betrifft nicht nur den Hund, sondern auch uns Menschen selber. Wer dieses Buch richtig gelesen hat, wird vielleicht begriffen haben, was diese am Hunde gewonnenen Erkenntnisse für unsere eigenen Vorstellungen von Gemeinschaftsleben und die ihm zugrundeliegende Erziehung bedeuten. Und daher ist dieses Buch auch für uns Menschen selbst geschrieben.

Hundeverbände und Zuchtvereine in Deutschland, Österreich und der Schweiz

Deutschland

VERBAND FÜR DAS DEUTSCHE HUNDEWESEN E.V. (VDH)
Mallinckrodtstraße 26
4600 Dortmund
Tel. 0231/8229

Dem VDH angeschlossen sind:

Basenji-Klub Deutschland
Geschäftsstelle: Berta Burkert
Zuccalistraße 13
8000 München 19
Tel. 089/176757

Basset-Hound-Club von Deutschland e. V.
Zuchtbuchamt:
Ulla Kliebenstein
Hofweg 24
6602 Dudweiler
Tel.: 06897/74172

Klub für Bayerische Gebirgsschweißhunde 1912 e. V.
Zuchtbuchamt:
Oberförster Fritz Ernst
Austraße 33
8211 Schleching/Obb.

Beagle-Club von Deutschland e. V.
Zuchtbuchamt: Barbara Rudorf
Karl-Schurz-Weg 2b
3000 Hannover-Döhren
Tel.: 0511/863135

Deutscher Klub für Belgische Schäferhunde e. V.
Geschäftsstelle: Josef Schaller
Wiesenstraße 22
7981 Berg-Ravensburg
Tel.: 0751/43170

St. Bernhards-Klub e. V.
Geschäftsstelle: Erwin Schmitt
Alexanderstraße 45
6000 Frankfurt 90
Tel.: 0611/782230

Club für Bordeaux-Doggen und Mastiffs e. V.
Zuchtbuchamt:
Barbara Hartmann
Karl-Theodor-Straße 45
8183 Rottach-Egern
Tel.: 08022/6263

Boxer-Klub e. V.
Geschäftsstelle:
Veldener Straße 66
8000 München 60
Tel.: 089/568672

Club der Britischen Hütehunde e. V.
Collie, Sheltie, Bobtail, Welsh-Corgi
Zuchtbuchamt: Hockenheimer Straße 76
6831 Reilingen (Baden)
Tel.: 06205/4562

Deutscher Club für Bullterrier e. V.
Geschäftsstelle: Wilhelm Jörn
Knochenhauerstraße 24
3352 Einbeck
Tel.: 05561/3315

Allgemeiner Chow-Chow-Club e. V.
Zuchtbuchstelle:
Gisela Büchner
Fichtenstraße 7
6927 Bad Rappenau
Tel.: 07264/308

Verein Dachsbracke
Zuchtbuchstelle:
Oberförster Schmidt
8391 Finsterau
Tel.: 08557/107

Deutscher Dalmatiner-Club
Geschäftsstelle:
Alfred Ronneburg
Lindenstraße 62
7151 Affalterbach
Tel.: 07144/36875

Deutscher Bracken-Club e. V.
Zuchtbuchstelle: W. Zeppenfeld
Am Gallenberg
5960 Olpe
Tel.: 02761/2540

Deutscher Brackenverein e. V.
Zuchtbuchamt: K.-H. Spilker
Forstweg 40
4930 Detmold

Deutscher Doggen-Club e. V.
Zuchtbuchamt:
Reinhardt Kussin
Hamburger Straße 36
2084 Rellingen
Tel.: 04101/27100

Verein Deutsch-Drahthaar
Zuchtbuchstelle:
Wilhelm Hartung
Albert-Schweitzer-Straße 9
3170 Gifhorn
Tel.: 05371/1074

Deutscher Jagdterrier-Club e. V.
Zuchtbuchamt: W. Bierwirth
Mönchebornweg 6
3444 Wehretal 4
Tel.: 05651/5390

Deutsch-Kurzhaar-Verband
Zuchtbuchstelle:
Lohmeyerstraße 6
1000 Berlin 10
Tel.: 030/3412604

Deutsch-Langhaar-Verband
Zuchtbuchstelle: R. Schmeda
Mühlenweg 16
2960 Aurich
Tel.: 04941/3848

Verein für Deutsche Schäferhunde e. V.
Geschäftsstelle: Beim Schnarrbrunnen 6
8900 Augsburg 1
Tel.: 0821/33635/515551

Verein für Deutsche Spitze e. V.
Zuchtbuchstelle:
H.-J. Puschacher
Oberer Schützenrain 16
7250 Leonberg
Tel.: 07152/25186

Verein für Deutsche Wachtelhunde
Zuchtbuchstelle: S. D. Franz Fürst zu Waldburg
7967 Bad Waldsee
Tel.: 07524/205

Dobermann-Verein e. V.
Geschäftsstelle: Ilse Jost
Heegstraße 84
4300 Essen 11
Tel.: 0201/660776

Allgemeiner Club für Englische Bulldogs
Römerstraße 343 A
5040 Brühl
Tel.: 02232/27911

Eurasier-Klub e. V.
Geschäftsstelle: E. Wipfel
Königsberger Straße 3
6940 Weinheim
Tel.: 06201/3875

Deutscher Foxterrier-Verband e. V.
Geschäftsstelle: Axel Möhrke
Dorneystraße 65/67
4600 Dortmund 76
Tel.: 0231/65812

Internationaler Klub für Französische Bulldoggen e. V.
Geschäftsstelle: Alexander Prinz von Ratibor und Corvey
Schloß Unterriexingen
7145 Markgröningen
Tel.: 07147/6026

Vereinigung der Landesverbände für das Deutsche Gebrauchshundewesen e. V.
Vorsitzender: M. Höhl
Spiegelslustweg 23
3550 Marburg/Lahn
Tel.: 06421/291940

Deutscher Verband der Gebrauchshundsportvereine e. V.
Geschäftsstelle: Kaiserstraße 63
4600 Dortmund 1
Tel.: 0231/521095

Griffon-Club e. V.
Zuchtbuchamt: Regina Langen
Kieskaulerweg 27
5000 Köln
Tel.: 0221/623940

Verband für Große schwarzweiße Münsterländer Vorstehhunde e. V.
Vermittlungsstelle:
Egon Vornholt
Burloer Straße 32
4280 Borken/Westf.
Tel.: 02861/3582

Verein Hirschmann zur Zucht und Führung des Hannoverschen Schweißhundes
Zuchtwart: K. Bergien
3325 Lauenburg/über Kreiensen
Tel.: 05562/307

Rassezuchtverein für Hovawart-Hunde e. V.
Geschäftsstelle: Wanda Wiehe
Am Ohlmoorgraben 14
2000 Hamburg 62
Tel.: 040/5207767

Jagdgebrauchshund-Verband e. V.
Geschäftsstelle:
Clemens Nobis-Wicherding
Braamweg 6
2901 Kirchhatten
Tel.: 04482/458

Jagdspaniel-Klub e. V.
Geschäftsstelle: Erika Lemmer
Blumenweg 21
3167 Burgdorf-Ahrbeck
Tel.: 05136/3381

Internationaler Klub für Japan-Chin, Peking-Palasthunde und Toy-Spaniel e. V.
Zuchtbuchamt:
Christine Bernhardt
Ackerstraße 2
6380 Bad Homburg
Tel.: 06172/42156

Verein für Kleine Münsterländer Vorstehhunde e. V.
Vermittlungsstelle: Maria Ries
Hövekesweg 3
4272 Kirchhellen-Feldhausen
Tel.: 02145/2694

Verband Deutscher Kleinhundzüchter e. V.
Geschäftsstelle:
Helmut Hoffmann
Waitzstraße 18
2000 Hamburg 52
Tel.: 040/894747

Rassezuchtverein der Kromfohrländer e. V.
Zuchtbuchamt:
Ilse Schleifenbaum
Am Fichtenhang 6
5900 Siegen
Tel.: 0271/55049

Deutscher Club für Leonberger Hunde e. V.
Zuchtbuchstelle:
Wilma Beutelspacher
Lenauweg 3
7250 Leonberg
Tel.: 07152/19430

Deutscher Neufundländer-Klub e. V.
Zuchtbuchamt: Heinrich Ippen
Brungerstraße 19
5253 Lindlar
Tel.: 02266/7352

Deutscher Club für Nordische Hunde e. V.
Hauptgeschäftsstelle:
Am Schattwald 18a
7000 Stuttgart 80
Tel.: 0711/681340

Pinscher-Schnauzer-Klub e. V.
Geschäftsstelle:
Behringstraße 26
5110 Alsdorf
Tel.: 02404/61915

Verein für Pointer und Setter e. V.
Zuchtbuchstelle:
Marianne Schmid
Holzapfelstraße 18
8493 Kötzting
Tel.: 09941/8934

Allgemeiner Klub für Polnische Hunderassen e. V.
Geschäftsstelle: Georg Wlodarz
Hohegrabenweg 2
4005 Meerbusch
Tel.: 02105/3860

Deutscher Pudel-Klub e. V.
Geschäftsstelle: Sorbenstraße 3
2000 Hamburg 26
Tel.: 040/2509941/42

Verband der Pudelfreunde Deutschlands e. V.
Geschäftsstelle: Obere
Lindenstraße 8
2055 Wohltorf
Tel.: 04104/2589

Verein Pudelpointer e. V.
Verkaufsvermittlung:
Helmut Folkmer
Gefkensweg 167
2801 Grasberg
Tel.: 04208/262

Deutscher Retriever-Club e. V.
Welpenvermittlung: Utz Böklen
An den Tostebänken 16a
3101 Wathlingen
Tel.: 05144/2138

Allgemeiner Deutscher Rottweiler-Klub e. V.
Geschäftsstelle: K.-H. Juhl
Rintelner Straße 385
4952 Porta Westfalica 4
Tel.: 05722/21106

Schweizer Sennenhund-Verein für Deutschland e. V.
Geschäftsstelle: Hugo Seel
Schwarzer Weg 62
4600 Dortmund-Brackel
Tel.: 0231/258540

Club Stichelhaar
Zuchtbuchstelle:
Rudolf Bünting
Hochmoorstraße 81
2941 Aurich-Spekendorf
Post Ogenbarg/Ostfriesland
Tel.: 04947/278

Deutscher Teckelklub e. V.
Geschäftsstelle:
Prinzenstraße 38
4100 Duisburg
Tel.: 0203/330215

Klub für Terrier e. V.
Geschäftsstelle: Schöne
Aussicht 9
6092 Kelsterbach
Tel.: 06107/2365

Internationaler Klub für Tibetische Hunderassen e. V.
Geschäftsstelle: Hedy Nouc
Buchenhof
5106 Roetgen
Tel.: 02471/2553

Klub für Ungarische Hirtenhunde e. V.
Geschäftsstelle: Salzburger
Straße 10
1000 Berlin 62
Tel.: 030/7811917/7821561

Weimaraner Klub e. V.
Geschäftsstelle: Willy Jonas
Haus-Nr. 8
6401 Fulda-Rodges
Tel.: 0661/3190

Deutscher Windhundzucht- und Rennverband
Geschäftsstelle:
Günther Schultze
Anderheitsallee 33
2000 Hamburg 71
Tel.: 040/6410461

VEREINIGUNG DER LANDESVERBÄNDE FÜR DAS DEUTSCHE GEBRAUCHSHUNDEWESEN E. V.
Schriftleitung: Hans Heidinger
Belzackerweg 7
7130 Mühlacker
Tel.: 07041/5832

DEUTSCHER KYNOLOGISCHER VERBAND E. V. (DKV)
Geschäftsstelle: Körmeisterin
Anny Hill
Moltkestraße 140
4300 Essen 1
Tel.: 0201/281770

Dem DKV angeschlossen sind:

Allgemeiner Deutscher Doggen-Club e. V.
Hauptgeschäftsstelle:
Heinz Meyhack
Margarethenstraße 35
5164 Dorweiler-Norvenich
Tel.: 02426/4619

Allgemeiner Pudelclub Deutschland e. V.
Geschäftsstelle: Hans Lober
Koppelweg
3032 Fallingbostel 2
Tel.: 05163/506

Erster Deutscher Yorkshire-Terrier Club e. V.
Geschäftsstelle: Gisela Hunkel
Philipp-Reis-Straße 21
6457 Maintal 1
Tel.: 06181/491065

Österreich

ÖSTERREICHISCHER
KYNOLOGENVERBAND
(ÖKV)
Geschäftsstelle:
Karl-Schweighofer-Gasse 3
1070 Wien
Tel.: 0222/932294

Dem ÖKV
angeschlossen sind:

Österreichischer Airedale-Terrier-Spezial-Club
Geschäftsstelle:
Christa Bormann
Berggasse 19
1090 Wien
Tel.: 0222/3408535

Österreichischer Basset-Club
Präsident: Leopold Ivan
7442 Lockenhaus
Tel.: 02616/38594

Austrian Beagle Club
Präsident: Karl P. Reisinger
Winzerstraße 21 b
1133 Wien
Tel.: 0222/824367

Verein der Freunde der Belgischen Schäferhunde in Österreich
Zuchtleitung: Margret Stöckl
Grammartstraße 12
6020 Innsbruck-Hungerburg
Tel.: 05222/33138

Österreichischer Boxerclub
Geschäftsstelle: Hansl Steindl
Mittelgasse 26
1060 Wien
Tel.: 0222/574423

Österreichischer Bulldog-Klub
Geschäftsstelle:
Dr. Walburga Ruppert
Mühlbergstraße 28
1147 Wien
Tel.: 0222/9710634

Bullterrierklub
Geschäftsstelle: Johann Georg
Graf Herberstein
Johann-Strauß-Gasse 38
1040 Wien
Tel.: 0222/650139

Chihuahua-Club-Austria
Geschäftsstelle:
Gertrude Pinner
Ruthgasse 25
1190 Wien
Tel.: 0222/366309

Österreichischer Klub für Chow Chow
Geschäftsstelle: Brigitte Cech
Autokaderstraße 3/33/4
1210 Wien
Tel.: 0222/3819915

Österreichischer Dachshundeklub
Geschäftsstelle:
Walfischgasse 15
1010 Wien
Tel.: 0222/5270394

Österreichischer Dalmatinerclub
Geschäftsstelle: Dr. Ernst Uller
Ferlhumerstraße 58
4020 Linz
Tel.: 07222/32117

Österreichischer Verein für Deutsche Schäferhunde
Geschäftsstelle:
Rotensterngasse 31
1020 Wien
Tel.: 0222/2488255

Österreichischer Dobermann Klub
Geschäftsstelle:
Karl P. Reisinger
Winzerstraße 21 b
1133 Wien
Tel.: 0222/824367

Österreichischer Doggen-Klub
Geschäftsstelle:
Praterstraße 44/2/21
1020 Wien
Tel.: 0222/2428275

Österreichischer Klub für englische Vorstehhunde
Geschäftsstelle: Gernot Haas
3441 Dietersdorf
Tel.: 02274/6521

Österreichischer Foxterrierklub
Geschäftsstelle: Hedwig Gaube
Kahlenberger Straße 111
1190 Wien
Tel.: 0222/321324

Österreichischer Gebrauchshundverein
Geschäftsstelle: Leo Gastgeb
Ernst-Körner-Platz 6
2000 Stockerau
Tel.: 02266/33633

Klub für große Hunderassen und Hütehunde
Geschäftsstelle:
Inge Hauschka-Treuenfels
Mommsengasse 13
1040 Wien
Tel.: 0222/653451

Österreichischer Klub der Hovawartfreunde
Geschäftsstelle:
Inge Hauschka-Treuenfels
Mommsengasse 13
1040 Wien
Tel.: 0222/653451

Verein der Hundefreunde
Geschäftsstelle:
Karl-Schweighofer-Gasse 3
1070 Wien
Tel.: 0222/932294

Österreichischer Jagdspanielklub
Geschäftsstelle: Richard Löhlein
Porzellangasse 11
1090 Wien
Tel.: 0222/347401

Österreichischer Club der Pudelfreunde
Geschäftsstelle:
S. v. Versbach-Hadamar
In der Gugl 6
3400 Klosterneuburg
Tel.: 02243/2981

Österreichischer Rassehundeverein
Geschäftsstelle: Alois Wilfling
Eppensteinerweg 6
8052 Graz
Tel.: 0316/539204

Österreichischer Rottweilerklub
Geschäftsstelle:
Helga Bernscherer
Rainergasse 7
2231 Straßhof
Tel.: 02287/717 od. 8559395

Erster Österreichischer Schnauzer-Pinscherklub 1914
Karl-Schweighofer-Gasse 3
1070 Wien
Tel. 0222/932294

Österreichischer Club für schottische Schäferhunde
Geschäftsstelle:
Margit Brenner
Donaufelder Straße 215
1222 Wien
Tel.: 0222/2342125

Verein für Schweizer Sennenhunde in Österreich
Geschäftsstelle: Thumegger
Bezirk 9
5020 Salzburg
Tel.: 06222/43337

Österreichischer Klub für Spitze und Polarhunde
Geschäftsstelle: Margit Hübl-Hörbiger
Jesuitensteig 8
1238 Wien-Mauer
Tel.: 0222/882263

Österreichischer Klub für rauhhaarige Terrier
Geschäftsstelle:
Dr. Fritz Naegerl
Elisabethstraße 26
1010 Wien
Tel.: 0222/572660

Österreichischer Klub für tibetische Hunderassen
Geschäftsstelle:
Inge Hauschka-Treuenfels
Mommsengasse 13
1040 Wien
Tel.: 0222/653451

Österreichischer Klub für ungarische Hirtenhunde
Geschäftsstelle:
Wilhelm-Exner-Gasse 11/18
1090 Wien
Tel.: 0222/3430864

Österreichischer Club für Windhundezucht und Rennsport
Geschäftsstelle: E. Neugam
Herzgasse 63
1100 Wien
Tel.: 0222/642126

Österreichischer Yorkshire-Terrier-Klub
Geschäftsstelle: Luise Max
Thurnbergstraße 53
2344 Südstadt
Tel.: 02236/812972

Österreichischer Zwerghunde-Klub
Geschäftsstelle: Hedy Wahl
Hochheimgasse 2
1130 Wien
Tel.: 0222/8217932

Schweiz

SCHWEIZERISCHE KYNOLOGISCHE GESELLSCHAFT (SKG)
Sekretariat: Falkenplatz 11
Postfach 2307
3012 Bern
Tel.: 031/235819

Der SKG angeschlossen sind:

Schweizerischer Airedale-Terrier-Club
Präsident: Paul Lüdin
Riehenstraße 6
4005 Basel
Tel.: 061/337375

Schweizerischer Club für Appenzeller Sennenhunde
Präsident: Hermann Ammann
Rotzbergstraße 24
6362 Stansstad
Tel.: 041/614316

Basset- und Bloodhound-Club der Schweiz
Präsident: René Fegblé
Unterdorfstraße 56
8311 Brütten
Tel.: 052/301455

Club Suisse des Amis du Beauceron
Président: André Wirz
2, chemin des Champois
2800 Delémont

Schweizerischer Klub des Belgischen Schäferhundes
Präsident: Kurt Schaub
Kleine Allmend 9
4450 Sissach
Tel.: 061/982125

Klub für Berner Sennenhunde
Präsident: Hansueli Iseli
Burghof
3454 Sumiswald
Tel.: 034/711606

Schweizerischer St.-Bernhards-Club
Präsident: Hans Jost
4932 Rütschelen
Tel.: 063/23825

Schweizerischer Boxer-Club
Präsident: Martin Lüss
Alpenstraße 46
3073 Gümlingen
Tel.: 031/522891

Schweizerischer Briard-Club
Präsident: Sebastian Stuppan
Haldenweg
8153 Rümlang

Bullterrierklub der Schweiz
Präsident: Werner Schaer
Breitenstraße 12
8154 Oberglatt
Tel.: 01/8501637

Schweizerischer Chow-Chow-Club
Präsident: Walter Trommer
Berglistraße 4
9302 Kronbühl
Tel.: 071/246595

Schweizerischer Collieklub
Präsident: Kurt Sterchi
Voremberg
3150 Schwarzenburg
Tel.: 031/931000

Schweizerischer Dachshund-Club
Präsident: Fritz Flückiger
Winzerstraße 13
8049 Zürich
Tel.: 01/56 68 57

Schweizerischer Dalmatiner-Club
Präsident:
Andreas Rothenberger
Chirchgasse
9475 Sevelen
Tel.: 085/5 51 22

Schweizerischer Club für Deutsche Doggen
Präsident: Walter Meyer
Brändliackerweg 7
5611 Anglikon
Tel.: 057/6 64 68

Schweizer Klub für Deutsche Wachtelhunde
Präsident: Werner Weckert
Dübendorfstraße 309
8051 Zürich
Tel.: 01/41 41 39

Dobermann-Verein der Schweiz
Präsident: Jean Mézières
87, Maupas
1004 Lausanne
Tel.: 021/37 76 87/37 30 62

Schweizer Club für Englische Bulldogs
Präsident:
Dr. Thomas E. Krayenbühl
Speerstraße 32
8942 Oberrieden
Tel.: 01/7 20 85 65

Schweizerischer Club für Entlebucher Sennenhunde
Präsident: Walter Stohler
Schillingsrainhof
4410 Liestal BL
Tel.: 061/94 30 01

Club Suisse de l'Epagneul breton
Präsident: H. R. Graf
Sunnehalde 325
8165 Schöfflisdorf
Tel.: 01/8 53 12 55/8 53 07 17

Schweizerischer Klub für Flandrische Treibhunde
Präsidentin: M. Berger
Chenil Albion
1349 Penthaz
Tel.: 021/87 21 02

Schweizerischer Foxterrier-Club
Präsident und Geschäftsstelle:
Albert E. Mahler
Postfach 159
8044 Zürich
Tel.: 01/28 66 58/8 21 51 04

Schweizerischer Klub für Französische Bulldoggen
Präsidentin:
Margaretha Grest-Maier
Luzerner Straße 80
6014 Littau
Tel.: 041/23 31 10

Klub für Große Schweizer Sennenhunde
Präsident: Alfred Kobelt
Wenkenstraße 33
4125 Riehen BS
Tel.: 061/67 47 68

Klub für ausländische Hirtenhunde
Präsident: Emil Martin
Willistraße 79
5028 Ueken
Tel.: 064/481278

Schweizerischer Hovawart-Club
Präsident: René Oppliger
Unterer Rütschetenweg 18
4133 Pratteln
Tel.: 061/817086

Schweizerischer Jagdterrier-Club
Präsident: Paul Wyss
Posthalter
6331 Hagendorn
Tel.: 042/361221

Schweizerischer Klub für Kleine Münsterländer Vorstehhunde
Präsident: Rudolf Homberger
Hotel »Krebs Garni«
Genfergasse 8
3000 Bern
Tel.: 031/224942

Kromfohrländer-Club der Schweiz
Präsident: Harry G. Wirth
Weinbergstraße 8
8353 Elgg
Tel.: 052/472564

Schweizerischer Laufhund-Club
Vizepräsident:
E. Hornauer-Schwarz
Wachtelweg 5
7000 Chur
Tel.: 081/244614

Schweizerischer Leonberger-Club
Präsident: Herbert Schiffmann
Bottigenstraße 330 c
3019 Oberbottigen
Tel.: 031/501287

Schweizerischer Neufundländer-Klub
Präsident: Th. Veraguth
3400 Burgdorf
Tel.: 034/229722/223906

Schweizerischer Niederlaufhund-Club
Präsident: Dr. med. Walter Keller
Wunderlistraße 45
8037 Zürich
Tel.: 01/423040/423041

Schweizerischer Klub für nordische Hunde
Präsident: Ueli Irminger
Alte Mühle
4349 Mettau

Schweizerischer Papillon-Club
Präsident: Dieter Janser
Seestraße 33 a
3600 Thun

Schweizerischer Club für Peking-Palast-Hunde
Präsidentin: G. Villiger
Klusstraße 6
4142 Münchenstein
Tel.: 061/460760

Schweizerischer Pudel-Club
Präsidentin: T. Brandenberg
Sprengerweg 15
3084 Wabern
Tel.: 031/542039

Schweizerischer Riesenschnauzerklub
Präsident: Erwin Bandi
Spiezbergstraße 57
3700 Spiez
Tel.: 033/54 35 35

Schweizerischer Rottweiler-Hunde-Club
Präsident: Max Rohner
Enggasse 420
5727 Oberkulm
Tel.: 064/46 22 29

Schweizerischer Schäferhund-Club
Präsident: Dr. Bruno Willhalm
45, chemin du Petit Bel-Air
1225 Chêne-Bourg
Tel.: 022/48 15 71

Schweizerischer Club für Schnauzer und Pinscher
Präsident: Dr. h. c. Hans Räber
Bütikofen 5
3422 Kirchberg
Tel.: 034/45 24 63

Schweizerischer Schweißhund-Club
Präsident: Roland Perret
Farbstraße 7
9326 Horn TG
Tel.: 071/41 32 54

Setter- und Pointer-Club Suisse
Präsidentin:
Caterina Bloch-Cattaneo
Petit-Chézard
2054 Chézard
Tel.: 038/53 30 33

Schweizerischer Shetland-Sheepdog-Club
Präsident: Otto Stocker
Herzogstraße 12
4900 Langenthal
Tel.: 063/22 74 70

Spaniel-Club der Schweiz
Präsident: P. Bieri
Postfach 1
3053 Münchenbuchsee
Tel.: 031/86 09 68

Schweizerischer Spitzerclub
Präsident: R. Christoffel
Im Schibler 13
8162 Steinmaur
Tel.: 01/853 03 52

Schweizerischer Springer-Spaniel- und Retriever-Club
Präsident: Emil Wymann
Neumattstraße 93
3422 Rüdtligen
Tel.: 034/45 16 43

Schweizerischer Club für Terriers
Präsident: Hans Looser
Haldenstraße 363
5223 Riniken
Tel.: 056/41 55 82

Schweizerischer Vorstehhund-Klub
Präsident: Dr. Roger Perret
Seestraße 31
9326 Horn
Tel.: 071/40 11 11/41 21 45

Club Suisse du Welsh Corgi
Präsidentin:
Maria Fricker-Pfister
Lützelmattstraße 14
6006 Luzern
Tel.: 041/31 42 57

Schweizerischer Windhundclub
Präsident: W. Maerki
Susenbergstraße 94
8044 Zürich
Tel.: 01/32 64 91

Schweizerischer Zwerghunde-Club
Präsident: Arthur Thurnheer
Mühletobelstraße 78
9400 Rorschach
Tel.: 071/42 48 73

Die Anschrift der internationalen Organisation:

Fédération Cynologique Internationale (FCI)
12, rue Léopold II, 14
B–6530 Thuin/Belgien

Register

Eberhard Trumler

Hunde ernst genommen

Zum Wesen und Verständnis ihres Verhaltens. Vorwort von Irenäus Eibl-Eibesfeldt. Mit 29 Fotos, 45 Zeichnungen von Franzi Fuchs und 9 anatomischen Zeichnungen von Eberhard Trumler. 4. Aufl., 31. Tsd. 1977. 307 S. Ln.

Vom Welpen zum Hund
Die Geburt – Die Entwicklungsphasen

Der Hund als Jäger
»Fleischfresser« anstatt »Raubtier« – Wolf und Hund – Die Rückbeziehung zum Urhund – Mäuselsprung und Mäuselstoßen – Jagdverhalten – Fangtechnik – Spielverhalten und Tötungstrieb – Nasen- und Augen-Hunde – Körperliche Ausrüstungen und Fähigkeiten

Der Hund als Angreifer
Der »böse« Wolf – Aggressionstrieb und Arterhaltung – Der »aggressive« Rüde – Selbsterhaltungstrieb und Arterhaltung – Der Jagdtrieb: Hund und Fuchs – Formen des Beißens

Der Hund als Freund
Hundefreundschaften – Hund und Mensch – Der Trend zum Hund – Menschlicher Verstand und Sozialverhalten des Hundes – Der »lebensnotwendige Dreck«

Der Hund als Standard
Konsumartikel Hund – Auslesemechanismen – Degeneration beim Rassehund – Gebißmängel und Hundezucht – Krankheiten – Forderungen zur Bekämpfung von Erbfehlern – Inzestzucht mit selektiver Kontrolle – Gehirn und Intelligenz bei Rassehunden – Zucht-»Kosmetik« – Sterben die Rassen aus?

Der Hund als Bastard
Die Abgrenzung der einzelnen Tierarten – Fortpflanzungsschranken, Verhaltensunterschiede und »sexueller Notstand« – »Einkreuzung« von Wolf und Haushund

Der Hund als Tier
Hunde und ihre Lebensbedingungen – Der Hund, ein »Mensch auf vier Beinen«? – Tierliebe und Tierschutz